Rahel Eckert-Stauber, Marta Rüegg, Monika Wyss

Deutsch im ABU
Sprachförderung – ein Arbeitsbuch
Ausgabe B

Rahel Eckert-Stauber   Marta Rüegg   Monika Wyss

Deutsch im ABU
Sprachförderung – ein Arbeitsbuch

Ausgabe B

hep
der bildungsverlag
www.hep-verlag.ch

**FAIR KOPIEREN!
URHEBERRECHT ACHTEN.**
www.fair-kopieren.ch

Rahel Eckert-Stauber, Marta Rüegg, Monika Wyss
Deutsch im ABU
Sprachförderung – ein Arbeitsbuch
Ausgabe B
ISBN 978-3-03905-654-5

CD-ROM für Lehrpersonen
ISBN 978-3-03905-655-2

Bibliografische Information der Deutschen Nationalbibliothek:
Die Deutsche Nationalbibliothek verzeichnet diese Publikation
in der Deutschen Nationalbibliografie; detaillierte bibliografische Daten
sind im Internet über http://dnb.d-nb.de abrufbar.

Layout & Gestaltung: Regula Zimmermann, Bern

1. Auflage 2011
Alle Rechte vorbehalten
© 2011 hep verlag ag, Bern

hep verlag ag
Brunngasse 36
CH-3011 Bern

www.hep-verlag.ch

Vorwort

Am Anfang dieses Lehrmittels stand die Idee, das bestehende Lehrmittel «Deutsch im ABU» (nun Ausgabe A) dem Lehrplan des Kantons Solothurn anzupassen. Entstanden ist eine Ausgabe B, die über die Grenzen des Kantons Solothurn hinaus von Interesse sein dürfte. Sie ist im Wesentlichen gleich aufgebaut wie Ausgabe A, enthält aber zwei zusätzliche Module zur Kommunikation und zur Kurzgeschichte und einen neuen Anhang zu den wichtigsten Kompetenzen und Arbeitstechniken (Mindmap, Planung einer grossen Arbeit, Recherche usw.). Ausserdem unterscheidet sich die vorliegende Version in der Reihenfolge der Module wie auch der ABU-Themen, auf die sich die einzelnen Module beziehen. Welche Ausgabe von «Deutsch im ABU» Ihrem Lehrplan besser entspricht, können Sie anhand der detaillierten Übersicht über Module und Themenbereiche überprüfen unter www.hep-verlag.ch.

Dieses Arbeitsbuch ist der produktiven und normativen Sprachkompetenz gewidmet, die Lernziele basieren auf dem «Gemeinsamen europäischen Referenzrahmen für Sprachen» (GER). Indem das Lehrmittel die gezielte Sprachförderung mit den Themen des allgemeinbildenden Unterrichts verknüpft, setzt es einen zentralen Leitgedanken des ABU-Rahmenlehrplans von 2006 um. Im Zentrum steht die schriftliche Sprachproduktion, doch werden auch die mündlichen und rezeptiven Kompetenzen gefördert.

Wie ist «Deutsch im ABU» aufgebaut und wie kann man damit arbeiten?
Die 25 Module des Buches sind als Trainingseinheiten konzipiert. Sie behandeln entweder eine Textsorte (z. B. Beschreibung, Zusammenfassung, Bericht) oder ein Teilgebiet der Sprachanwendung (z. B. Gross- und Kleinschreibung, Verwendung der Zeiten, Textverknüpfung). Dabei sind die theoretischen Teile kurz gehalten, im Vordergrund steht die praktische Anwendung. Jedes Modul knüpft zunächst an die individuellen Vorkenntnisse der Lernenden an («Aufwärmen»). Danach folgt die Trainingsphase (Erarbeiten, Vertiefen, Transfer); zum Abschluss überprüfen die Lernenden ihre Fortschritte. Ein Verweisregister erleichtert den Zugriff auf einzelne sprachliche Aspekte.

Zwei bis vier Module sind jeweils thematisch näher verbunden. So findet man z. B. in den Modulen «Bericht, Reportage», «Interview», «Stammformen des Verbs» sowie «Direkte und indirekte Rede» Texte und Übungsmaterialien zum ABU-Thema «Staat und Politik». Die einzelnen Module können aber auch unabhängig voneinander in beliebiger Reihenfolge eingesetzt werden.

Lösungen, Folienvorlagen, Zusatzmaterialien und didaktische Hinweise sind auf der CD-ROM für Lehrpersonen enthalten.

Wir danken Hans Stadelmann für diverse Materialien sowie Marta Weiss, Rosmarie Gerber, Thomas Tresch, Armin Tschenett, Eva Woodtli Wiggenhauser und Werner Kolb für die kritische Durchsicht des Manuskripts und für wertvolle Anregungen.

Frühling 2011 *Rahel Eckert-Stauber, Marta Rüegg, Monika Wyss*

Die Autorinnen

Rahel Eckert-Stauber unterrichtet Allgemeinbildung und Französisch an der Berufsfachschule Solothurn. Nach dem Studium zur Sekundarlehrerin phil. I an der Universität Freiburg unterrichtete sie zwei Jahre auf dieser Stufe, bevor sie am Medienausbildungszentrum MAZ in Luzern ein Nachdiplomstudium in Journalismus absolvierte. Nach neun Jahren als Redaktorin bei verschiedenen grossen Schweizer Zeitungen und Zeitschriften und einer Babypause nahm sie 2006 ihre Unterrichtstätigkeit wieder auf. Daneben arbeitet sie als freie Journalistin.

Marta Rüegg ist Lehrerin für Allgemeinbildung und Englisch an der Berufsschule Bülach. Das Diplom als Berufsschullehrerin erwarb sie in Zürich.
Nach einer kaufmännischen Ausbildung und mehreren Auslandaufenthalten (Paris, Cambridge) absolvierte sie ein Sekundarlehrerstudium. Danach folgten 15 Jahre Schulpraxis auf dieser Stufe. Später wechselte sie in die Privatwirtschaft und war im Produktmanagement einer internationalen Kosmetikfirma tätig. Daneben studierte sie Betriebswirtschaft an der Zürcher Fachhochschule und schloss mit einer Diplomarbeit zu New Public Management ab. 2008 absolvierte sie die Zusatzausbildung «Pädagogische Fördermassnahmen» am EHB.

Monika Wyss, Dr. phil., unterrichtete Deutsch und Englisch an einer Zürcher Berufsmaturitätsschule und wirkte daneben als Sprachdidaktikerin und wissenschaftliche Mitarbeiterin am Zürcher Hochschulinstitut für Schulpädagogik und Fachdidaktik. Neben ihrer langjährigen Unterrichtstätigkeit an Berufsfachschulen verfügt sie auch über Erfahrung in der Aus- und Weiterbildung für Lehrpersonen.
Nach der Ausbildung zur Primarlehrerin in Aarau folgten später in Zürich ein Sekundarlehramts- und ein Germanistikstudium. Ihre Dissertation beschäftigt sich mit schulischen Texten von Berufslernenden.

Inhalt

8 Inhaltliche Struktur «Deutsch im ABU», Ausgabe B

9 Beschreibung
17 **Wortarten, Gross- und Kleinschreibung**
26 **Wortschatz: Gesetzliche Grundlagen für Berufslernende**

27 Geschäftsbrief
37 **Formeller und informeller Stil; Nomen: Geschlecht und Mehrzahl**

45 Zusammenfassung, Inhaltsangabe
51 **Textverknüpfung**

59 Leserbrief und Kommentar (Stellungnahme)
69 **Bildhafte Sprache**
76 **Wortschatz: Begriffe rund ums Geld**

79 Präsentation (Vortrag, Referat)
87 **Kommasetzung**
93 **Wortschatz: Begriffe zu den Versicherungen, Sicherheit und Risiko**

95 Grafik (Schaubild, Diagramm)
105 **Steigerung des Adjektivs, Vergleiche**

113 Umfrage (Befragung)
125 **Gesprochene und geschriebene Sprache**

133 Bericht, Reportage
143 **Stammformen des Verbs, Zeiten der Vergangenheit**

151 Interview
157 **Direkte und indirekte Rede**

165 Kurzgeschichte

179 Kommunikation
189 **Verwandtschaft der Wörter: Wortbildung, Rechtschreibung**
197 **Wortschatz: Redewendungen zum Bereich «Familie und Zusammenleben»**

199 Bewerbung
211 **Fremdwörter, Zusammen- und Getrenntschreibung**
218 **Wortschatz: Begriffe zum Bereich «Arbeit»**

219 Erörterung (Pro- und Kontra-Argumentation)
225 **Bedingungssätze, Konjunktiv II**

Anhang
231 **Lerntechniken**
233 **Eine Mindmap erstellen**
235 **Fachtexte verstehen**
237 **Recherchieren**
240 **Lange Texte/Arbeiten schreiben**
242 **Ein Journal schreiben**
244 **Eine grosse Arbeit planen und durchführen**
247 **Eine Dokumentation erstellen**
250 **Die acht Aspekte der Allgemeinbildung**

252 Lösungen
256 Verweisregister

Inhaltliche Struktur «Deutsch im ABU», Ausgabe B

Textsorten	Sprachtraining	Thematischer Bezug zum Lernbereich «Gesellschaft»
Beschreibung	Wortarten, Gross- und Kleinschreibung	Einstieg ins Berufsleben
Geschäftsbrief	Formeller und informeller Stil; Nomen: Geschlecht und Mehrzahl	
Zusammenfassung, Inhaltsangabe	Textverknüpfung	Konsum und Geld
Leserbrief und Kommentar	Bildhafte Sprache	
Präsentation (Vortrag, Referat)	Kommasetzung	Freizeit, Sicherheit, Risiko
Grafik (Schaubild, Diagramm)	Steigerung des Adjektivs, Vergleiche	Mensch und Wirtschaft
Umfrage (Befragung)	Gesprochene und geschriebene Sprache	
Bericht, Reportage	Stammformen des Verbs, Zeiten der Vergangenheit	Staat und Politik
Interview	Direkte und indirekte Rede	
Kurzgeschichte		Globale Herausforderungen
Kommunikation	Verwandtschaft der Wörter: Wortbildung, Rechtschreibung	Partnerschaft und Gesellschaft
Bewerbung	Fremdwörter, Zusammen- und Getrenntschreibung	Berufliche Zukunft planen
Erörterung (Pro- und Kontra-Argumentation)	Bedingungssätze, Konjunktiv II	Selbstständig leben

Anhang: Arbeitstechniken
Die acht Aspekte der Allgemeinbildung

Beschreibung

Lernziele

Ich …
… kann viele Gegenstände und Örtlichkeiten meines privaten und beruflichen Umfeldes genau beschreiben
… kann einen Ablauf klar beschreiben und die Beschreibung mit bedeutsamen Details und Beispielen stützen
… kann ein Porträt oder einen Steckbrief verfassen

Aufwärmen Was weiss ich schon?

Überprüfen Sie Ihre Vorkenntnisse zur Beschreibung: Welche der folgenden Aussagen treffen zu, welche nicht?

	trifft zu	trifft nicht zu	weiss nicht
1 In der Beschreibung wird die Wirklichkeit möglichst exakt wiedergegeben.	☐	☐	☐
2 Für die Beschreibung werden treffende und präzise Bezeichnungen (Nomen und Adjektive) gewählt. Dazu können auch Fachbegriffe gehören.	☐	☐	☐
3 Mit einer Beschreibung möchte man jemanden von der Vorzüglichkeit des vorgestellten Gegenstandes überzeugen.	☐	☐	☐
4 An einem Gegenstand sind bei der Beschreibung alle Merkmale gleich wichtig.	☐	☐	☐
5 Typische Beschreibungen sind: Vorgangs-, Gegenstands- und Personenbeschreibung (Porträt).	☐	☐	☐
6 Zu einer Beschreibung gehört immer ein Bild oder eine Skizze.	☐	☐	☐

Schlagen Sie im Lösungsteil nach und vergleichen Sie.

Trainingsphase Grundlagen erarbeiten, Aufgaben lösen

AUFGABE 1

Lesen Sie den folgenden Text sorgfältig durch. Überprüfen Sie dabei, ob die richtigen Aussagen in der Tabelle von Seite 9 auf die Beschreibung des Arbeitsplatzes zutreffen. Schlagen Sie schwierige Begriffe im Wörterbuch nach.

Beispiel einer Beschreibung

Mein Arbeitsplatz

Seit Mitte August arbeite ich in einem Coiffeursalon namens Bella Vita. Dieses Geschäft liegt in einem kleinen Dorf direkt an der Hauptstrasse zwischen Solothurn und Olten. Steht man vor der grossen Glastüre am Eingang, lässt sich kaum erahnen, dass dieses Beauty-Center so geräumig und hell ist. Also, lasst uns meinen Arbeitsplatz besichtigen!

Direkt nach dem Gang finden wir rechter Hand die Rezeption. Hier werden Termine vereinbart, die Kosten für eine Behandlung oder eine Coiffeurleistung bezahlt oder Kundinnen und Kunden begrüsst. Der Empfang besteht aus einem halbrund geformten Möbel, das mit einem Sideboard zu vergleichen ist. Den Abschluss bildet eine milchige Glasplatte. Auf der inneren Seite, wo sich das Personal aufhält, finden wir das Reservationsbuch, das Telefon, die Kasse und all das, was für die Administration wichtig ist.

Auf der linken Seite neben dem Eingang stehen frei im Raum ein moderner Garderobenständer mit Spiegel und ein stilvoller Schirmständer. Daneben ist ein gelbes, ledernes Sofa platziert, das zum Schmökern in Magazinen und Zeitschriften einlädt.

Betrachten wir nun das Innere des Raums, so stechen uns sofort die ultramodernen pechschwarzen Lavabos mit den verstellbaren Liegen ins Auge. Der grüne Gummibaum daneben und der helle Plattenboden ergeben ein harmonisches Bild inmitten des geräumigen Coiffeursalons.

Wenn wir uns umdrehen, sehen wir rundum unser Spiegelbild, da an den Wänden die Frisierstühle mit wuchtigen Spiegeln eingerichtet sind, deren Ränder ein buntes Muster aus Zitronengelb, Hellgrün und Schwarz zeigen. Alle acht Plätze sind genau gleich ausgestattet: Unterhalb des Spiegels ist eine Ablagefläche angebracht. Da hat es Platz für eine Tasse Kaffee, Magazine oder persönliche Utensilien der Kundschaft. Die schlichten, modernen Stühle sind aus Metall und einem besonderen Kunststoff hergestellt. Hinter den einzelnen Arbeitsboxen stehen zwei Rollkörper, auf denen sich sämtliche Arbeitsgeräte der Coiffeusen befinden. Besondere Farbtupfer werden im ganzen Raum durch die vielen Kopfwaschtücher gesetzt.

Dieser erst kürzlich umgebaute und modern eingerichtete Coiffeursalon lädt zum Verweilen ein, nicht nur für einen pfiffigen Haarschnitt, sondern auch für eine wohltuende Massage oder eine schonende Nagelpflege.

Jessica Maurer, Coiffeuse im 1. Lehrjahr

AUFGABE 2

Lesen Sie den Text «Mein Arbeitsplatz» nochmals durch und lösen Sie die unten stehenden Aufgaben.

1. Notieren Sie die verschiedenen Nomen, welche die Autorin für die Beschreibung ihres Arbeitsortes verwendet.

   _____

2. Welche Möbel werden im Text erwähnt?

   _____

   _____

3. Erklären Sie den Begriff «Sideboard» in eigenen Worten.

   Ein Sideboard ist ein ... _____

   _____

4. Zählen Sie weitere Gegenstände auf, die sich in den Räumlichkeiten befinden.

   _____

   _____

5. Nennen Sie die Farbadjektive und Adjektive, die auf Farben hinweisen.

   _____

   _____

6. Notieren Sie alle zusammengesetzten Adjektive, ausgenommen die Farbadjektive.

   _____

   _____

7. Wo geht die Autorin geschickt vor, sodass wir uns als Leserin oder Leser an dem beschriebenen Ort schnell zurechtfinden?

   _____

   _____

8. Notieren Sie treffend gewählte Ausdrücke, bestehend aus einem Adjektiv und einem Nomen, die Sie oben noch nicht erwähnt haben.

   _____

   _____

Beschreibung

9. Mit welchen Ausdrücken gibt die Autorin einen bestimmten Ort im Raum an? Suchen Sie Beispiele im Text.

_____

_____

_____

10. Mit welchen sprachlichen Mitteln kann ein Ort oder Gegenstand erwähnt werden, ohne dass man das Nomen wiederholt? Nennen Sie drei Beispiele aus dem Text.

_____

_____

AUFGABE 3

Lesen Sie zunächst die Merkmale der Gegenstandsbeschreibung aufmerksam durch und lösen Sie anschliessend die unten stehende Aufgabe.

THEORIE

Merkmale der Gegenstandsbeschreibung

Was will ich mit meiner Beschreibung erreichen? Was muss ich beachten?
- Ich möchte der Leserin oder dem Leser ein exaktes Bild des Gegenstandes vermitteln.
- Für wichtige oder spezielle Teile des Gegenstandes verwende ich die entsprechenden Fachwörter. Ich wähle Adjektive, die das Nomen beschreiben, nicht bewerten.
- Mit einer klaren Gliederung und einem logischen Ablauf erleichtere ich die Orientierung im Text, deshalb wähle ich einen räumlichen Ablauf: von oben nach unten, von links nach rechts, um den Gegenstand herum u. Ä.
- Zuerst erwähne ich die bedeutenden Merkmale des Gegenstandes, danach gehe ich zu Einzelheiten über.
- Als Zeitform verwende ich die Gegenwart.

Was erwarte ich von einer Beschreibung?
- Ich möchte mir genau vorstellen können, wie der Gegenstand aussieht.
- Ich erwarte eine logische Abfolge der beschriebenen Teile.
- Aussagekräftige Adjektive und Vergleiche mit Bekanntem sollen mir die einzelnen Teile des Gegenstandes verdeutlichen, damit ich auch als Laie alles verstehe.
- Der Schluss soll den Gesamteindruck des Gegenstandes in geraffter Form wiedergeben.
- Trotz Sachlichkeit und Interesse am Detail soll die Beschreibung möglichst unterhaltend und abwechslungsreich formuliert sein.

Beschreiben Sie nun einen der folgenden Gegenstände möglichst genau:
- Ihr Portemonnaie
- Ihren linken Schuh
- den Stuhl, auf dem Sie gerade sitzen

Gehen Sie dabei in sechs Schritten vor:
1. Erstellen Sie zuerst eine Liste mit allen Teilen (Nomen), die zu beschreiben sind.
2. Suchen Sie dann möglichst viele Synonyme (Wörter mit gleicher Bedeutung) oder Unterbegriffe zu den aufgelisteten Nomen und schreiben Sie diese jeweils daneben. (Lesen Sie dazu das Beispiel im Kasten am Ende dieser Aufgabe!)
3. Entscheiden Sie, in welcher logischen Reihenfolge Sie die einzelnen Teile des Gegenstandes behandeln wollen.

4. Überlegen Sie sich einen gelungenen Einstieg als kurze Einleitung.
5. Achten Sie beim Schreiben auf eine gute sprachliche Verknüpfung der einzelnen Aussagen.
6. Fassen Sie am Schluss den Gesamteindruck des beschriebenen Gegenstandes in einem bis zwei Sätzen zusammen.

THEORIE

Oberbegriffe, Unterbegriffe und Ersatzwörter

Oberbegriffe nennen die Art des Gegenstandes; Unterbegriffe bezeichnen ihn genauer, indem sie z.B. auf den Verwendungszweck oder die Beschaffenheit hinweisen. Ersatzwörter sind Wörter mit gleicher oder ähnlicher Bedeutung oder Pronomen.

Beispiel
Oberbegriff: Tisch
Unterbegriffe: Esstisch, Ausziehtisch, Küchentisch, Schreibtisch, Gartentisch, Holztisch …
Ersatzwörter: Möbel, Möbelstück, Ablagefläche, Arbeitsplatz; er, dieser

AUFGABE 4

Wählen Sie eine der folgenden Schreibaufgaben (erwarteter Umfang: mindestens 250 Wörter).

a) Beschreiben Sie Ihren Arbeitsplatz.

b) Beschreiben Sie einen wichtigen Gegenstand Ihres Arbeitsumfeldes, mit dem Sie täglich zu tun haben (Werkzeug, Gerät, Produkt).

THEORIE

Beschreibungsarten
Neben der Gegenstandsbeschreibung sind folgende Beschreibungsarten häufig:

Art	Tipps
Personenbeschreibung (Porträt, Steckbrief)	Bei einem Steckbrief beschränkt man sich auf die äusseren Merkmale (Grösse, besondere Kennzeichen, Kleidung usw.) und die Personalien (Alter, Beruf usw.). Zu einem Porträt hingegen gehören auch detaillierte Angaben zum Charakter, zu Stärken und Schwächen, inneren Werten und Denkweisen, Hobbys usw.
Vorgangsbeschreibung	Der Ablauf wird chronologisch (der zeitlichen Abfolge entsprechend) Schritt für Schritt beschrieben.
Wegbeschreibung (Kroki)	Sowohl räumliche als auch zeitliche Gegebenheiten sind hier zu beachten.
Bildbeschreibung	Im Zentrum stehen das Bildthema, die Formen und Farben, die Aufteilung der Fläche, der Gesamteindruck. Ebenfalls erwähnt werden – falls bekannt – die Künstlerin oder der Künstler, die Stilrichtung und/oder die Epoche, evtl. der Rahmen und die Grösse.

AUFGABE 5

Die meisten der folgenden Textausschnitte stammen aus Beschreibungen. Um welche Beschreibungsart handelt es sich jeweils? Kreuzen Sie die entsprechende Art an (Gegenstandsbeschreibung = GB, Personenbeschreibung = PB, Vorgangsbeschreibung = VB, Wegbeschreibung = WB, Bildbeschreibung = BB). Achtung: Es gibt Ausschnitte, die zu keiner Beschreibungsart passen!

Textausschnitt	GB	PB	VB	WB	BB
Eine Katze sitzt auf dem Sims und richtet ihren Blick konzentriert auf das Geschehen vor dem Fenster.					
Das Fach, welches sich mit einem metallfarbenen Reissverschluss abtrennen lässt, verwende ich für den Schlüsselbund.					
Nun gleitet man mit den Zehen in den Schuh hinein, worauf man die Ferse allmählich dem Schuhlöffel entlang in den Schuh hineinsenkt.					
Wenn Sie die Brücke überquert haben, sehen Sie links einen Park, an dem Sie etwa fünfzig Meter entlanggehen.					
Als wir ausser Atem schliesslich am Bahnhof ankamen, war der Zug leider bereits abgefahren. So ein Pech!					
Er ist im Allgemeinen ein sehr geduldiger Mensch. Gelegentlich kann er sich aber kaum beherrschen – dann nämlich, wenn er unprofessionelles Verhalten am Arbeitsplatz beobachten muss.					
Gleich rechts daneben steht an der Wand mein hölzernes, weiss lackiertes Büchergestell.					
Sechs Wochen nach dieser Ausbildung verliess ich die Schweiz und war danach drei Jahre in Südamerika beim Roten Kreuz tätig.					
Im Vordergrund stehen vier Motorräder der Marke «Harley Davidson», die nebeneinander parallel zum Strassenrand parkiert sind.					
Wir begannen zunächst mit dem einfachen Schnitt. Herr Fehlmann erklärte uns die verschiedenen Eigenschaften und die Darstellung des Schnittes im Detail.					

AUFGABE 6

Ein typischer Arbeitstag

Beschreiben Sie Ihren typischen Arbeitstag im Lehrbetrieb in etwa 250 Wörtern. Halten Sie sich dabei an die Merkmale der Vorgangsbeschreibung. Suchen Sie möglichst viele Synonyme (gleichbedeutende Ausdrücke) zu «dann», bevor Sie mit Schreiben beginnen. Notieren Sie sie auf die Linien.

Synonyme zu «dann»

Anschliessend – etwas später

AUFGABE 7

Personenbeschreibung

Lesen Sie das folgende Porträt aufmerksam durch und lösen Sie anschliessend die unten stehenden Aufgaben.

Direkt und gemütlich

Ich heisse Alain – ein Name, der nicht sehr trendy ist und den ich auch gar nicht mag! Ich bin ziemlich genau 16 Jahre alt und 1,75 m gross. Meine Statur ist eher schlank, ich habe blonde Haare und blaue Augen.

Ich bin ein ehrlicher Typ. Auf alle Fälle sage ich meistens, was ich denke. Oft bin ich sehr direkt. Wenn nötig, kann ich mich aber auch beherrschen. Manchmal leide ich plötzlich unter schlechter Laune. Ich weiss selber nicht genau, warum. Zum Glück geht das aber meistens schnell vorbei.

Ich habe es gerne gemütlich mit Freunden, denn ich halte viel von Kameradschaft und Toleranz. Zum Lernen habe ich selten Lust. Meistens würde ich lieber anderes tun, doch leuchtet mir ein, dass Lernen wichtig ist, wenn man im Leben weiterkommen will.

Unsere Familie besteht aus meinen Eltern und zwei jüngeren Geschwistern und mir. Als Ältester muss ich meinen Willen bei meinen Eltern immer als Erster durchboxen. Meine Geschwister können später nur noch darauf hinweisen, dass ich dies oder jenes auch durfte, und schon bekommen sie, was sie wollen. Das ärgert mich zuweilen, aber ändern kann ich es nicht.

Zu meinen Eltern habe ich ein gutes Verhältnis. Sie lassen mir recht viele Freiheiten, die ich, wie ich glaube, nicht missbrauche. Natürlich gibt es manchmal unterschiedliche Meinungen, aber ich finde, Konflikte gehören zum Leben.

Ich habe viele Hobbys und Freizeitbeschäftigungen. So spiele ich seit der 4. Klasse in einem Fussballklub und bin fast ebenso lange bei den Pfadfindern. Ich interessiere mich für Technik, besonders für Flugzeuge. Ausserdem mag ich Hip-Hop, schwimme und tanze gern. Meine Freunde haben ähnliche Interessen wie ich. Langeweile kenne ich gar nicht.

Mit der Lehre als Polymechaniker beginnt für mich ein ganz neues Leben: Ich werde nicht mehr so viel Zeit für meine Hobbys und meine Freunde haben. Sehr wahrscheinlich werde ich meine Zeit ganz neu einteilen müssen. Doch ich freue mich auf meine Ausbildungszeit: Meine positive Lebenseinstellung wird mir sicher in den nächsten Jahren eine grosse Hilfe sein – davon bin ich überzeugt!

a) Wie gefällt Ihnen die Personenbeschreibung? Können Sie sich ein gutes Bild von Alain machen? Was fehlt Ihnen? Was möchten Sie zusätzlich wissen? Tauschen Sie sich zu zweit aus.

b) Schreiben Sie für Ihre Mitschülerinnen und Mitschüler sowie Ihre Lehrpersonen ein Selbstporträt (erwarteter Umfang: ca. 250 Wörter).

c) Stellen Sie sich in einem Kurzreferat der Klasse vor:
   - Verwenden Sie als Grundlage Ihr Selbstporträt.
   - Legen Sie das Schwergewicht auf Ihren Charakter.
   - Dauer: drei bis fünf Minuten
   - Sprechen Sie frei!

Ziel erreicht — Das kann ich jetzt!

Überprüfen Sie das Gelernte. Beurteilen Sie die folgenden Aussagen, ohne vorne nachzuschlagen.

	trifft zu	trifft nicht zu
1 Die Beschreibung erfordert genaues Beobachten.	☐	☐
2 Detailangaben werden weggelassen.	☐	☐
3 Beim Verfassen der Beschreibung muss eine logische Reihenfolge eingehalten werden.	☐	☐
4 Die Beschreibung informiert abwesende Personen über wichtige Ergebnisse.	☐	☐
5 Gezielte Wortwahl bei den Nomen und Adjektiven hilft dem Lesepublikum, sich ein Bild vom beschriebenen Gegenstand zu machen.	☐	☐
6 In der Beschreibung wird die Zeitform der Gegenwart nur an spannenden Stellen verwendet.	☐	☐
7 Merkmale und Eigenschaften eines Gegenstandes werden sachlich und mit präzisen Formulierungen dargestellt.	☐	☐
8 Der Schluss zieht Bilanz oder regt zum Nachdenken an.	☐	☐
9 Zuerst werden die bedeutenden Merkmale des Gegenstandes erwähnt, danach folgen die charakteristischen Einzelheiten.	☐	☐
10 Eine bildhafte Sprache (Adjektive, Vergleiche) erleichtert es dem Lesepublikum, sich den Gegenstand genau vorzustellen.	☐	☐
11 Am Schluss wird der Gesamteindruck zusammengefasst.	☐	☐
12 Der persönliche Bezug zum beschriebenen Gegenstand soll im Zentrum einer Beschreibung stehen.	☐	☐

Schlagen Sie im Lösungsteil nach und vergleichen Sie.

Wortarten, Gross- und Kleinschreibung

Lernziele

Ich …
… kann die Wörter in einem Text aufgrund ihrer Merkmale der entsprechenden Wortart zuordnen
… kenne die wichtigsten Regeln der Gross- und Kleinschreibung und kann sie beim Schreiben anwenden
… verfüge über einen ausreichend grossen Wortschatz, um Texte zum Thema «Gesetzliche Grundlagen für Berufslernende» im Detail zu verstehen und mich dazu äussern zu können

Aufwärmen Was weiss ich schon?

Überprüfen Sie Ihre Vorkenntnisse zu den Wortarten sowie zur Gross- und Kleinschreibung. Welche der folgenden Aussagen treffen zu, welche nicht?

	trifft zu	trifft nicht zu	weiss nicht
1 Es gibt fünf Wortarten: Nomen, Pronomen, Verb, Partikel, Konjunktion.			
2 Die Wortarten kann man unterscheiden, indem man ihre Veränderbarkeit prüft. Beispiel: Das Nomen kann man in die vier Fälle und in die Mehrzahl setzen.			
3 Das Wort «sein» ist ein Pronomen oder ein Verb.			
4 Die Partikel steht oft als Stellvertreter des Nomens, kann aber auch Begleiter sein.			
5 Die Konjunktion (z. B. «und», «weil») ist ein unveränderliches Wort und gehört darum zu den Partikeln.			
6 «Vielen leuten bereitet das korrekte schreiben mühe.» In diesem Satz sind zwei Wörter irrtümlich kleingeschrieben.			

Schlagen Sie im Lösungsteil nach und vergleichen Sie.

Trainingsphase Grundlagen erarbeiten, Aufgaben lösen

AUFGABE 1

Die folgende Mindmap (Theorie zur Mindmap siehe Seite 233) soll in den fünf Ästen die fünf Wortarten und in den Zweigen jeweils sechs Beispiele enthalten.

a) Vervollständigen Sie die Mindmap mit Bleistift, indem Sie die fehlenden Wortarten ergänzen und aus der unten stehenden Liste die zutreffenden Wörter auswählen (zweimal gehören zwei Wörter zusammen: ein bisschen, am höchsten).

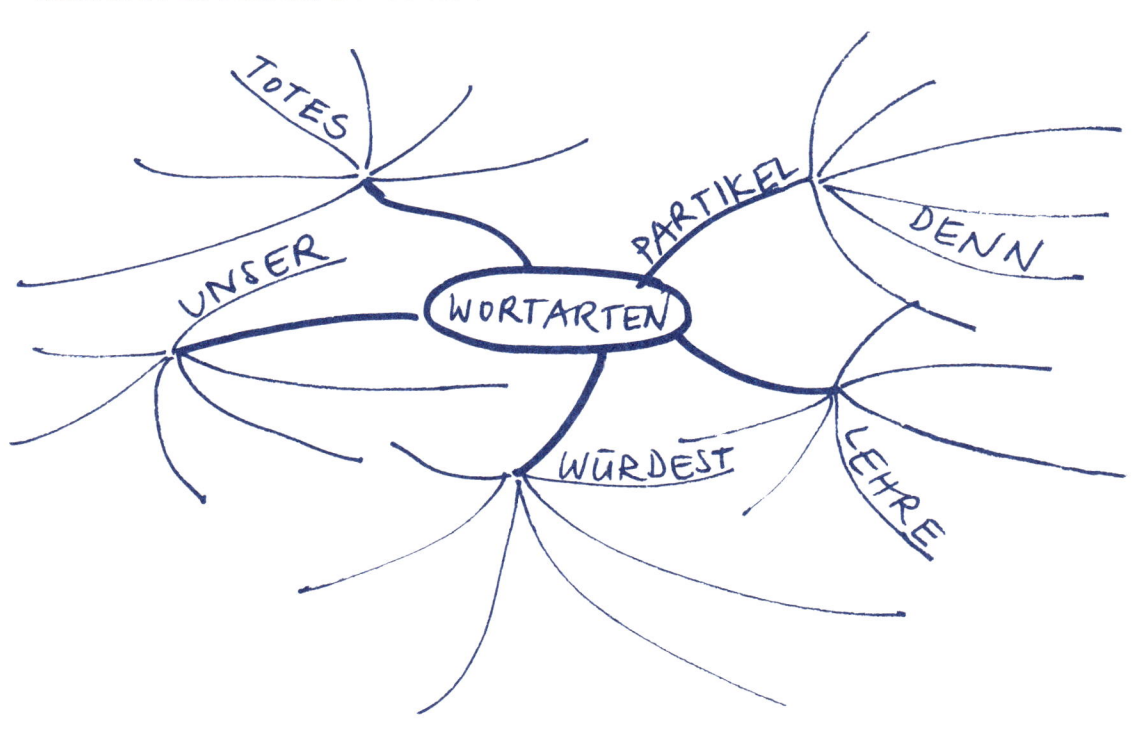

[Mindmap mit Zentrum "WORTARTEN" und fünf Ästen: TOTES, UNSER, PARTIKEL (mit Zweig DENN), WÜRDEST, LEHRE]

Liste

ALLES	EIN BISSCHEN	LEER	~~UNSER~~
AM HÖCHSTEN	(Bedeutung: ein	~~LEHRE~~	VIELLEICHT
BESSER	wenig)	MAN	WAHR
DAS	ERWIDERN	MANN	WAR
DASS	GING	RIESEN	WARE
DEN	HEUTE	STADT	WESHALB
~~DENN~~	HOHL	STELLUNGNAHME	WIEDERHOLEN
DESWEGEN	HÖRTEN	~~TOTES~~	~~WÜRDEST~~

b) Wie sind Sie beim Vervollständigen der Mindmap vorgegangen? An welchen Regeln haben Sie sich orientiert? Vergleichen Sie Ihre Vorgehensweise mit jener Ihrer Kolleginnen und Kollegen.

c) Vergleichen Sie nun mit der Lösung und tragen Sie die Wörter definitiv in Ihre Mindmap ein. Welche Ihrer Regeln haben sich bewährt, welche nicht?

AUFGABE 2

Merkmale der Wortarten

Schreiben Sie zu jeder Wortart die passenden Merkmale, indem Sie aus der unten stehenden Liste auswählen. (Achtung: Eines der Merkmale trifft auf drei Wortarten zu!)

das Verb

___

___

das Nomen

___

___

das Adjektiv

___

___

das Pronomen

___

___

die Partikel (Plural: die Partikeln, «Restgruppe»)

___

___

Merkmale
- lässt sich steigern (Beispiel: gross – grösser – am grössten)
- ist unveränderlich
- lässt sich zwischen Artikel (Begleiter) und Nomen setzen (z.B. das grosse Buch)
- schreibt man gross
- lässt sich in die vier Fälle setzen (z.B. mein Lehrbetrieb, meines Lehrbetriebs, meinem Lehrbetrieb, meinen Lehrbetrieb)
- davon gibt es eine Form der Einzahl und der Mehrzahl (z.B. die Stadt, die Städte), manchmal auch eine weibliche und eine männliche Form (z.B. die Bürgerin, der Bürger)
- lässt sich in verschiedene Zeiten setzen (z.B. ich gehe, ich ging)
- dazu gehören die Präposition (z.B. in, an, zu) und die Konjunktion (z.B. dass, und, weil)
- steht oft als Stellvertreter des Nomens, kann aber auch Begleiter sein
- davor kann man meistens der/die/das oder ein/eine setzen
- lässt sich konjugieren, d.h., damit lassen sich Personalformen bilden (z.B. ich gehe, du gehst, er/sie geht usw.)

AUFGABE 3

Die folgenden Wörter können je nach Verwendung im Satz zwei unterschiedlichen Wortarten angehören: Setzen Sie die entsprechenden Wortarten und je einen erklärenden Satz hinter das Wort. Beachten Sie die Gross- und Kleinschreibung.

Beispiel
GRÜNDE a) *VERB: Ich gründe eine Firma.*
b) *NOMEN: Die Gründe sind verständlich.*

SEIN a) _____
b) _____

ARM a) _____
b) _____

SPRACHEN a) _____
b) _____

SCHLOSS a) _____
b) _____

SORGEN a) _____
b) _____

WÜRDE a) _____
b) _____

REDE a) _____
b) _____

MORGEN a) _____
b) _____

WAREN a) _____
b) _____

WEINE a) _____
b) _____

MACHT a) _____
b) _____

THEORIE

Gross- und Kleinschreibung

Grundregel

Nomen schreibt man gross, die Wörter der übrigen Wortarten klein. Die anderen Wortarten, insbesondere Adjektive und Verben, lassen sich leicht in ein Nomen verwandeln («Nominalisierung»); sie werden dann ebenfalls grossgeschrieben.

Beispiele

Adjektive: Das *Schnelle* ist nicht immer das Richtige oder das Beste.
Zum Fest waren Alt und Jung, Arm und Reich erschienen.
(Die Adjektive stehen für Personen: Alte und Junge, Arme und Reiche.)

Verben: Das *Schreiben* fällt ihr leicht.
Kennst du die Badenden dort?
Ich habe das Gelernte schon vergessen.

Pronomen: Er hat mir das *Du* angetragen.
Die Drei ist meine Lieblingszahl.

Partikeln: Für die Auskunft bedanken wir uns im *Voraus*.
An das ewige Wenn und Aber kann ich mich schlecht gewöhnen.
Das Wie ist mir noch nicht klar.

AUFGABE 4

Nominalisierungen

Im obigen Theorieteil ist in jeder Gruppe jeweils das erste Beispiel für Nominalisierung kursiv hervorgehoben. Markieren Sie alle weiteren Beispiele mit einem Leuchtstift und tragen Sie sie anschliessend unten auf die entsprechenden Linien ein. Prägen Sie sich diese Beispiele gut ein.

1) nominalisierte Adjektive

   das Schnelle

2) nominalisierte Verben

   das Schreiben

3) nominalisierte Pronomen

   das Du antragen

4) nominalisierte Partikeln

   im Voraus

THEORIE

Zusatzregeln (1)

Gross schreibt man:
- das erste Wort eines Satzes, einer Überschrift, eines Titels, einer direkten Rede
- die Höflichkeitsform (Sie, Ihnen usw.)
- Teile eines Namens (z. B. die Vereinigten Staaten, der Zweite Weltkrieg)
- Adjektive nach unbestimmten Mengenangaben (z. B.: Wir wünschen dir alles Gute! Dieser Artikel ist etwas Besonderes. Es gibt viel Neues, aber wenig Erfreuliches zu berichten.)
- von geografischen Namen abgeleitete Wörter auf -er (z. B. die Bündner Berge)

AUFGABE 5

Zu welcher der Regeln von Seite 21 gehören die unten stehenden Beispiele? Setzen Sie die passenden Titel und lernen Sie die Regeln mit den Beispielen auswendig.

1) _____

Haben Sie Ihren Lohn schon erhalten? Wir gratulieren Ihnen!

2) _____

die Vereinigten Staaten; der Zweite Weltkrieg; die Dritte Welt

3) _____

alles Gute; wenig Neues; etwas Besonderes; nichts Erfreuliches

AUFGABE 6

Setzen Sie nun im unten stehenden Text die fehlenden grossen Anfangsbuchstaben.

Was lesen Berufslernende? (1)

Lea macht ihre lehre als detailhandelsfachfrau in einem bieler lebensmittelgeschäft. «sehen sie, wenn ich einmal am lesen bin, kann ich kaum mehr aufhören und lese das buch meistens gleich zu ende. Diese leidenschaft habe ich von meiner mutter geerbt, die eine grosse leserin ist. Mit vorliebe wähle ich krimis, weil sie viel spannendes bieten. Das miteifern und rätseln liebe ich über alles! Ich kann mich beim lesen ganz und gar ins geschehen hineinleben und selbst kommissarin spielen.

Vor allem an meinen freien nachmittagen, am montag und am mittwoch, habe ich zeit zu lesen. Zu hause besitzen wir eine grosse bibliothek, da hole ich mir meine lektüre. Im voraus studiere ich die inhaltsangabe auf dem buchumschlag. Wenn dieser text etwas aufregendes verspricht, lese ich die geschichte. Mein gefühl lässt mich selten im stich.»

THEORIE

Zusatzregeln (2)

Einige Wörter schreibt man klein, obwohl *der/die/das* oder *ein/eine* davorstehen kann:
– die beiden
– ein wenig; ein bisschen (wenn gemeint ist: ein wenig); ein paar (wenn gemeint ist: einige)
– den Superlativ (höchste Steigerungsform) des Adjektivs mit «am»: am grössten, am schwierigsten
– das Adjektiv, das sich auf ein bereits genanntes Nomen bezieht, welches aus Stilgründen nicht wiederholt wird (das Adjektiv ist also eigentlich ein Begleiter). Beispiel: Lea liest viele Krimis. Die spannendsten verschlingt sie in einem Zug.

AUFGABE 7

Setzen Sie die fehlenden grossen Anfangsbuchstaben:

Was lesen Berufslernende? (2)

Reto, metzger im dritten lehrjahr, nimmt ein neues blech mit duftendem fleischkäse aus dem ofen und stellt es zum abkühlen auf ein brett. Dann gibt er auskunft: «in meiner freizeit treibe ich fast ausschliesslich sport. Nach der arbeit setze ich mich aufs velo und trainiere bis gegen 21 uhr. Am wochenende nehme ich immer an rennen teil. Wann soll ich da noch ein dickes buch lesen?

Aber tageszeitungen lese ich, am liebsten den sportteil. Während der mittagszeit und am abend vor dem training informiere ich mich ungefähr eine halbe stunde übers sportgeschehen. Im winter interessiert mich das skifahren am meisten. Die tagesaktualitäten verfolge ich im ‹blick› und in der ‹mittelland zeitung›, die beiden blättere ich täglich durch.

Ein buch habe ich aber schon lange nicht mehr gelesen, das letzte mal irgendwann in der schulzeit. An den titel erinnere ich mich nicht, es ist zu lange her. Viel lieber verbringe ich meine freizeit zusammen mit meiner familie beim jassen oder mit der freundin.»

AUFGABE 8

Lösen Sie nun noch die folgende Aufgabe, indem Sie zu den Wörtern nach den Nummern jeweils die Regel für Gross- oder Kleinschreibung nennen.

Was kosten Berufslernende die (1) steuerzahlenden?

Haben (2) sie gewusst, dass Berufslernende im (3) durchschnitt (4) jährliche (5) kosten von rund 11 200 Franken verursachen, die nicht von der Lehrfirma (6) bezahlt werden? Diese (7) summe wird mit Steuergeldern beglichen. Eine Studie der (8) eidgenössischen (8) technischen Hochschule zeigt auf, dass es dabei grosse (9) unterschiede unter den Berufsgruppen gibt: (10) der finanzielle Aufwand für (11) gewerblich-industrielle Berufe liegt wegen geringerer Schulanteile mit 9600 Franken am (12) tiefsten; (13) kaufmännische Berufe sind ein (14) paar (15) tausender teurer als die (16) industriellen und (16) gewerblichen: 13 400 Franken pro Person und Jahr. Die Berufslernenden im Pflege- und Sozialbereich (17) kosten am (18) meisten: 14 500 Franken jährlich. Von diesen Beträgen übernehmen die Kantone 82 Prozent, also gut (19) vier (20) fünftel. Den Rest bezahlt der Bund. Im grossen Ganzen profitiert jedoch die Schweizer Wirtschaft von den Azubis. Dabei gilt, abgesehen von wenigen Berufen: Je länger die Ausbildung, desto profitabler ist der oder die Berufslernende für den Betrieb.

Beispiele:

(1): gross, Nomen

(4): klein, Adjektiv

(2) _____

(3) _____

(5) _____

(6) _____

(7) _____

(8) _____

(9) _____

(10) _____

(11) _____

(12) _____

(13) _____

(14) _____

(15) _____

(16) _____

(17) _____

(18) _____

(19) _____

(20) _____

AUFGABE 9

Lösen Sie das Kreuzworträtsel (Umlaut = 2 Buchstaben, z. B. ä = ae).

Waagrecht
2. Wörter dieser Wortart kann man in verschiedene Personen und in verschiedene Zeiten setzen.
4. Diese Form des Pronomens schreibt man gross.
5. Wenn ein Adjektiv in ein Nomen verwandelt wird, schreibt man es gross. Man spricht dann von …
6. Vergleichsformen (z. B. «schöner») gehören zu dieser Wortart.
7. Zu den Partikeln gehören: das Adverb, die Interjektion, die Präposition und die …
8. Die höchste Steigerungsform des Adjektivs heisst …
9. So viele Wortarten gibt es.
10. Bei dieser Wortart steht meistens ein Artikel.
11. Diese Wortart steht als Begleiter oder Stellvertreter des Nomens.

Senkrecht
1. Das Wort «in» gehört zu den Partikeln, genauer zu den …
3. Das konjugierte Verb heisst auch …

Ziel erreicht — Das kann ich jetzt!

Überprüfen Sie das Gelernte. Beurteilen Sie die folgenden Aussagen, ohne vorne nachzuschlagen.

	trifft zu	trifft nicht zu

1 Nomen, Pronomen und Adjektive kann man in die vier Fälle setzen.

2 Adjektive und Partikeln lassen sich steigern.

3 «vergrössere» ist eine Personalform des Verbs.

4 «Guten Morgen, Frau Keller. Wie geht es Ihrem Mann?» In diesem Satz ist «Ihrem» richtig geschrieben.

5 Adjektive kann man zwischen Artikel und Nomen setzen.

6 «Mein Vater hat sich ein paar neue Schuhe gekauft.» In diesem Satz ist «paar» richtig geschrieben.

7 In «Wir wünschen dir alles gute zum Geburtstag» wird «gute» kleingeschrieben, weil es ein Adjektiv ist.

8 Da sich diese Form des Verbs in ein Nomen verwandelt hat, schreibt man «die Lernenden» und «die Studierenden» gross.

9 Den Superlativ des Adjektivs schreibt man immer gross.

10 «ein bisschen» schreibt man immer klein.

11 Die Höflichkeitsform schreibt man nur in Briefen gross.

12 «Kennst du die beiden dort drüben?» In diesem Satz hat es keinen Rechtschreibfehler.

Schlagen Sie im Lösungsteil nach und vergleichen Sie.

Wortschatz — Gesetzliche Grundlagen für Berufslernende

Welches Wort passt? Vervollständigen Sie den Text und streichen Sie die Wörter, die Sie eingesetzt haben, durch.

Frist	Gnade	ungeschriebenes	fristlose	Buchstaben
Handtuch	Lehrgeld	fahrlässig	haftet	ruft
wahren	aufgelöst	gültig	genehmigt	

Der Lehrvertrag (oder auch ein Ausweis, eine Fahrkarte) entspricht den gesetzlichen Vorschriften, er ist also so, wie es das Gesetz vorschreibt. Der Vertrag ist daher _____. (Beispiel: Der Pass ist noch bis Ende September …)

Wenn etwas offiziell erlaubt wird, um das man gebeten hat, so wird es bewilligt oder _____. (Beispiel: Die Leitung der Berufsfachschule hat das Urlaubsgesuch …)

Ein Geheimnis _____ bedeutet: ein Geheimnis niemandem verraten. Man ist verpflichtet, Schäden, die man verursacht, zu bezahlen. Man _____ also für die Schäden.

Ein bestimmter Zeitraum, bis etwas erledigt sein muss: Ich gebe Ihnen eine _____ von sieben Tagen, um diese Arbeit zu erledigen.

Eine sofort gültige Kündigung des Arbeitgebers ist eine _____ Kündigung.

Der Vertrag wurde für nicht mehr gültig erklärt: Der Vertrag wurde _____.

Ich muss zur Arbeit, die Pflicht _____!

Ein Berufslernender hat viele Erfahrungen durch Misserfolge gewonnen: Er hat _____ bezahlen müssen.

Ein allgemein anerkanntes Gesetz, das nicht schriftlich festgehalten ist, ist ein _____ _____ Gesetz.

Viele Berufslernende brechen ihre Ausbildung ab, sie hören auf, sie geben auf. Sie werfen das _____ (Ausdruck aus dem Boxsport).

Eine Person, die gesetzestreu ist, hält sich an den _____ des Gesetzes.

Er hat die Arbeit ohne die nötige Vorsicht, ohne die nötige Aufmerksamkeit ausgeführt. Deshalb kam es zu einem Unfall. Das war _____.

Wenn die Polizei nachsichtig ist und auf eine Strafe verzichtet, dann lässt sie _____ vor Recht ergehen.

Geschäftsbrief

Lernziele

Ich …
… kann formelle Briefe und E-Mails schreiben und darin deutlich machen, was wichtig ist
… kann Briefe klar strukturieren und in passendem Stil formulieren
… kann ein klar verständliches und korrektes Dispensationsgesuch schreiben

Aufwärmen Was weiss ich schon?

Überprüfen Sie Ihre Vorkenntnisse zum Geschäftsbrief: Welche Aussagen treffen zu, welche nicht?

	trifft zu	trifft nicht zu	weiss nicht
1 Der Geschäftsbrief ist ein schriftliches Kommunikationsmittel zwischen Personen, Firmen oder Behörden.	☐	☐	☐
2 Für einen Geschäftsbrief wird weisses, liniertes Papier im Format A4 verwendet.	☐	☐	☐
3 Im Geschäftsbrief ist es wichtig, den richtigen Ton zu treffen.	☐	☐	☐
4 Im Briefdatum wird nach der Zahl für den Tag ein Punkt gesetzt.	☐	☐	☐
5 Im Geschäftsbrief müssen gewisse Regeln der Darstellung eingehalten werden.	☐	☐	☐
6 Die übliche Grussformel in Geschäftsbriefen lautet «Mit freundlichen Grüssen».	☐	☐	☐

Schlagen Sie im Lösungsteil nach und vergleichen Sie.

Trainingsphase Grundlagen erarbeiten, Aufgaben lösen

A) Briefe

AUFGABE 1

Lesen Sie das Dispensationsgesuch von Liana Sommer sorgfältig durch. Lösen Sie im Anschluss die Aufgaben auf der nächsten Seite und entscheiden Sie anhand dieses Beispiels, welche Aussagen richtig sind und welche falsch. Achtung: Manchmal ist mehr als eine Aussage anzukreuzen.

Liana Sommer
Carmennaweg 7
4562 Biberist

Gibs Solothurn
Frau Erika Knecht
Aarequai 6
4500 Solothurn

Solothurn, 20. September 2011

Dispensationsgesuch

Sehr geehrte Frau Knecht

Ich bin Lernende der Klasse Elt 1a und besuche jeweils am Dienstag den Unterricht an der Gibs Solothurn. Meine Klassenlehrperson ist Herr A. Gubser.

Ich bitte Sie höflich, mich am 8. Oktober 2011 vom Unterricht zu dispensieren. In der Woche vom 4. bis 11. Oktober 2011 findet das Trainingslager des Volleyballklubs Mümmlischanz statt, dem ich seit Jahren angehöre. Als Stammspielerin unseres Vereins sollte ich an diesem Lager wenn immer möglich teilnehmen können. Meine Eltern und mein Berufsbildner sind mit meiner Teilnahme einverstanden.

Darf ich auf Ihr Verständnis zählen? Ich hoffe auf einen positiven Entscheid.

Freundliche Grüsse

L. Sommer
Liana Sommer

Unterschrift Berufsbildner:

Winters Sommergärten AG
4500 Solothurn
Fred Winter

Programm Trainingslager
Zustimmung Lehrbetrieb
Zustimmung Eltern

1. Die Ortschaften in der Absender- und Empfängeradresse stehen in
    a) unterstrichener Schrift ☐
    b) kursiver Schrift ☐
    c) normaler Schrift ☐
    d) fetter Schrift ☐

2. In den Adressen stehen
    a) keine Satzzeichen ☐
    b) Kommas nach Namen und Strassen ☐
    c) Kommas nach der Strassenangabe ☐
    d) Punkte nach den Ortschaften ☐

3. Zwischen Ort und Datum steht
    a) ein Komma und «den» ☐
    b) kein Komma, nur «den» ☐
    c) ein Komma ohne «den» ☐
    d) weder Komma noch «den» ☐

4. Welches Datum entspricht der üblichen Schreibweise in Briefen?
    a) 7 Oktober 2011 ☐
    b) 7. Okt. 11 ☐
    c) 7. Oktober 2011 ☐
    d) 7.10.11 ☐

5. Die Betreffzeile steht als Titel über dem Briefinhalt. Man schreibt diese Zeile
    a) ohne den Vermerk «Betreff» oder «Betrifft» ☐
    b) in fetter Schrift ☐
    c) in normaler Schrift ☐
    d) mit dem Vermerk «Betreff» ☐
    e) in unterstrichener Schrift ☐

6. Wenn man eine Person nicht mit Ihrem Namen anspricht, lautet die übliche Anrede:
    a) Sehr geehrte Firma ☐
    b) Guten Tag ☐
    c) Sehr geehrte Damen und Herren ☐
    d) Man setzt keine Anrede, sondern beginnt nach der Betreffzeile mit dem Briefinhalt. ☐

7. Nach der Anrede steht
    a) ein Doppelpunkt ☐
    b) ein Komma ☐
    c) ein Ausrufezeichen ☐
    d) kein Satzzeichen ☐

8. Nach der Anrede schreibt man
    a) gross weiter ☐
    b) klein weiter ☐

9. Abschnitte setzt man
    a) für jeden neuen Gedanken ☐
    b) generell vier pro Brief ☐
    c) nur nach der Anrede und vor der Grussformel ☐

Fortsetzung der Aufgabe auf der nächsten Seite.

10. Die übliche Grussformel in formellen Briefen lautet:
    a) Mit freundlichen Grüssen ☐
    b) Freundliche Grüsse ☐
    c) Mit besten Grüssen ☐
    d) Hochachtungsvoll ☐

11. Beilagen erwähnt man
    a) nach der Unterschrift, nach dem Wort «Beilage» oder «Beilagen» ☐
    b) vor der Unterschrift ☐
    c) nach der Unterschrift, ohne das Wort «Beilage» ☐
    d) nicht ☐

AUFGABE 2

Ergänzen Sie das Briefschema auf der nächsten Seite mit den unten stehenden Begriffen.

- Beilage(n)
- Ort und Datum
- Unterschrift
- Anrede
- Adresse der Empfängerin/des Empfängers
- Grussformel
- Name des Verfassers oder der Verfasserin
- Brieftext, in Abschnitte gegliedert
- Betreffzeile (Brieftitel)
- Absender/Absenderin
- Beförderungsvermerk (einschreiben, express, persönlich)

THEORIE

Merkmale des Geschäftsbriefs

Was will ich mit einem Geschäftsbrief erreichen? Was muss ich beachten?

- Damit man sich in meinem Brief leicht orientieren kann, beachte ich die gängigen Regeln der Darstellung: Blattaufteilung, Zeilenabstand (1 bis 1,5) und Schriftgrösse (11 bis 12 pt).
- Das höfliche Anredepronomen («Sie» usw.) schreibe ich in allen Formen gross.
- Ich verwende keine Abkürzungen, sodass sämtliche Informationen leicht verständlich sind.
- Um Missverständnisse zu vermeiden, lege ich den Sachverhalt vollständig und eindeutig dar.
- Damit mein Anliegen Gehör findet, formuliere ich es in einem angenehmen, höflichen Ton.
- Beilagen erwähne ich nach der Unterschrift, aber ohne das Wort «Beilage».

Was erwarte ich von einem Geschäftsbrief?

- Ich erwarte eine klare Anordnung und einen logischen Aufbau.
- Der Brief soll ansprechend und sorgfältig dargestellt und in sachlichem Ton geschrieben sein.
- Ich erwarte, dass die Aussagen eindeutig formuliert sind, damit keine Rückfragen notwendig sind.
- Der Brief soll möglichst fehlerfrei sein, da er auch eine Visitenkarte des Schreibers/der Schreiberin ist.

Ein Beispiel für linksbündige Briefdarstellung befindet sich auf Seite 205.

> **THEORIE**
>
> **Wie soll ein Geschäftsbrief strukturiert sein?**
>
> In Geschäftsbriefen hält man sich mit Vorteil an den folgenden Aufbau in vier Schritten:
> 1. Anlass darlegen (Situation, Problem schildern)
> 2. Absicht unterbreiten (Bitte, Angebot, Forderung usw.)
> 3. Begründung anführen (nähere Umstände, Wichtigkeit, Dringlichkeit usw.)
> 4. Je nach Situation: Bedingungen, Frist, Dank

AUFGABE 3

Schreiben Sie ein Dispensationsgesuch zu einer der folgenden Ausgangslagen. Benutzen Sie dazu ein separates Blatt und beachten Sie das Darstellungsschema von Aufgabe 2.

a) Sie möchten mit Ihren Eltern in der dritten Januarwoche Skiferien in Arosa verbringen. Diese Skiwoche hat in Ihrer Familie Tradition. Der Unterrichtstag, an dem Sie fehlen würden, wäre der 15. Januar 20XX.

b) Sie spielen Gitarre in einer Rockband. Am 14. November 20XX – genau an Ihrem Schultag – haben Sie die Möglichkeit, mit Ihrer Band in Zürich an einem Nachwuchswettbewerb teilzunehmen. Der Anlass findet am frühen Abend statt. Um genügend Zeit für Anreise, Soundcheck und Probe zu haben, müssten Sie den Nachmittagsunterricht ausfallen lassen.

c) Ihre Lehrfirma führt in der ersten Woche nach den Herbstferien einen Betriebsausflug durch. Sie würden gerne daran teilnehmen, könnten aber den Unterricht am 25. Oktober 20XX nicht besuchen.

AUFGABE 4

Finden Sie für die ungeschickten oder unhöflichen Ausdrücke in der linken Spalte bessere Formulierungen. Beachten Sie vor allem die kursiv gedruckten Textstellen.

nicht empfehlenswert	besser
Wie wir das heute am Telefon besprochen haben, sende ich Ihnen	*Wie telefonisch vereinbart,*
Ich sende *beiliegend* das Programm des Trainingslagers.	
Ich *möchte* Ihnen danken.	
Antworten Sie mir so *rasch wie möglich!*	
Ich hoffe *schwer,* dass Sie das verstehen.	
Von dem her nehme ich an,	
Ich habe bis heute keine Antwort *gekriegt.*	
Ich *muss freibekommen.*	
Sie *müssen* mir freigeben.	
Ich *will da hin!*	
Mein *Boss* ist einverstanden damit.	

AUFGABE 5

Doppelt gemoppelt

Verbessern Sie diese Beispiele aus Brieftexten, indem Sie die überflüssigen Wörter entweder streichen oder durch einen passenden Ausdruck ersetzen. Beachten Sie die beiden Beispiele!

1. In Geschäftsbriefen ist es nicht gestattet, ~~dass man sich ungehobelt äussern darf~~.

    sich ungehobelt zu äussern.

2. Wie ich schon in meinem ersten Schreiben ~~bereits~~ erwähnt habe, …

    —

3. Ich erlaube mir erneut, Sie nochmals auf diesen Umstand aufmerksam machen zu dürfen.

4. Ausserdem habe ich zusätzlich die Möglichkeit, an einem Turnier teilzunehmen.

5. Ihr Entgegenkommen hat mir ermöglicht, an die Hochzeitsfeier meiner Schwester fahren zu können.

_____

6. Anschliessend haben wir am 16. September dann ein weiteres Turnier.

_____

7. Ich kann nicht immer ständig fehlen.

_____

8. Sobald Sie unser Veranstaltungsprogramm gelesen haben, werden Sie bald feststellen, dass es sich um eine gute Sache handelt.

_____

9. Ich durfte bereits schon einmal mit dem Nachwuchskader trainieren.

_____

10. Ich hätte die Möglichkeit, in die Juniorennationalmannschaft aufgenommen zu werden sowie auch ein Sportstipendium zu erhalten.

_____

B) E-Mails

Für formelle E-Mails gelten dieselben Regeln wie für Geschäftsbriefe.

THEORIE

Merkmale von E-Mails
- Ich setze einen kurzen Titel in die Betreffzeile (1 bis 3 Wörter).
- Wie beim Geschäftsbrief halte ich mich auch bei E-Mails an die Regeln der Höflichkeit (Anrede, Grussformel).
- Ich verwende die Standardsprache.

An: ueli.heinzer@bbzsogr.ch

Kopie:

Blindkopie:

Betreff: Verspätetes Eintreffen

Signatur: Standard

Sehr geehrter Herr Heinzer

Am nächsten Mittwoch, dem 10. November 20.., werde ich voraussichtlich etwas zu spät zum Unterricht erscheinen. In der Nacht auf den Mittwoch übernachte ich ausnahmsweise bei meinem Vater in Villmergen im Kanton Aargau, da er am Abend zuvor mit meinen Geschwistern und mir seinen fünfzigsten Geburtstag feiern will.
Wegen der Bus- und Zugverbindungen kann ich erst um 7.35 Uhr da sein – also genau zur Zeit des Unterrichtsbeginns. Das bedeutet, dass ich fünf bis zehn Minuten verspätet eintreffen werde, weil ich anschliessend noch den Weg vom Bahnhof zur Schule zurücklegen muss.

Bitte entschuldigen Sie mein einmaliges Zuspätkommen.

Freundliche Grüsse

Demian Brotschi PKG 2c

AUFGABE 6

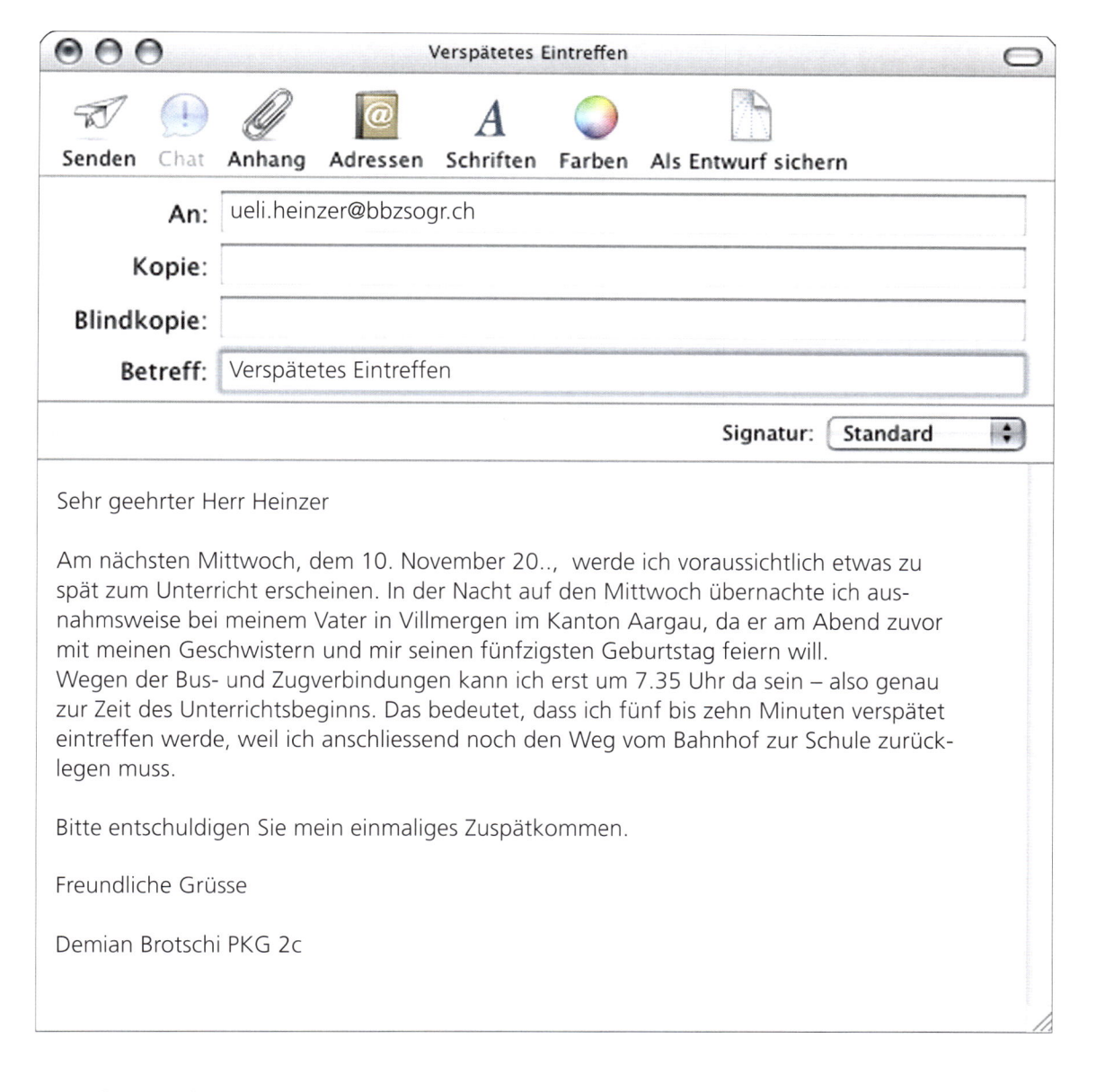

E-Mail verfassen

Verfassen Sie eine E-Mail in Standardsprache zu einer der folgenden Aufgaben.

a) Teilen Sie Ihrer Lehrperson per E-Mail mit, dass die Buchhandlung, bei der Sie das Deutschlehrmittel bestellt haben, Lieferschwierigkeiten hat und Sie das gewünschte Buch daher nicht wie versprochen in die nächste Lektion mitbringen können. Bitten Sie Ihre Lehrperson um Rat für das weitere Vorgehen.

b) In einem Wettbewerb haben Sie eine Reise für zwei Personen nach Paris gewonnen. Der Gutschein ist ein Jahr lang gültig. Sie möchten diese Reise jedoch erst nach der bestandenen Lehrabschlussprüfung antreten und bis dahin dauert es noch eineinhalb Jahre. Sie beantragen, die Dauer des Gutscheins zu verlängern.

c) Für eine ABU-Facharbeit haben Sie provisorisch einen Interviewtermin mit einem Gemeinderat aus Ihrer Wohngemeinde vereinbart. Bitten Sie den Gemeinderat um die Bestätigung des Termins (Ort, Datum) und machen Sie ihn noch einmal darauf aufmerksam, worüber Sie sich im Gespräch mit ihm unterhalten möchten.

Ziel erreicht Das kann ich jetzt!

Überprüfen Sie das Gelernte. Beurteilen Sie die folgenden Aussagen, ohne vorne nachzuschlagen.

	trifft zu	trifft nicht zu
1 Mit wenigen Ausnahmen sollte man in einem formellen Schreiben keine Abkürzungen verwenden.	☐	☐
2 Das Datum steht oberhalb der Betreffzeile.	☐	☐
3 In einem Geschäftsbrief wählt man stets einen persönlichen Sprachstil.	☐	☐
4 Der Geschäftsbrief unterscheidet sich vom privaten Brief nur durch die Darstellungsart.	☐	☐
5 Beim Verfassen des Geschäftsbriefes achtet man darauf, dass die Formulierungen nicht salopp wirken.	☐	☐
6 Im Geschäftsbrief ist alles Wichtige erwähnt, damit keine Rückfragen nötig sind.	☐	☐
7 Die Höflichkeitsform («Sie» usw.) wird immer grossgeschrieben, auch in E-Mails.	☐	☐
8 Gehört zu einem Brief eine Beilage, so wird diese am Schluss vor der Unterschrift aufgeführt.	☐	☐
9 Die Betreffzeile wird unterstrichen.	☐	☐
10 Briefe werden mit Zeilenabstand 1 oder 1,5 und in der Schriftgrösse 11 oder 12 geschrieben.	☐	☐
11 Für den Schreibstil in formellen E-Mails gelten dieselben Regeln wie bei Geschäftsbriefen.	☐	☐
12 Die Sachlage wird im Geschäftsbrief ausführlich auf mindestens einer Seite dargestellt.	☐	☐

Schlagen Sie im Lösungsteil nach und vergleichen Sie.

Formeller und informeller Stil; Nomen: Geschlecht und Mehrzahl

Lernziele

Ich ...
... kann mich der Situation entsprechend ausdrücken und grobe Formulierungsfehler vermeiden
... kann in schriftlichen Texten den Stil wählen, der für das jeweilige Lesepublikum angemessen ist
... kenne das Geschlecht und die Mehrzahl der Nomen und kann bei schwierigen Nomen im Wörterbuch nachschlagen

Aufwärmen Was weiss ich schon?

Überprüfen Sie Ihre Vorkenntnisse zu formellem und informellem Stil sowie zum Geschlecht und zur Mehrzahl des Nomens. Welche der folgenden Aussagen treffen zu, welche nicht?

	trifft zu	trifft nicht zu	weiss nicht
1 Im Wörterbuch findet man alle nötigen Angaben zu Geschlecht und Mehrzahlformen (Plural) des Nomens.			
2 Die folgenden Pluralformen sind richtig: die CDs, die Pizzas, die Kaufleute.			
3 In Geschäftsbriefen verwendet man keine saloppen Formulierungen.			
4 «Den Job schmeissen» ist umgangssprachlich, «die Stelle kündigen» ist standardsprachlich.			
5 Wenn jemand sagt: «Meine Freunde lieben schnelle Autos», so sind mit «Freunde» immer Männer und Frauen gemeint.			
6 In einem Brief schreibt man die Höflichkeitsform des Pronomens («Sie», «Ihnen») gross, in einem Interview schreibt man sie klein.			

Schlagen Sie im Lösungsteil nach und vergleichen Sie.

Trainingsphase — Grundlagen erarbeiten, Aufgaben lösen

A) Formeller und informeller Stil

Was wir bei Kleidern oder Umgangsformen kennen, gilt auch für die Sprache: Manchmal ist ungezwungener Stil angesagt, manchmal müssen aber ganz bestimmte Formen gewahrt werden. Je nach Situation duzt man eine Person und darf sich locker ausdrücken (Umgangssprache, informeller Stil) oder benötigt man die Höflichkeitsform und eine formelle Ausdrucksweise.

Beispiele für unterschiedliche Sprachebenen

Formeller Stil		Informeller Stil
Gehobene Sprache, gewählte Ausdrucksweise	*Mittlere Sprachebene, Standardsprache*	*Umgangssprache, Mundart, saloppe Sprache*
Ich schätze meine berufliche Position ausserordentlich.	Ich liebe meinen Beruf.	Ich finde meinen Job cool.
Sie hat ihre Anstellung aufgegeben.	Sie hat ihre Stelle gekündigt.	Sie hat den Job geschmissen.
Der Vorgesetzte nimmt seine Aufgaben kompetent wahr.	Der Chef versteht sein Geschäft.	Der Boss kommt draus.

AUFGABE 1

Unterschiedliche Sprachebenen

Im folgenden Kasten mit Synonymen für «arbeiten» und «Arbeit» befinden sich neben standardsprachlichen Ausdrücken auch Wörter und Wendungen, die gehoben oder umgangssprachlich bzw. salopp sind. Färben Sie die Ausdrücke wie folgt ein:
– Standardsprache: grün
– gehobene Sprache: gelb
– Umgangssprache oder Mundart: orange

Wenn Sie nicht sicher sind, schlagen Sie im Wörterbuch nach.

> Eine Position innehaben   eine Tätigkeit ausüben   schuften   wirken
>
> einem Broterwerb nachgehen   krampfen   sich abrackern   im Erwerbsleben stehen
>
> malochen   jobben   einen Beruf ausüben   bügeln   ein Amt bekleiden
>
> tätig sein   schaffen   Beschäftigung   Betätigung   Wirkungskreis
>
> Anstellung   Büez   sich betätigen
>
> _____
> _____
> _____

Kennen Sie noch mehr Ausdrücke? Schreiben Sie diese in der entsprechenden Farbe in den Kasten.

AUFGABE 2

Informeller und formeller Stil

Finden Sie für die kursiv gesetzte Wendung in der linken Spalte jeweils einen standardsprachlichen Ausdruck. Notieren Sie diesen rechts.

Informeller Stil
So sprechen wir oder schreiben wir in informellen Texten manchmal:

Formeller Stil
So schreiben wir zum Beispiel in Geschäftsbriefen oder schulischen Texten immer:

1. Das war ein *totaler Reinfall*.
   Das war der grösste Irrtum/eine Riesenenttäuschung.

2. Er hat mich *verarscht*.

3. Das war *easy*.

4. Können Sie nach der Mittagspause bitte kurz *runterkommen*?

5. Hat er es immer noch nicht *gecheckt*?

6. War der *Stift* auch dabei?

7. Der *Boss* war *megasauer*.

8. Kennen Sie die *Beiz*?

9. Der Erfolg unserer Sonderaktion war *echt cool*.

10. Unsere Rechnung ging *voll* auf.

11. Sie haben ihm den *Schuh* gegeben.

12. Die Bank *hatte zu*.

13. Die Hose war *scheissteuer*.

14. Wir möchten uns *mal* umgucken.

Formelle und informelle Anrede

Bei der formellen Anrede verwenden wir die Höflichkeitsform, bei der informellen das «Du». Beim Schreiben unterscheiden wir die beiden Ebenen zusätzlich durch Gross- bzw. Kleinschreibung. Lesen Sie dazu den folgenden Theoriekasten.

THEORIE

Rechtschreibung der Anredepronomen

Die *höfliche Anrede*, die *Höflichkeitsform* («Sie» und davon abgeleitete Pronomen), schreibt man *immer gross*.
Ausnahme: das rückbezügliche Pronomen «sich» (dieses spricht man ja nicht an!)

Beispiele
Melden Sie sich bitte bei unserem Kundendienst.
Wir danken Ihnen sehr für Ihr Entgegenkommen.
Bestehen Ihrerseits noch Fragen?

Die *vertraute Anrede* («du», «ihr» und davon abgeleitete Pronomen) schreibt man in der Regel *klein*.

Beispiele
Hast du dir schon ein Geburtstagsgeschenk ausgesucht?
Ich bitte dich, mir deine Wünsche zu mailen.
Habt ihr eure neuen Möbel schon erhalten?

AUFGABE 3

Schriftliche Anrede
Ergänzen Sie die fehlenden Pronomen.

Lieber Tim

Vielen Dank **für** _____ Anfrage. Es freut mich sehr, dass ____ _____ vorstellen kannst, dass wir mit unserer Band an _____ Firmenjubiläum spielen. Gerne sende ich _____ unsere aktuelle CD.

Wende _____ bei Fragen im Zusammenhang mit einzelnen Musikstücken bitte an meine Kollegin Felicitas Kummer.

Ich freue mich auf _____ Bescheid und grüsse _____ freundlich.

Tom

Sehr geehrter Herr Marti

Vielen Dank für _____ Anfrage. Es freut uns sehr, dass _____ _____ vorstellen können, dass wir mit unserer Band an _____ Firmenjubiläum spielen. Gerne senden wir _____ unsere aktuelle CD.

Für Fragen im Zusammenhang mit einzelnen Musikstücken wenden _____ _____ bitte an meine Kollegin Felicitas Kummer.

Wir freuen uns auf _____ definitiven Bescheid und grüssen _____ freundlich.

Thomas Senn

> **THEORIE**
>
> **Schreibung des Datums**
>
> Folgende korrekte Schreibweisen gelten für das Datum (z. B. in Geschäftsbriefen):
> – Basel, 25. August 2011
> – Freiburg, 25.8.2011
> Wichtig: Nach der Tages- und Monatszahl darf der Punkt nicht fehlen!
>
> Wenn das Datum in einen Text eingebettet ist, muss neben der Kommasetzung auch der Fall (Akkusativ, Nominativ …) beachtet werden:
> – Wir treffen uns am Mittwoch, dem 25. August, um halb drei.
> – Wir treffen uns am Mittwoch, 25. August, um 14.30 Uhr.

AUFGABE 4

Geschriebenes Datum
Schreiben Sie die Daten um:

Beispiel: 13-05-06   13.5.2006   13. Mai 2006
01-07-09
05-11-11
23-09-07
31-01-08

B) Geschlecht und Mehrzahl des Nomens

AUFGABE 5

Die Einzahl des Nomens
Setzen Sie wo möglich links neben die Mehrzahlform (Plural) die Einzahl des Nomens mit dem bestimmten Artikel. Schlagen Sie bei Unsicherheiten in einem Wörterbuch nach.

Beispiel: das   Datum   die Daten

_____   _____   die Ecken
_____   _____   die Spitäler
_____   _____   die Banden
_____   _____   die Bände
_____   _____   die Graffiti
_____   _____   die Gehälter
_____   _____   die Bleistifte
_____   _____   die Visa
_____   _____   die Zeugnisse
_____   _____   die Eltern
_____   _____   die Kosten

AUFGABE 6

Die Mehrzahl des Nomens

a) Lösen Sie das Kreuzworträtsel, indem Sie die richtigen Mehrzahlformen einsetzen. Achtung: Manchmal muss man auf ein ähnliches Nomen ausweichen (Umlaute = 2 Buchstaben, z. B. ä = ae).

Waagrecht
- 3. Hobby
- 5. Euro
- 9. Kaufmann
- 13. der gute Rat: die guten …
- 14. Note
- 15. Saal
- 16. Thema
- 17. Herz
- 20. Mutter (Elternteil)
- 22. Arena
- 24. Museum
- 26. Mutter (zum Schrauben)
- 27. Ereignis
- 28. Not

Senkrecht
- 1. Firma
- 2. Rhythmus
- 4. Studium
- 6. Bank (Geldinstitut)
- 7. Bank (Sitzgelegenheit)
- 8. Betrug
- 10. Feld
- 11. Brot
- 12. Stadt
- 18. Zentrum
- 19. Hemd
- 21. Stadium
- 23. Datum
- 25. Liga

b) Wie heisst der Plural der folgenden Nomen?

Der PC _____ oder die _____

Die DVD _____

Das WC _____ oder die _____

Der DJ _____

AUFGABE 7

a) Lesen Sie den folgenden Text und lösen Sie anschliessend die Aufgabe in Partnerarbeit.

Der schwangere Patient

Von vielen Nomen, die sich auf Menschen beziehen, gibt es eine männliche und eine weibliche Form. Wenn ich von «meinem Freund» spreche, ist ein Mann gemeint, sage ich jedoch «meine Freundin», so spreche ich von einer Frau. Gelegentlich meinen Schreibende, es genüge, in ihrem Text nur die männliche Form zu verwenden, weil weibliche Personen immer mitgemeint seien. Sie schreiben dann zum Beispiel «Stimmbürger» und meinen alle Stimmberechtigten. Viele Frauen fühlen sich aber von «Stimmbürger» ebenso wenig angesprochen, wie sich Männer bei «Stimmbürgerinnen» mitgemeint fühlen. (Wenn ein Arzt von seinen «schwangeren Patienten» spricht, wirkt das ebenso seltsam, wie wenn eine Firma schreibt, ihre Mitarbeiter seien mit ihren Ehemännern an die Feier gekommen.)

b) Finden Sie neutrale Pluralformen oder Ersatzausdrücke:

die Kundin und der Kunde _____

der Verkäufer und die Verkäuferin _____

die Arbeitnehmerin und der Arbeitnehmer _____

der Lehrer und die Lehrerin _____

die Sportlerin und der Sportler _____

der Zuschauer und die Zuschauerin _____

die Polizistin und der Polizist _____

der Mitarbeiter und die Mitarbeiterin _____

THEORIE

Männliche und weibliche Personen

Zur höflichen Ausdrucksweise gehört heute, dass man die Frauen nicht als «mitgemeint» in der männlichen Form des Nomens versteckt. In einem Text, in dem weibliche und männliche Personen gemeint sind, verwendet man darum nicht nur die männliche Form des Nomens, wenn es auch eine weibliche Form davon gibt. Gelegentlich muss man zu Doppelformen greifen (die Konsumentinnen und Konsumenten; der Autor oder die Autorin), aber in vielen Fällen findet man leicht einen neutralen Begriff (aus dem Partizip abgeleitetes Nomen, Sammelbegriff usw.).

Beispiel

der Stimmbürger, die Stimmbürgerin	> die Stimmberechtigten, die Stimmenden, das Stimmvolk, der Souverän
die Leserin und der Leser	> die Lesenden, die Leserschaft, das Lesepublikum
aber: das Mitglied	> die Mitglieder (es gibt weder eine männliche noch eine weibliche Form)

Ziel erreicht — Das kann ich jetzt!

Überprüfen Sie das Gelernte. Beurteilen Sie die folgenden Aussagen, ohne vorne nachzuschlagen.

	trifft zu	trifft nicht zu
1 Die höfliche Anrede «Sie» schreibt man nur in Briefen gross.		
2 Die folgenden Mehrzahlformen sind richtig: Hobbys, Hemde, Herzen.		
3 Es gibt Nomen mit mehr als einem grammatikalischen Geschlecht.		
4 «Beanstanden», «meckern», «sich beschweren» und «reklamieren» bedeuten etwa dasselbe, aber je nach Situation muss man unterschiedliche Verben wählen, weil die geforderte Sprachebene gewisse Ausdrücke nicht erlaubt.		
5 Bei der folgenden Hinweistafel hat sich ein Schreibfehler eingeschlichen: «Die WC's befinden sich im 1. Stock.»		
6 Im Datum setzen wir nach der Zahl für den Tag immer einen Punkt.		
7 Das Nomen «die Bank» hat zwei unterschiedliche Pluralformen.		
8 Im folgenden Satz sind die Pronomen richtig geschrieben: «Bitte wenden Sie Sich an Herrn Keller.»		
9 Gibt es neben der männlichen Form des Nomens auch eine weibliche, so nennt man beide Formen oder verwendet einen neutralen Ausdruck, wenn sowohl weibliche als auch männliche Personen gemeint sind.		
10 So ist die Orts- und Datumsangabe in einem Brief korrekt geschrieben: Chur 27. Februar 2011.		
11 «Ihre Reaktion war voll daneben.» Dieser Satz sollte für einen Geschäftsbrief neu formuliert werden.		
12 «Die nächste Sitzung findet am Freitag 19. November, statt.» In diesem Satz ist die Kommasetzung korrekt.		

Schlagen Sie im Lösungsteil nach und vergleichen Sie.

Zusammenfassung, Inhaltsangabe

Lernziele

Ich …
… kann eine Zusammenfassung zu einem Artikel über ein Thema von allgemeinem Interesse schreiben
… kann Informationen aus verschiedenen Quellen und Medien schriftlich zusammenfassen
… kann den Inhalt eines Films, einer Fernsehsendung oder eines Buchs in knapper, korrekter Form wiedergeben, ohne dass der Sinnzusammenhang verloren geht

Aufwärmen ## Was weiss ich schon?

Überprüfen Sie Ihre Vorkenntnisse: Welche Aussagen treffen zu, welche nicht?

	trifft zu	trifft nicht zu	weiss nicht
1 Die Zusammenfassung informiert andere in geraffter Form über einen Sachverhalt, einen Text oder ein Geschehen.	☐	☐	☐
2 Die persönliche Meinung der Verfasserin oder des Verfassers sollte in der Zusammenfassung erkennbar sein.	☐	☐	☐
3 Für die Zusammenfassung wird normalerweise die Zeitform der Gegenwart verwendet.	☐	☐	☐
4 Trotz Kürze muss ein roter Faden erkennbar sein.	☐	☐	☐
5 Auf die logische Reihenfolge darf zugunsten der Spannung verzichtet werden.	☐	☐	☐
6 Ausschmückende Elemente gehören nicht in eine Zusammenfassung.	☐	☐	☐

Schlagen Sie im Lösungsteil nach und vergleichen Sie.

Trainingsphase Grundlagen erarbeiten, Aufgaben lösen

AUFGABE 1

a) Lesen Sie den folgenden Text genau und achten Sie auf die Untertitel.

b) Markieren Sie in jedem Abschnitt Schlüsselwörter und wichtige Textpassagen.

c) Notieren Sie am Rand Ihre Stichworte dazu, indem Sie Ihre eigene Sprache verwenden.

Jugendliche in der Schuldenfalle

25 Prozent der 16- bis 25-Jährigen geben mehr Geld aus, als es ihr Budget erlaubt. Den Umgang mit Geld erlernen sie nicht mehr durch Beobachtung im Familienalltag, wenn die Eltern dauernd mit Kreditkarten hantieren.

Kaufsucht im Anstieg

Der Gruppendruck ist keine neue Erscheinung. Der Wunsch, dazuzugehören, ist in jedem Klassenzimmer, in jedem Freizeitklub stark. Was die Zugehörigkeit ausmacht, untersteht jedoch einem laufenden Wandel. Die jeweils modischen Accessoires sind Pflicht, und wer kein Handy der neusten Generation besitzt, ist von gestern. Konsumverzicht hat einen schweren Stand. Die Neigung zu unkontrolliertem Kaufverhalten ist bei 18- bis 25-Jährigen besonders verbreitet.

Meine Forumlierungen:

_____
_____
_____
_____
_____
_____
_____
_____
_____
_____
_____
_____
_____
_____

Verantwortung im Umgang mit Geld

Der Übergang ins Erwachsenenalter und die damit verbundene Verantwortung im Umgang mit Geld ist für viele Jugendliche ein Stolperstein. Berufslernende, die ihre erste Arbeitsstelle antreten, unterschätzen oft Posten wie Steuern sowie Krankenkassen- und Versicherungsprämien. Dass solche fixen Ausgaben in ein persönliches Budget gehören, müssen junge Menschen, denen die Eltern bisher unter die Arme gegriffen haben, erst lernen. Kreditkarten und Kleinkredite können Jugendliche leicht in eine Schuldenfalle locken.

THEORIE

Merkmale der Zusammenfassung

Was will ich mit meiner Zusammenfassung erreichen? Was muss ich beachten?

- Ich informiere auf knappem Raum über einen Sachverhalt, ein Geschehen oder einen Text.
- Ich konzentriere mich auf das Wesentliche und lasse Ausschmückungen weg.
- Trotz Kürze soll der Inhalt für die Leserin oder den Leser gut verständlich sein, darum achte ich auf einen logischen Aufbau.
- Ich schreibe aus neutraler Sicht und verwende als Zeitform wo möglich die Gegenwart.
- Für die Wiedergabe von direkter Rede verwende ich die indirekte Rede.

Was erwarte ich von einer Zusammenfassung?

- Ich möchte auf kurze und prägnante Weise über das Wichtigste informiert werden.
- Ich erwarte, dass der Ablauf logisch ist und Fachbegriffe erklärt werden: Dies erleichtert mir das Verständnis.
- Ich erwarte sachliche Informationen, keine persönlichen Urteile.

AUFGABE 2

Partnerarbeit

Der Text in Aufgabe 1 ist ohne Titel und Zwischentitel rund 160 Wörter lang. Fassen Sie ihn auf die Hälfte zusammen. Gehen Sie dabei von Ihren Markierungen und Randnotizen aus. Übernehmen Sie keine Sätze aus dem Originaltext, sondern formulieren Sie neu. Achten Sie dabei vor allem auf eine gute Verknüpfung Ihrer Sätze. Lösen Sie evtl. zuerst die Trainingsaufgaben im Kapitel «Textverknüpfung», Seite 51.
Benutzen Sie ein separates Blatt.

AUFGABE 3

Der folgende Textausschnitt ist ohne Titel 164 Wörter lang. Fassen Sie ihn – ausgehend von Ihren Anmerkungen – auf rund die Hälfte zusammen (höchstens 85 Wörter). Fassen Sie danach in einem zweiten Schritt Ihren eigenen Text nochmals auf die Hälfte zusammen. Benutzen Sie ein separates Blatt.

Wenn das Einkommen nicht reicht

Es sind nicht nur die Alleinerziehenden, die mit einem sehr knappen Budget haushalten müssen. Veränderungen der Lebensumstände können jedes Haushaltsbudget belasten oder überstrapazieren. Es ist zwar einfach, zu fremdem Geld zu kommen, doch dieses Geld ist vor allem für Menschen, die knapp bei Kasse sind, sehr teures Geld: Wer bereits Schulden hat, sollte unbedingt die Hände von Kleinkrediten lassen, auch dann, wenn die metergrossen Plakate der Kreditinstitute rasch und einfach Bargeld versprechen.

Wenn das Geld kaum fürs Nötigste reicht, sind zusätzliche Kreditraten besonders belastend. Denn ein Kleinkredit ist niemals günstig. So kostet ein Barkredit von 10 000 Franken, rückzahlbar in 36 Monatsraten, zwischen rund 1270 und 2240 Franken zusätzlich, je nach Kreditinstitut. Auf den Monat umgerechnet, sind das Raten von mindestens 310 Franken. Sind einmal die Wünsche erfüllt, die uns die Plakate schmackhaft machen, bleiben die unliebsamen Raten. Und ist das Geld knapp, fallen diese 300 Franken monatlich stark ins Gewicht. Daran sollten Sie unbedingt vor der Anschaffung beziehungsweise vor dem Unterschreiben eines Kreditvertrages denken.

Meine Anmerkungen:

AUFGABE 4

Fassen Sie den folgenden Text von rund 300 Wörtern Länge in zehn bis zwölf Sätzen (oder in höchstens 100 Wörtern) zusammen.
Vermeiden Sie beim Schreiben Wortwiederholungen und achten Sie auf die gute Verknüpfung der einzelnen Sätze. (Lösen Sie zuerst die Trainingsaufgaben von Seite 52 ff., falls Sie diese noch nicht bearbeitet haben.)

Schuldenfalle Plastikgeld

Wer älter als 18 ist, erhält bei mehreren Banken nicht nur gratis eine EC-Karte, sondern auch eine Kreditkarte. Ein heikles Angebot, denn «fast immer ist eine Kreditkarte im Spiel, wenn sich jemand verschuldet hat», sagt Ursina Kasper Hartmann, Budgetberaterin bei der Zürcher Frauenzentrale. Jürg Gschwend, Präsident des Dachverbands Schuldenberatung, hat die Erfahrung gemacht, dass viele Eltern alles daransetzen, nach aussen das Gesicht zu wahren. So bezahlen Eltern die Handyrechnungen ihrer Kinder, um sie vor dem Makel einer Betreibung zu bewahren. «Ernst wird es nach dem Auszug aus dem Elternhaus. Sobald die Jugendlichen auf eigenen Beinen stehen sollten, sind sie häufig überfordert. Dann heisst es, selbst Miete zahlen, eigene Möbel anschaffen und ein Auto kaufen – plötzlich reicht das Geld nicht mehr.

Bis verschuldete Jugendliche schliesslich bei einer Beratungsstelle landen, sind sie meist schon 25 und älter und haben oft 30 000 Franken und mehr Schulden angehäuft», berichtet er. «Schulden sind bei Jugendlichen ein grösseres Tabuthema als Sex», sagt Reno Sami von der Budget- und Schuldenberatung Plusminus in Basel. Sami schätzt, dass rund ein Drittel der Jugendlichen verschuldet ist. In einer Umfrage der Universität Oldenburg erklärten zwei Drittel der 16-Jährigen, dass sie keine Hemmungen hätten, einen Kredit aufzunehmen. Und über ein Viertel ist nicht bereit, auf etwas zu verzichten, weil gerade das nötige Kleingeld fehlt.

«Meistens können Jugendliche ihre finanzielle Situation schlicht nicht einschätzen», sagt Sami. Viele erstellen weder ein Budget, noch überblicken sie ihre Finanzen. Es sei nicht damit getan, den jungen Kundinnen und Kunden Kreditkarten abzugeben, kritisiert der Schuldenberater. «Die Banken sollen den Jugendlichen nicht nur das Mittel in die Hand geben, um zu konsumieren, sondern auch Hilfe im Umgang damit bieten.»

Wer vor der Lehre, dem ersten Lohn und dem Auszug aus dem Elternhaus ein Budget erstellt, vermeidet böse Überraschungen. Ein Budgetformular und Adressen von Beratungsstellen findet man unter www.asb-budget.ch, www.schulden.ch, www.comparis.ch.

AUFGABE 5

Inhaltsangabe

a) Die 17-jährige Nadja möchte das neue Handy YZLoP erwerben. Dieses ist für 150 Franken zu haben, wenn gleichzeitig ein Abonnement mit einer Laufzeit von drei Jahren abgeschlossen wird. Dieses kostet monatlich 30 Franken (eingeschlossen Gratisminuten und Gratis-SMS). Da Nadja gerade knapp bei Kasse ist, erhofft sie sich einen Vorschuss von 200 Franken von ihren Eltern. Spielen Sie das Gespräch (Nadja, Mutter und Vater, evtl. ein Bruder oder eine Schwester).

b) Lesen Sie den kurzen Theorietext über die Inhaltsangabe und schreiben Sie dann eine Inhaltsangabe von etwa 100 Wörtern zum Rollenspiel von Aufgabe a).

THEORIE

Inhaltsangabe

Inhaltsangaben findet man oft in Zeitungen und Zeitschriften. Die Inhaltsangabe ist noch kürzer als eine Zusammenfassung. Sie konzentriert sich auf die wichtigsten inhaltlichen Punkte und verzichtet auf alle Details. Wer den Inhalt nicht kennt, soll damit vertraut werden. Bei Inhaltsangaben von Büchern, Filmen usw. kann am Schluss ein persönliches Gesamturteil stehen, z. B. eine Empfehlung.

AUFGABE 6

Wählen Sie eine der folgenden Schreibaufgaben. Erwarteter Umfang: zirka 150 Wörter. Benutzen Sie dazu ein separates Blatt.

a) Verfolgen Sie eine Nachrichtensendung am Fernsehen und schreiben Sie dann eine Inhaltsangabe.

b) Verfolgen Sie eine Diskussion (am Fernsehen, in der Schule) und verfassen Sie anschliessend eine Inhaltsangabe.

Ziel erreicht — Das kann ich jetzt!

Überprüfen Sie das Gelernte. Beurteilen Sie die folgenden Aussagen, ohne vorne nachzuschlagen.

	trifft zu	trifft nicht zu
1 Eine Zusammenfassung muss mindestens 100 Wörter lang sein.	☐	☐
2 Die persönliche Meinung des Autors oder der Autorin muss klar ersichtlich sein.	☐	☐
3 Aussagen in direkter Rede werden in indirekte Rede verwandelt.	☐	☐
4 Eine Zusammenfassung kann nie alle wichtigen Informationen enthalten.	☐	☐
5 Für die Inhaltsangabe gelten genau die gleichen Merkmale wie für die Zusammenfassung.	☐	☐
6 Ausschmückende Details müssen bei einer Zusammenfassung weggelassen werden.	☐	☐
7 Die Zusammenfassung beschränkt sich auf das Wesentliche.	☐	☐
8 Damit die Zusammenfassung allgemein verständlich ist, werden die verwendeten Fachbegriffe erklärt.	☐	☐
9 Bei Inhaltsangabe und Zusammenfassung wird nach Möglichkeit die Zeitform der Gegenwart (das Präsens) verwendet.	☐	☐
10 Wenn man aus dem ursprünglichen Text weniger wichtige Sätze herausstreicht, erhält man automatisch eine Zusammenfassung.	☐	☐
11 Bei einer Inhaltsangabe muss die zeitliche Abfolge des zusammengefassten Geschehens beachtet werden.	☐	☐
12 Die wichtigsten Inhalte des ursprünglichen Textes werden in der Zusammenfassung und in der Inhaltsangabe neu mit eigenen Worten formuliert.	☐	☐

Schlagen Sie im Lösungsteil nach und vergleichen Sie.

Textverknüpfung

Lernziele

Ich …
… kann in einem zusammengesetzten Satz den Hauptsatz von den Nebensätzen unterscheiden
… kann Verknüpfungsmittel verwenden, um meine Äusserungen zu einem klar zusammenhängenden Text zu verbinden
… kann Formulierungen und Satzformen variieren, um Wiederholungen zu vermeiden

Aufwärmen Was weiss ich schon?

Überprüfen Sie Ihre Vorkenntnisse zu den Haupt- und Nebensätzen und zur Verknüpfung von Äusserungen. Welche der folgenden Aussagen treffen zu, welche nicht?

	trifft zu	trifft nicht zu	weiss nicht
1 In vielen Nebensätzen steht die Personalform des Verbs am Schluss. Beispiel: … wenn ich etwas mehr gespart hätte.			
2 Ein Synonym ist ein Wort mit gegensätzlicher Bedeutung. Beispiel: Geld sparen – Geld verschwenden			
3 Mit «denn», «weil», «dass» kann man Teilsätze verknüpfen.			
4 Im normalen Hauptsatz (Aussagesatz) steht die Personalform an erster Stelle.			
5 Wenn man in einem Text das Nomen aus Gründen des Stils nicht wiederholen will, kann man ein Pronomen an dessen Stelle setzen.			
6 Hauptsätze können meistens alleine stehen.			

Schlagen Sie im Lösungsteil nach und vergleichen Sie.

Trainingsphase Grundlagen erarbeiten, Aufgaben lösen

AUFGABE 1

a) Unterstreichen Sie im folgenden Text alle Hauptsätze.

> **Vom richtigen Umgang mit dem Lehrlingslohn**
>
> «Wie teile ich meinen Lohn richtig ein?» Diese Frage stellt man sich lieber zu früh als zu spät. Man möchte Ende Monat keine unangenehme Überraschung erleben. Am besten erstellt man ein Monatsbudget. Das Monatsbudget sollte alle voraussehbaren Auslagen enthalten. Zu den voraussehbaren Auslagen gehören zum Beispiel die Auslagen für die Verpflegung, für Kleider, fürs Handy. Nicht vergessen darf man die Auslagen für Transport, die Krankenkassenbeiträge und gegebenenfalls den Beitrag an die Haushaltkasse. Auch Hobbys und Freizeitvergnügen kosten eine Summe, die sich abschätzen lässt. Und schliesslich sollte man daran denken, dass eine Summe für unvorhergesehene Auslagen reserviert werden muss. Der Lohn reicht allerdings nur, wenn man sich an das erstellte Budget hält!

b) Wie sind Sie beim Unterstreichen der Hauptsätze vorgegangen? An welchen Regeln haben Sie sich orientiert? Diskutieren Sie Ihre Vorgehensweise mit jener Ihrer Kolleginnen und Kollegen.

AUFGABE 2

Tragen Sie in die unten stehende Tabelle die Regeln ein, nach welchen man in den meisten Fällen die Hauptsätze von den Nebensätzen unterscheiden kann. Wählen Sie die Regeln aus der Liste aus, verzichten Sie dabei auf die Ergänzungen in Klammern.

Liste der Merkmale
- Das Verb in Personalform (das konjugierte Verb) steht am Schluss.
- Das Verb in Personalform steht an zweiter Stelle (Ausnahmen: Fragen ohne einleitendes Fragewort und Befehle).
- Der Satz kann meistens alleine stehen.
- Oft steht eine Partikel (z. B. dass, weil ...) oder ein Pronomen (z. B. welche, der ...) am Anfang.
- Der Satz hängt inhaltlich von einem übergeordneten Satz ab und darf deshalb nicht alleine stehen.

Teilsätze: Unterschiede zwischen Haupt- und Nebensatz

Hauptsatz	Nebensatz

AUFGABE 3

a) Lesen Sie den folgenden Text und markieren Sie die Wortwiederholungen, die Ihnen auffallen. Beachten Sie die bereits markierten Beispiele.

So viele Verschuldete wie noch nie

Viele ==Personen== leben über ihre Verhältnisse. Jede fünfte ==Person== in der Schweiz war am Ende des letzten Jahres verschuldet. Nach Adam Riese waren knapp eineinhalb Millionen Personen ==verschuldet==. Mehr Personen als je zuvor sind ==verschuldet==. Eine überzogene oder gesperrte Kreditkarte steht oft am Anfang der Schulden. Die Kreditkarte verführt manche Person zu unüberlegtem Konsum. Im Kanton Zürich nehmen jährlich mehr als 200 000 Personen einen Kredit auf. Kleinverdiener und Arbeitslose sind verschuldet. Personen mit über 10 000 Franken Monatseinkommen tappen in die Schuldenfalle. Die Personen gewöhnen sich einen Lebensstandard an. Den Lebensstandard können sie eines Tages nicht mehr finanzieren.

Besorgt stellen die Schuldenberatungsstellen fest: Viele Junge sind bereits verschuldet. Das Handy erweist sich oft als Fass ohne Boden. Etwa 30 Prozent aller Jungen ab 13 Jahren kaufen auf Pump: Davon gehen die Schuldenberatungsstellen aus. Dies ist besonders beunruhigend. Es gilt: «Was Hänschen nicht lernt, …»

b) Vergleichen Sie die markierten Stellen mit Ihrer Banknachbarin oder Ihrem Banknachbarn und markieren Sie gegebenenfalls zusätzliche Wörter.

c) Suchen Sie dann gemeinsam *Synonyme* (gleichbedeutende Wörter) und Ersatzwörter (z. B. Pronomen) für die markierten Begriffe. Benutzen Sie Wörterbücher!

Synonyme und Ersatzwörter für «Person(en)»

_____
_____
_____

Synonyme für «verschuldet sein»

_____
_____
_____

Ersatzwörter für «Lebensstandard»

_____
_____
_____
_____

AUFGABE 4

Lesen Sie nun den folgenden Theorieteil aufmerksam durch und bearbeiten Sie danach die Aufträge.

> **THEORIE**
>
> **Verknüpfungsmittel**
>
> Gewisse Ausdrücke verdeutlichen in einem Text den Zusammenhang zwischen den einzelnen Aussagen, indem sie inhaltliche Bezüge herstellen. Man nennt diese Wörter Verknüpfungsmittel (oder Kohäsionsmittel). Sie erleichtern das Textverständnis,
> - indem sie die Sätze und Teilsätze verbinden;
> - indem sie auf andere Textstellen verweisen.
>
> **Beispiele für *verbindende* Wörter**
> Konjunktionen: und, dass, weil
> Partikeln: dadurch, deswegen, jedoch, immerhin
>
> **Beispiele für *verweisende* Wörter**
> Pronomen: diese, er, mein, welche (Relativpronomen)
> Partikeln: dort, davon, damals
>
> Indem man Verknüpfungsmittel bewusst einsetzt, erleichtert man den Lesenden das Verständnis des Geschriebenen und vermeidet zugleich unschöne Wiederholungen.

a) Vervollständigen Sie den unten stehenden Text, indem Sie die entsprechenden Sätze aus dem Text «So viele Verschuldete wie noch nie» neu formulieren. Verknüpfen Sie dabei die Sätze besser und vermeiden Sie nach Möglichkeit Wiederholungen. Nutzen Sie beim Schreiben Ihre Fantasie und seien Sie kreativ!
- Die Reihenfolge der Aussagen darf auch umgestellt werden (wie im ersten Satz gezeigt), um Abwechslung in den Text zu bringen.
- Auch dürfen Wörter gestrichen werden (beachten Sie das Beispiel), aber der ursprüngliche Inhalt der Aussagen muss erhalten bleiben.

Jede fünfte in der Schweiz wohnhafte Person war am Ende des letzten Jahres verschuldet, weil viele Menschen über ihre Verhältnisse leben. Nach Adam Riese sind das knapp eineinhalb Millionen Personen,

Dies ist besonders beunruhigend, denn auch hier gilt: «Was Hänschen nicht lernt, ...»

b) Unterstreichen Sie in Ihrem Text alle Wörter, die der Textverknüpfung dienen. Im Einleitungs- und Schlussteil sind das die Wörter *weil, das, Dies, denn* und *Was*:
   – Die Konjunktionen *weil* und *denn* verknüpfen Sätze miteinander.
   – Die Pronomen *das* und *Dies* beziehen sich auf eine Aussage im vorhergehenden Satz.
   – Das Pronomen *Was* verweist auf eine folgende Aussage.

AUFGABE 5

a) Lesen Sie den Text «Vom richtigen Umgang mit dem Lehrlingslohn» (Seite 52) nochmals durch und achten Sie dabei auf den Stil: Was könnte man verbessern?

   1. Verbesserungsvorschläge bei der Wahl der Wörter:

   2. Verbesserungsvorschläge betreffend die Form der Sätze:

b) Suchen Sie Synonyme oder Ersatzwörter für die Begriffe «Auslagen» und «Summe».

   Auslagen:

   Summe:

   Wodurch könnte das wiederholte Pronomen «man» ersetzt werden?

c) Schreiben Sie den fehlenden Teil des Textes von Seite 52 neu:
- Verwenden Sie die gefundenen Ersatzausdrücke und vermeiden Sie so Wiederholungen.
- Verbinden Sie auch die einzelnen Aussagen besser! Verwenden Sie dazu Verknüpfungswörter (Partikeln und Pronomen) und achten Sie darauf, dass Sie einige der Hauptsätze in Nebensätze verwandeln. (Die bereits vorhandenen Verknüpfungsmittel sind im Text <u>unterstrichen</u> hervorgehoben.)

Vom richtigen Umgang mit dem Lehrlingslohn

«Wie teile ich meinen Lohn richtig ein?» <u>Diese</u> Frage stellt man sich lieber zu früh als zu spät, wenn _____

_____

_____

_____

_____

_____

_____

_____

_____

_____

_____

_____

_____

_____

_____

<u>Auch</u> Hobbys und Freizeitvergnügen kosten eine Summe, <u>die</u> sich abschätzen lässt. Und schliesslich sollte man <u>daran</u> denken, _____ für _____ zu reservieren.

Der Lohn reicht <u>allerdings</u> nur, <u>wenn</u> man sich an das erstellte Budget hält!

AUFGABE 6

Stichwortnotizen vertexten
Einleitung und Schluss der folgenden Zeitungsmeldung sind bereits ausformuliert, zum übrigen Text sind erst Stichwortnotizen vorhanden. Verknüpfen Sie diese Notizen zu einem ansprechenden Text.

- wollten ehrlich sein
- meldeten Fund bei Polizei
- Geld stammt aus Banküberfall
- Bankräuber: flüchtete unerkannt, trug Halbmaske
- erbeutete insgesamt 240 000 Franken
- warf Teil der Beute in Container
- unklar, warum
- ehrliche Finder: erhalten Finderlohn
- freuen sich sehr

100 000 Franken im Abfall gefunden

Zwei Angestellte der Kehrichtabfuhr in Wettingen staunten nicht schlecht, als sie in einem Recycling-Container eine Geldkassette gefunden und diese mit einem Hammer geöffnet hatten: Vor ihnen lagen 102 000 Franken.

Sie sagen: «Das wäre sowieso einmal ausgekommen, und so können wir mit ruhigem Gewissen schlafen.»

Ziel erreicht — Das kann ich jetzt!

Überprüfen Sie das Gelernte. Beurteilen Sie die folgenden Aussagen, ohne vorne nachzuschlagen.

	trifft zu	trifft nicht zu
1 Den Hauptsatz (Aussagesatz) erkennt man daran, dass die Personalform des Verbs an zweiter Stelle steht.		
2 Nebensätze sind immer unvollständige Sätze.		
3 Mit «weil», «darum» und «dass» kann man Hauptsätze verknüpfen.		
4 Wiederholungen desselben Wortes lassen sich vermeiden, indem man Synonyme einsetzt.		
5 Mit Pronomen und Konjunktionen kann man Sätze (Hauptsätze, Nebensätze) verknüpfen.		
6 Damit ein Text angenehm zu lesen ist, sollte man möglichst nur Hauptsätze verwenden.		
7 Am Anfang eines Nebensatzes steht häufig ein Pronomen oder eine Konjunktion.		
8 In einem angenehm zu lesenden Text wechseln sich einfache Hauptsätze und zusammengesetzte Sätze ab.		
9 Hauptsätze hängen von den Nebensätzen ab.		
10 «Und», «dass», «weil» sind Konjunktionen; «dadurch», «deswegen», «jedoch» sind Partikeln.		
11 «Er hat nie Geld, weil er auf allzu grossem Fusse lebt.» Dieser zusammengesetzte Satz besteht aus einem Nebensatz («er hat nie Geld») und aus einem Hauptsatz («er lebt auf allzu grossem Fusse»).		
12 «Im Minus sein» ist ein Synonym für «verschuldet sein».		

Schlagen Sie im Lösungsteil nach und vergleichen Sie.

Leserbrief und Kommentar (Stellungnahme)

Lernziele

Ich…
… kann meine Ansichten durch Erklärungen, Argumente und Kommentare begründen und verteidigen
… kann in einem Aufsatz oder einem Leserbrief etwas darlegen und Gründe für oder gegen einen bestimmten Standpunkt angeben
… kann Standpunkte überzeugend schriftlich ausdrücken und mich auf solche von anderen beziehen

Aufwärmen Was weiss ich schon?

Überprüfen Sie Ihre Vorkenntnisse zu Leserbrief und Kommentar: Welche der folgenden Aussagen treffen zu, welche nicht?

	trifft zu	trifft nicht zu	weiss nicht
1 Im Kommentar wird ein Thema aus möglichst neutraler Sicht behandelt; die persönliche Meinung darf nicht ausgedrückt werden.	☐	☐	☐
2 Im Leserbrief nimmt jemand Bezug auf einen aktuellen Sachverhalt.	☐	☐	☐
3 Der Leserbrief ist eine Form des Kommentars.	☐	☐	☐
4 Der Kommentar wird auch Nachricht oder Bericht genannt.	☐	☐	☐
5 Kommentare erscheinen häufig in Zeitungen und beleuchten ein Thema näher, über das berichtet wird.	☐	☐	☐
6 Argumente sind wichtige Bestandteile des Kommentars.	☐	☐	☐

Schlagen Sie im Lösungsteil nach und vergleichen Sie.

Trainingsphase Grundlagen erarbeiten, Aufgaben lösen

AUFGABE 1

Leserbriefe beurteilen

Zur unten stehenden Meldung in der «Mittelland Zeitung» vom 18. November sind mehrere Leserbriefe eingegangen. Lesen Sie die Meldung und die beiden Leserbriefe. Lösen Sie anschliessend den Auftrag.

Frauen immer noch unterbezahlt

Frauen verdienen immer noch deutlich weniger als ihre männlichen Berufskollegen. Das zeigt eine Lohnstrukturerhebung des Bundes: Im Durchschnitt verdienten Männer 6248 Franken pro Monat, Frauen 5040 Franken – also 19,3 Prozent weniger.

Dies verstösst sowohl gegen das Gesetz als auch gegen die Verfassung: Der Grundsatz «Gleicher Lohn für gleichwertige Arbeit» steht seit 1981 in der Bundesverfassung. Das Gleichstellungsgesetz ist seit 1996 in Kraft.

Das Bundesamt für Statistik hält fest, dass ein Teil der Lohndifferenz zwischen Mann und Frau auf strukturelle Faktoren wie Alter, Qualifikation oder Grösse des Unternehmens zurückzuführen ist.

Doch der Anteil der Lohndifferenz, der nicht erklärbar und somit diskriminierend ist, beträgt immer noch 38,6 Prozent. Wenn die Lohnangleichung zwischen den Geschlechtern weiterhin so harzt, dauert es noch 30 Jahre, bis Frauen für die gleiche Arbeit gleich viel verdienen.

Leserbrief 1

Unglaubliche Diskriminierung von Frauen

Die kurze Meldung über Frauenlöhne in der «Mittelland Zeitung» vom 18. November zeigt einmal mehr: Frauen zählen in unserer Arbeitswelt weniger als Männer. Zwar betonen Arbeitgeberverbände immer wieder, wie wichtig es für unsere Wirtschaft sei, dass die Frauen im Erwerbsleben bleiben oder nach einer Babypause wieder einsteigen. Solange die Unternehmen aber nicht die gleichen Löhne für die gleiche Arbeit bezahlen, bleibt das Theorie.

Das ist ein Hohn für all die Frauen, die ebenso viel Zeit in ihre Berufsausbildung investiert haben wie ihre männlichen Kollegen. Und es ist umso bedenklicher, als unser Gesetz längst die Lohngleichheit für Frau und Mann vorschreibt. Ausreden sind also nicht erlaubt.

Es muss endlich ein radikales Umdenken stattfinden!

Christian Pfister, Grenchen

Leserbrief 2

Gemein!

Dass Frauen immer noch unterbezahlt sind, hat mich masslos geärgert. Als Vater von drei Töchtern finde ich es eine Schweinerei, dass viele Chefs in diesem Land offensichtlich der Ansicht sind, sie müssten den Gleichstellungsartikel nicht so ernst nehmen. Anders ist es nicht zu erklären, dass immer noch so viele Bosse Frauen weniger Lohn zahlen als den Männern. Denen sollte man doch gleich den eigenen Lohn streichen!

Wie sollen unsere gut ausgebildeten jungen Frauen Vertrauen in unser System haben und sich für unsere Gesellschaft engagieren, wenn man ihnen das selbstverständliche Recht auf konsequente Gleichstellung verweigert?

Daniel Niederberger, Solothurn

Bilden Sie sich ein Urteil über die beiden Leserbriefe, indem Sie die folgende Tabelle vervollständigen. Falls keine andere Antwort verlangt ist, setzen Sie «ja», «nein» oder «teilweise» in das entsprechende Feld.

Aussagen und Fragen	Leserbrief 1	Leserbrief 2
Der Titel ist prägnant und passt gut zum Inhalt des Leserbriefs.		
Zu Beginn wird die Zeitungsmeldung erwähnt, auf die sich der Leserbrief bezieht.		
Das Datum, an welchem die Zeitungsmeldung erschienen ist, wird genannt.		
Der Leserbrief enthält die persönliche Meinung des Verfassers.		
Auf die Behauptung folgt die Beweisführung mit einem passenden Beispiel oder einem Vergleich. Umkreisen Sie das Zutreffende, falls vorhanden.	a) Beispiel b) Vergleich	a) Beispiel b) Vergleich
Jeder Gedanke knüpft logisch an den vorhergehenden an.		
Die Behauptungen werden mit einer stichhaltigen Begründung untermauert.		
Verletzende Bemerkungen werden vermieden.		
Am Ende steht eine Forderung, ein Urteil oder eine Frage, die zum Nachdenken anregen soll. Umkreisen Sie das Zutreffende, falls vorhanden.	a) Forderung b) Urteil c) Frage	a) Forderung b) Urteil c) Frage

AUFGABE 2

Lesen Sie den auf der nächsten Seite abgedruckten Artikel und verfassen Sie auf einem separaten Blatt einen Leserbrief dazu, Umfang: 150 bis 200 Wörter. Gehen Sie davon aus, dass der Artikel vorgestern in einer Zeitung erschienen ist, die in Ihrer Region gelesen wird.
Lesen Sie vorher die Merkmale des Leserbriefs aufmerksam.

> **THEORIE**
>
> **Merkmale des Leserbriefs**
> - Ich setze mich kritisch mit einem aktuellen Thema auseinander und nehme in der Einleitung Bezug darauf.
> - Ich beschränke mich auf einen Schwerpunkt, den ich kurz und prägnant behandle.
> - Meine persönliche Meinung bringe ich durch Behauptung, Beweisführung und Schlussfolgerung zum Ausdruck.
> - Ich setze einen treffenden Titel.
> - Name und Adresse füge ich an, da keine anonymen Einsendungen veröffentlicht werden.

Wenn der Lohn kaum zum Leben reicht

In der Schweiz gelten 6,7 Prozent der erwerbstätigen Bevölkerung als Working Poor.

Für Personen, die Vollzeit arbeiten und dennoch arm sind, gibt es seit einigen Jahren eine Bezeichnung: Die Statistik nennt sie «Working Poor». Im Jahr 2004 galten 6,7 Prozent der 20- bis 59-Jährigen, die in einem Haushalt lebten, in dem die Bewohner zusammen ein Arbeitspensum von mindestens einer Vollzeitstelle aufwiesen, als arm. Das entspricht etwa 211 000 Personen.

Die Gefahr, ein Working Poor zu werden, ist nicht für alle Gruppen gleich gross. Besonders gefährdet sind Alleinerziehende, Haushalte mit mindestens drei Kindern, Ausländerinnen und Ausländer aus Nicht-EU-Ländern sowie Personen ohne Ausbildung.

AUFGABE 3

Partnerarbeit
Lesen Sie den folgenden Kommentar aus der «Mittelland Zeitung» und lösen Sie dann in Partnerarbeit die Aufträge dazu.

Faire Löhne sind chic

Der Befund ist klar: Auch hierzulande verdienen Frauen immer noch weniger als Männer in der gleichen Position. Sowohl der Bund als auch Arbeitnehmer- und Arbeitgeberverbände versuchen seit Jahren, diesen Missstand zu beheben – mit wenig Erfolg.

Einerseits liegt dies am mangelnden Interesse der Privatwirtschaft. Sie müsste endlich erkennen, dass Lohngleichheit ihrem Image förderlich ist. Firmen schmücken sich sonst auch gerne mit Selbstdeklarationen wie «umweltfreundlich produziert», «Wir halten den Mindestlohn ein» oder «Qualität ist uns wichtig». Warum lassen sie sich nicht auch die Lohngleichheit bescheinigen und schreiben sie sich auf die Fahne?

Andererseits liegt es an der fehlenden Überzeugungskraft der Politik. Sie bemüht sich zwar um das Thema, ist sich aber noch zu wenig bewusst, dass es mit der Freiwilligkeit nur klappt, wenn der Anreiz entsprechend hoch ist. Die Lohngleichheitsdebatte sollte deshalb herauskommen aus der Feministinnen-Ecke, in der der Tenor immer nur lautet «Man(n) sollte».

Veronique Goy, Unternehmerin aus der Westschweiz, hat bereits vorgemacht, wie es funktioniert: Sie hat das Label «equal salary» gegründet. Wenn eine Firma in einem geprüften Verfahren nachweisen kann, dass sie den Grundsatz vom gleichen Lohn für gleichwertige Arbeit einhält, bekommt sie ein Zertifikat — nach dem Motto: Lohngleichheit ist chic.

Aufträge

1. Was wird hier kommentiert?

2. Welche Behauptungen stellt die Verfasserin im zweiten Abschnitt auf?

3. Mit welchen Beispielen belegt sie diese Behauptung?

4. Welche Behauptung stellt die Verfasserin im dritten Abschnitt auf?

5. Wie stützt sie diese Behauptung?

6. Welche deutliche Forderung stellt sie im dritten Abschnitt?

7. Erklären Sie, was die Autorin mit dieser Forderung meint.

8. Womit rundet die Autorin im vierten Abschnitt ihren Kommentar ab?

9. Was meint die Autorin mit dem Satz «Lohngleichheit ist chic»?

10. Suchen Sie Synonyme für folgende Begriffe und erklären Sie die Formulierung «sich etwas auf die Fahne schreiben».

das Image

die Selbstdeklaration

der Tenor

der Missstand

das Label

das Motto

die Debatte

sich etwas auf die Fahne schreiben

THEORIE

Merkmale des Kommentars

Was will ich mit meinem Kommentar erreichen? Was muss ich beachten?
- Ich setze mich kritisch mit einem Thema auseinander und begründe meine Ansichten mit überzeugenden Argumenten.
- Meinen Kommentar baue ich wie folgt auf:
  1 Ich lege zuerst die Ausgangslage dar,
  2 entwickle dann meine Sicht des Problems,
  3 stütze sie mit Beispielen und Beweisen und
  4 knüpfe daran meine Schlussfolgerungen an.
- Ich beginne mit weniger wichtigen Gründen und steigere meine Beweisführung Schritt für Schritt bis zum gewichtigsten Argument.
- Ich gliedere meinen Text in sinnvolle Abschnitte und verknüpfe meine Argumente mit logischen Übergängen, damit die Leserin oder der Leser meine Gedankenschritte gut nachvollziehen kann.
- Am Schluss formuliere ich eine Forderung, eine Warnung (o. Ä.) oder mein zusammenfassendes Urteil.

Was erwarte ich von einem Kommentar?
- Die dargelegte Meinung muss mit stichhaltigen Argumenten begründet sein.
- Ich erwarte eine sorgfältig ausformulierte und logisch verknüpfte Argumentation.
- Beleidigungen, persönliche Angriffe und unsachliche Behauptungen möchte ich nicht lesen.

AUFGABE 4

a) Lesen Sie zunächst den Theorieteil über das Argumentieren.

THEORIE

Überzeugend argumentieren

Bei Kommentaren ist die Qualität der Argumente wichtig. Ein gutes Argument ist eine überzeugende Begründung einer Behauptung. Die folgenden Beispiele beziehen sich auf einen Kommentar zur Frage «Warum ich einen Haushaltsbeitrag befürworte».

Behauptung
Wer während der Lehre weiterhin bei den Eltern wohnt, soll einen angemessenen Betrag seines Lohnes zu Hause abgeben.

Begründung
Nur so bekommen Lernende ein realistisches Bild der Lebenskosten und lernen, verantwortungsvoll mit Geld umzugehen.

Das Argument wird mit Beispielen, Beobachtungen, Beweisen usw. gestützt und mit einer Schlussfolgerung abgerundet:

Behauptung	Wer während der Lehre weiterhin bei den Eltern wohnt, soll einen angemessenen Betrag seines Lohnes zu Hause abgeben.
Begründung	*Denn* nur so bekommen Lernende ein realistisches Bild der Lebenskosten und lernen, verantwortungsvoll mit Geld umzugehen.
Beispiel	Es ist für einen Jugendlichen *zum Beispiel* nicht förderlich, wenn er zwar während der Lehre den ganzen Lohn für sich behalten darf, nach der Lehre aber in finanzielle Engpässe gerät, weil er nie gelernt hat, sein Geld einzuteilen.
Schlussfolgerung	*Deshalb* bin ich der Ansicht, dass jede und jeder Lernende im eigenen Interesse einen angemessenen Haushaltsbeitrag entrichten sollte.

Unabhängig vom Thema gibt es geeignete und weniger geeignete Argumente.

Geeignete Argumente

Nachprüfbare Tatsachen (Berichte, Statistiken, Beobachtungen, Rechtsgrundlagen)
Beispiel: Das Zivilgesetzbuch sieht in Art. 323 einen Haushaltsbeitrag vor: «Lebt das Kind mit in der häuslichen Gemeinschaft, so können sie (die Eltern) verlangen, dass es einen angemessenen Beitrag an seinen Unterhalt leistet.»

Aussagen von Fachleuten
Beispiel: Budgetberatungsstellen raten zu Haushaltsbeiträgen.

Allgemeingültige, unbestrittene Aussagen
Beispiel: Selbst wenn man unter dem gleichen Dach wie die Eltern wohnt, ist das Leben nicht gratis.

Typische Beispiele
Beispiel: Wer in jungen Jahren gelernt hat, sein Geld einzuteilen, hat auch später weniger Probleme mit den Finanzen.

Ungeeignete Argumente

Zirkelschlüsse
Beispiel: Ich bin für den Haushaltsbeitrag, weil ich davon überzeugt bin.

Unbewiesene Behauptungen und Verallgemeinerungen
Beispiel: Eltern, die keinen Haushaltsbeitrag verlangen, sind verantwortungslos.

Untypische Einzelfälle
Beispiel: Meine Kollegin musste nie etwas zu Hause abgeben. Deshalb ist sie heute vom Sozialamt abhängig.

b) Beurteilen Sie nun die Beispiele für überzeugende und weniger stichhaltige Argumente zum Thema «Warum ich einen Haushaltsbeitrag ablehne» auf einem separaten Blatt.

Beispiel: Argument: Ich bin gegen einen Haushaltsbeitrag, weil ich ihn ablehne.
Beurteilung: *Zirkelschluss: ungeeignet*

1. Das Geld, das ich verdiene, gehört mir.
2. Meine Eltern verdienen genug Geld. Die brauchen nicht noch meines.
3. Ein Haushaltsbeitrag garantiert auch nicht, dass ich mich nie verschulde.
4. Ich verdiene zu wenig.
5. Mein Kollege hat zu Hause brav einen Teil seines Lohnes abgeliefert und musste dann doch noch separat für alles und jedes bezahlen.
6. Es ist sinnvoller, den Jugendlichen die finanzielle Verantwortung für bestimmte Bereiche zu übergeben, anstatt ihnen Geld abzuknöpfen.
7. Solche Abmachungen bringen gar nichts und sind blöd.
8. Diese Einrichtung ist veraltet.
9. Ich finde, dass man seinen Beitrag auch anderweitig leisten kann, indem man zum Beispiel im Haushalt hilft.

AUFGABE 5

Stellen Sie ein Argumentarium zusammen

Erstellen Sie zu einem der unten stehenden Themen ein Argumentarium, d. h. einen Plan für Ihre Argumentation, mit mindestens drei Argumenten. Belegen Sie Ihre Ausführungen mit konkreten Beispielen.

Themenauswahl

a) Darum erstelle ich auf jeden Fall ein Budget./Darum erstelle ich auf keinen Fall ein Budget.

b) Deshalb bin ich für gesetzlich verankerte Mindestlöhne für Lehrlinge./Deshalb bin ich gegen gesetzlich verankerte Mindestlöhne für Lehrlinge.

AUFGABE 6

Von den Argumenten zur Disposition

a) Suchen Sie eine Person mit einem Argumentarium zum selben Thema von Aufgabe 5. Sichten Sie Ihre Argumente kritisch und wählen Sie dann die drei bis vier stichhaltigsten aus.

b) Listen Sie nun die ausgewählten Argumente in einer sinnvollen Reihenfolge auf, indem Sie diese von weniger wichtigen zum wichtigsten steigern.

c) Diskutieren Sie, wie Sie in zwei bis drei Sätzen ins Thema einsteigen können (z. B. aktueller Anlass, persönliches Erlebnis). Halten Sie das Ergebnis fest.

d) Überlegen Sie sich, wie Sie den Schluss in zwei bis drei Sätzen formulieren möchten.

AUFGABE 7

Einen Kommentar schreiben

Verfassen Sie, ausgehend von Aufgabe 6, einen schriftlichen Kommentar von 200 bis 250 Wörtern Länge. Achten Sie auf die logische Verknüpfung Ihrer Gedanken (vgl. das Kapitel «Textverknüpfung», S. 51). Die Begriffe im Kasten auf der nächsten Seite können beim Formulieren der Argumente hilfreich sein.

FORMULIERUNGSHILFEN

Signalbegriffe

Meinung	Ich denke/meine/glaube, dass …, Ich bin überzeugt/sicher, dass … Es stellt sich die Frage, ob … Es ist (nicht) bewiesen/(un)sicher/fraglich, dass …/ob … … ist umstritten/ungewiss/zweifelhaft
Begründung	weil, da, denn, nämlich, deswegen, daher, deshalb Ein Grund/Die Ursache dafür ist … Dies ergibt sich/erklärt sich aus … Das ist einzusehen/klar, weil …
Verknüpfung	zuerst, zunächst, zudem, ebenso, gleichfalls, ebenfalls, sowohl – als auch, einerseits – andererseits, weder – noch, nicht nur – sondern auch, ebenso, genauso, des Weitern, weiterhin, ausserdem, ferner, schliesslich, endlich, zuletzt Man sollte auch berücksichtigen, … Noch wichtiger/Ebenso wichtig ist, dass … Nicht zu vergessen ist … Nicht vergessen werden sollte/darf … aber, jedoch, dagegen, dennoch, trotzdem, allerdings, andererseits, sonst, andernfalls wenn, falls zwar – aber, obwohl, obgleich Allerdings muss man auch zugeben/erwähnen … Hier kann/könnte man einwenden/argumentieren … Andererseits lässt sich anführen/ist festzuhalten, dass … Es fragt sich aber, ob … Vielmehr ist festzustellen …
Beispiele	Zum Beispiel … Dies ist der Fall bei … Was damit gemeint ist, lässt sich gut an … verdeutlichen Konkret nachweisen lässt sich dies …
Neuer Abschnitt	Ein weiterer Aspekt ist/wird deutlich Ich wende mich nun der Frage zu, …/Dies führt mich nun zu dem Gedanken/der Frage, …
Schlussfolgerung	also, folglich, somit, deswegen, daher, deshalb, demnach, darum, daraus ergibt sich, als Konsequenz daraus … daraus lässt sich schliessen/der Schluss ziehen, … Daraus ergibt sich/lässt sich folgern/ableiten … So ist es nicht verwunderlich, … Man ersieht daraus, … Dies beweist/Diese Zusammenhänge beweisen, … Alles in allem lässt sich feststellen …
Abschluss	Zum Schluss/Schliesslich möchte ich … Zusammenfassend lässt sich festhalten …

AUFGABE 8

Ein Statement abgeben

Vertreten Sie Ihre Meinung, die Sie in Aufgabe 7 zu Papier gebracht haben, mündlich vor der Klasse. Ihr Statement soll alle Kernaussagen Ihres Kommentars enthalten. Sprechen Sie frei und versuchen Sie, Ihr Publikum zu überzeugen. Dauer: 3 Minuten.

Ziel erreicht — Das kann ich jetzt!

Überprüfen Sie das Gelernte. Beurteilen Sie die folgenden Aussagen, ohne vorne nachzuschlagen.

	trifft zu	trifft nicht zu
1 Im Kommentar nimmt jemand zu einem Ereignis oder zu einem Problem Stellung.	☐	☐
2 Der Leserbrief kommentiert aktuelles Geschehen.	☐	☐
3 Zu Beginn werden Hinweise auf die Ausgangslage gegeben.	☐	☐
4 Das gewichtigste Argument beinhaltet gleichzeitig die eigene Meinung.	☐	☐
5 Für den Leserbrief gelten bezüglich Beweisführung und Schlussfolgerung dieselben Regeln wie für den Kommentar.	☐	☐
6 Bei längeren Kommentaren wird für jeden Gedankenschritt ein neuer Abschnitt gesetzt.	☐	☐
7 Behauptungen sind stichhaltig zu begründen, damit sie überzeugend wirken.	☐	☐
8 Im Kommentar beginnt man mit dem stärksten Argument und führt danach weniger gewichtige Gründe an.	☐	☐
9 Die Schlussfolgerung besteht immer aus einem zusammenfassenden Urteil.	☐	☐
10 Es muss für Drittpersonen deutlich erkennbar sein, wie die einzelnen Gedanken miteinander verknüpft sind.	☐	☐
11 Beleidigende Formulierungen gehören nicht in einen Kommentar.	☐	☐
12 Ein Leserbrief sollte möglichst ausführlich sein.	☐	☐

Schlagen Sie im Lösungsteil nach und vergleichen Sie.

Bildhafte Sprache

Lernziele

Ich …
… kann bildhafte Sprache gezielt einsetzen und meine Texte so lebendiger gestalten
… kenne einige gängige Redewendungen und kann deren Sinn erklären
… verfüge über einen ausreichend grossen Wortschatz, um Texte zum Thema
«Geld und Schulden» im Detail zu verstehen und mich dazu äussern zu können

Aufwärmen Was weiss ich schon?

Überprüfen Sie Ihre Vorkenntnisse zur bildhaften Sprache. Welche der folgenden Aussagen treffen zu, welche nicht?

	trifft zu	trifft nicht zu	weiss nicht
1 Wenn man einen Text mit einem Bild ergänzt, nennt man dies bildhafte Sprache.			
2 «Der Apfel fällt nicht weit vom Stamm» ist ein Sprichwort und bedeutet, dass ein Kind ähnliche Charaktereigenschaften aufweist wie seine Eltern.			
3 Redewendungen bereichern einen Text.			
4 Bildhafte Sprache hat in der Alltagssprache nichts zu suchen.			
5 Ein Rappenspalter ist eine äusserst sparsame Person.			
6 Redewendungen machen einen Text komplizierter.			

Schlagen Sie im Lösungsteil nach und vergleichen Sie.

Trainingsphase Grundlagen erarbeiten, Aufgaben lösen

AUFGABE 1

Bildliche Redewendungen

a) Durch welche sinngleichen Ausdrücke könnte man folgende Wendungen ersetzen? Schreiben Sie die Lösungen auf die Linien.

Nach Adam Riese _____

In die Schuldenfalle tappen _____

Auf Pump kaufen _____

Ein Fass ohne Boden _____

b) Wie lautet das Sprichwort «Was Hänschen nicht lernt, …» ganz? Und was bedeutet es?

Was Hänschen nicht lernt, … _____

Bedeutung: _____

_____

THEORIE

Bildhafte Sprache

Wenn in einem Text sprachliche Bilder verwendet werden, spricht man von «bildhafter Sprache». Diese ist ein Kennzeichen literarischer Texte, aber auch in unserer Alltagssprache verwenden wir oft bildliche Redewendungen. Sie wirken kräftig und lebendig und verdeutlichen dadurch das Gemeinte und bereichern unsere Sprache.

Beispiele
- in den sauren Apfel beissen (sich mit einer unangenehmen Sache abfinden)
- etwas an den Nagel hängen (etwas aufgeben)
- ein Haar in der Suppe finden (etwas zu bemängeln haben)

Die Gesamtbedeutung eines bildhaften Ausdrucks kann man nicht aus der Bedeutung der einzelnen Wörter erschliessen. Man muss die betreffende Redewendung kennen, um sie zu verstehen.

AUFGABE 2

Recherchieraufgabe

Lösen Sie die Aufgaben a) bis c). Suchen Sie in Lexika und im Internet nach der exakten Bedeutung der genannten bildhaften Ausdrücke.

a) Kennen Sie die folgenden Ausdrücke? Was bedeuten sie? Umschreiben Sie sie.

1. Der Pleitegeier — *ist ein Bild für den drohenden Konkurs*
2. Ein Geizhals — *ist eine _____ Person*
3. Leere Taschen — *sind ein Bild für _____*
4. Ein Rappenspalter — *ist eine _____ Person*
5. Eine Goldader, eine Goldgrube — *ist _____*
6. Ein Loch im Geldbeutel — *ist ein Bild für _____*
7. Ein Geldesel — *ist _____*
8. Die Gans, die goldene Eier legt, — *ist _____*
9. Eine Krämerseele — *ist _____*
10. Ein Krösus — *ist _____*
11. Ein Midas — *ist _____*

b) Auch die folgenden Redensarten haben mit Geld zu tun oder stammen aus dem Bereich des Haushaltens mit Geld. Welche kennen Sie? Schreiben Sie die Bedeutung in die rechte Spalte.

12. Geld wie Heu haben
13. in Saus und Braus leben
14. im Geld schwimmen
15. gut betucht sein
16. auf grossem Fuss leben
17. Geld zum Fenster hinauswerfen
18. mit einem goldenen Löffel(chen) im Mund geboren werden
19. Geld mit vollen Händen ausgeben
20. auf die hohe Kante legen

21. bei jemandem hoch im Kurs stehen

22. den Geldhahn zudrehen

23. den Gürtel enger schnallen

24. jeden Fünfer (oder Franken usw.) zweimal umdrehen

25. das Geld zerrinnt wie Wasser zwischen den Fingern

26. der Geldsegen nimmt ein Ende

c) Was bedeuten die folgenden Sprichwörter? Schreiben Sie jeweils einen ganzen Satz in die rechte Spalte.

27. Geld regiert die Welt.

28. Zeit ist Geld.

29. Wer den Rappen nicht ehrt, ist des Frankens nicht wert.

30. Geld kann man nicht essen.

31. Jeder Mann hat seinen Preis.

32. Man kann nicht den Fünfer und das Weggli haben.

33. Geld verdirbt den Charakter.

34. Es ist nicht alles Gold, was glänzt.

35. Spare in der Zeit, so hast du in der Not.

36. Geld stinkt nicht.

37. Geld allein macht nicht glücklich.

38. Das letzte Hemd hat keine Taschen.

AUFGABE 3

Redewendungen vervollständigen

a) Füllen Sie die Lücken:

Sabine und Dominik leben in Saus _____, denn sie haben Geld wie _____. Sabine besitzt einen kleinen, aber feinen Laden an der teuersten Einkaufsstrasse der Stadt, eine wahre _____grube. Dominik entstammt einer betuchten Familie und ist schon mit einem _____ _____ im Mund zur Welt gekommen. Er kümmert sich liebevoll – sozusagen hauptberuflich – um seine alte Tante Louise, die im Geld _____. Aber eines Tages eröffnet Sabine ihrem Mann: «Wir sollten etwas auf die hohe _____ legen. Wenn wir nicht den Gürtel _____ _____, müssen wir vielleicht schon bald jeden Fünfer _____, bevor wir ihn ausgeben. Du kennst doch das Sprichwort ‹Spare in _____, _____›.»

Dominik, dem das Geld wie _____ zerrinnt, weil er das Leben auf grossem _____ in vollen Zügen geniesst, ist gar nicht einverstanden: «Sei keine _____spalterin! Dein Laden ist eine _____ader, und meine Tante eine Gans, die _____. Ich bin ihr Lieblingsneffe und stehe bei ihr hoch _____.» – «Wir müssen damit rechnen, dass der _____ auch einmal ein Ende nehmen könnte. Deine Tante hat neulich durchscheinen lassen, dass sie den _____ auch einmal zudrehen kann, wenn du das Geld weiterhin _____ _____ hinauswirfst.»

b) Schreiben Sie das Gespräch (oder die ganze Geschichte) in zehn bis zwanzig Sätzen zu Ende. Verwenden Sie dazu möglichst viele Wendungen aus Aufgabe 2. Benutzen Sie ein separates Blatt.

Bildhafte Sprache

AUFGABE 4

Lösen Sie das Kreuzworträtsel (Umlaute = 2 Buchstaben, z. B. ä = ae).

Waagrecht
1. Eine Person, die sich undiplomatisch äussert, tritt leicht in ein …näpfchen.
3. Wer wegen einer unscheinbaren Angelegenheit ein Riesentheater aufführt, macht aus einer … einen Elefanten.
5. Eine Sache, die Vor- und Nachteile hat, ist ein zweischneidiges …
9. Wenn man von einer unangenehmen Lage in eine noch schlimmere gerät, so kommt man vom … in die Traufe.
12. Wenn man so richtig wütend ist, platzt einem der …
15. Wenn man eine schwierige Sache mit Elan anpackt, krempelt man die … hoch.
20. Wenn man sich pudelwohl fühlt, so kann man auch sagen, man fühle sich wie ein … im Wasser.
22. «Das bringt das Fass zum Überlaufen» bedeutet dasselbe wie «Das schlägt dem Fass den … aus».
23. Wenn man lange Streitigkeiten beendet, so begräbt man das …
24. Wenn etwas wunderbar rund läuft, so läuft es wie am …
25. Diese Hilfe oder Massnahme nützt viel zu wenig: Das ist ein Tropfen auf einen heissen …

Senkrecht
1. Wer von etwas begeistert ist, ist Feuer und …
2. Wenn man allergisch auf eine Sache reagiert, kann man sagen: «Das wirkt wie ein rotes … auf mich.»
4. Etwas Überflüssiges tun: … nach Athen tragen.
6. Wenn eine Person die guten Ratschläge missachtet, so schlägt sie die Ratschläge in den …
7. Wer eine (unangenehme) Nachricht unvermittelt vorbringt, der fällt mit der … ins Haus.
8. Mit etwas Schlimmem rechnen: den … an die Wand malen.
10. Wenn eine Person etwas ganz Naheliegendes übersieht, so sieht sie den Wald vor lauter … nicht.
11. Wer bei jemandem sehr beliebt ist, hat einen … im Brett.
13. Eine Person, die immer befehlen will, erwartet, dass alle nach ihrer … tanzen.
14. Wer sich schämen muss, steht vielleicht wie ein begossener … da.
16. Wenn man jemanden zu Unrecht beschuldigt, so schiebt man ihm die Schuld in die …
17. Wenn man auf volles Risiko setzt, so setzt man alles auf eine …
18. Eine Anstrengung war vergeblich: Das war ein Schlag ins …
19. Wenn eine Person nur über geringe finanzielle Mittel verfügt, kann man sagen: «Sie ist nicht auf … gebettet.»
21. Etwas kam völlig unerwartet: Es kam wie ein … aus heiterem Himmel.

Ziel erreicht — Das kann ich jetzt!

Überprüfen Sie das Gelernte. Beurteilen Sie die folgenden Aussagen, ohne vorne nachzuschlagen.

	trifft zu	trifft nicht zu
1 Bildhafte Wendungen sollten nur in literarischen Texten verwendet werden.		
2 «Schmetterlinge im Bauch haben» ist eine bildhafte Redewendung.		
3 Einen bildhaften Ausdruck versteht man immer, selbst wenn man die Wendung noch nie gehört hat.		
4 «Den Gürtel enger schnallen» bedeutet sich einschränken müssen.		
5 Mit Redewendungen und Sprichwörtern können wir verdeutlichen, was wir sagen wollen.		
6 «Auf grossem Fusse leben» heisst, dass man ein grosses Grundstück besitzt.		
7 Ein Sprichwort ist dasselbe wie ein bildhafter Ausdruck.		
8 Wenn man von einer Person sagt, sie sei nicht auf Rosen gebettet, meint man, dass sie mehrere Schicksalsschläge erlebt hat.		
9 Eine Krämerseele ist eine grosszügige Person.		
10 Wenn eine Angelegenheit neben Vorteilen auch schwerwiegende Nachteile hat, so kann man sagen, es handle sich dabei um ein zweischneidiges Messer.		
11 Ein Synonym ist ein Ausdruck mit gleicher Bedeutung.		
12 «Das schlägt dem Fass den Boden aus» ist ein Sprichwort.		

Schlagen Sie im Lösungsteil nach und vergleichen Sie.

Wortschatz: Begriffe rund ums Geld

AUFGABE 1

a) Welche Synonyme für Geld kennen Sie? Schreiben Sie alle Nomen auf, die Ihnen spontan in den Sinn kommen. Verwenden Sie dazu ein separates Blatt.

b) Vergleichen Sie dann mit Ihren Klassenkameradinnen und -kameraden und ergänzen Sie Ihre Liste.

c) Welche Verben verwenden wir in Zusammenhang mit Geld? Erweitern Sie den Cluster!

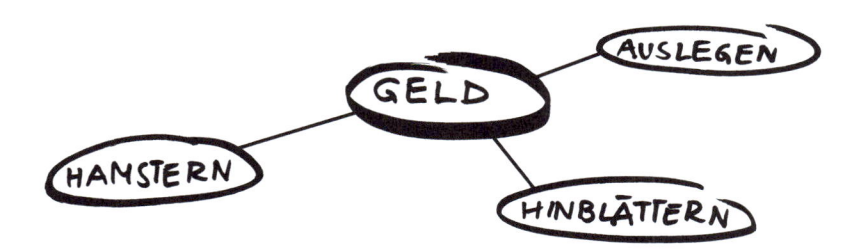

```
        GELD ─── AUSLEGEN
       / \
  HAMSTERN  HINBLÄTTERN
```

d) Vergleichen Sie mit Ihrer Banknachbarin oder Ihrem Banknachbarn und erweitern Sie Ihren Cluster entsprechend. Vielleicht kommen Ihnen dabei noch weitere Begriffe in den Sinn?

AUFGABE 2

Geld auszahlen und einnehmen
Wer bezahlt was, wer erhält was? Füllen Sie die Lücken mit den richtigen Begriffen.

Gage	Rente	Spesen	Preisgeld	Schmiergeld	Schmerzensgeld
Trinkgeld	Gebühr	Sold	Lohn	Subventionen	Stipendien
Spende	Lösegeld	Almosen	Taschengeld		

a) Der Tennischampion kann das _____ abholen.

b) Die Sängerin wird mit einer _____ entschädigt.

c) Die Angestellten erwarten Ende Monat ihren _____.

d) Die Soldaten müssen sich mit einem _____ zufrieden geben.

e) Die Eltern geben ihren Kindern ein _____.

f) Die Pensionierten beziehen ihre wohlverdiente _____.

g) Die Bauernfamilien erhalten vom Staat _____.

h) Der Kellner nimmt gerne _____ entgegen.

i) Für einen guten Zweck entrichten viele Leute eine _____.

j) Der Bettler freut sich über ein _____.

k) Für den neuen Pass bezahlt man eine _____.

l) Manche Studierende beziehen vom Staat _____.

m) Für die Auslagen bei einer Geschäftsreise werden _____ vergütet.

n) Fürs blaue Auge gibt es hoffentlich ein _____.

o) Der Bestechliche nimmt _____ an.

p) Und die Kidnapper fordern _____.

Lösen Sie nun Aufgabe 3 auf der nächsten Seite.

AUFGABE 3

Welche Lösung ist richtig? Kreuzen Sie an!

1. In welcher Reihe werden Ausdrücke genannt, die keine umgangssprachlichen Synonyme für Geld sind?
    a) Knete, Koks, Kohle ☐
    b) Zaster, Moos, Kies ☐
    c) Tand, Schrott, Schund ☐
    d) Mäuse, Moneten, Mammon ☐

2. «Er hat das für bare Münze genommen» bedeutet:
    a) Er hat den gekauften Gegenstand in bar bezahlt. ☐
    b) Er hat geglaubt, dass das, was gesagt wurde, wahr sei. ☐
    c) Er hat sich dafür gut bezahlen lassen. ☐
    d) Er hat etwas Wertloses für wertvoll gehalten. ☐

3. Wenn «der Groschen fällt», heisst dies, dass ...
    a) man das «Sparschwein schlachtet» und das Kleingeld entnimmt. ☐
    b) die Aktienkurse sinken. ☐
    c) man endlich den Lohn für etwas bekommt. ☐
    d) man etwas verstanden hat. ☐

4. Wenn jemand «Fersengeld gibt», so heisst dies, dass er oder sie ...
    a) teure Schuhe kauft. ☐
    b) schnell flüchtet. ☐
    c) dem Schuhmacher endlich die Rechnung bezahlt. ☐
    d) auf dem Absatz rechtsumkehrt macht. ☐

5. Was passt nicht in die Reihe? Er hat sein Geld ...
    a) zum Fenster hinausgeworfen. ☐
    b) verjubelt. ☐
    c) verbuddelt. ☐
    d) verprasst. ☐

6. Was kann man nicht sagen, wenn man mit einer Geldanlage Gewinne erzielt hat?
    a) Ich habe ordentlich Kasse gemacht. ☐
    b) Das hat sich wirklich ausgezahlt. ☐
    c) Das ist ins Geld gegangen. ☐
    d) Das hat sich gerechnet. ☐

7. Was passt nicht? Wenn ich einen Gegenstand unter seinem Wert verkauft habe, nur um ihn endlich loszuwerden, dann habe ich ihn ...
    a) verscherbelt. ☐
    b) verhökert. ☐
    c) verramscht ☐
    d) verhunzt. ☐

Präsentation (Vortrag, Referat)

Lernziele

Ich...
... kann die wesentlichen Informationen und Argumente zu einem klar festgelegten Thema recherchieren, zusammenfassen und kommentiert wiedergeben
... kann eine Präsentation vorbereiten und vortragen
... kann meinen Vortrag mit geeigneten optischen Hilfsmitteln unterstützen

Aufwärmen Was weiss ich schon?

Überprüfen Sie Ihre Vorkenntnisse zur Präsentation. Welche der folgenden Aussagen treffen zu, welche nicht?

	trifft zu	trifft nicht zu	weiss nicht
1 Mit einer Präsentation will man andere von einem Thema begeistern.	☐	☐	☐
2 Beim Auftreten vor dem Publikum ist der erste Eindruck ganz wichtig.	☐	☐	☐
3 Der Blickkontakt mit dem Publikum spielt eine untergeordnete Rolle.	☐	☐	☐
4 Die Präsentation wird in übersichtliche Schritte gegliedert.	☐	☐	☐
5 In der Präsentation verwendet man möglichst viele Fachwörter.	☐	☐	☐
6 Das Gesagte wird mit optischen Hilfsmitteln unterstützt.	☐	☐	☐

Schlagen Sie im Lösungsteil nach und vergleichen Sie.

Trainingsphase Grundlagen erarbeiten, Aufgaben lösen

AUFGABE 1

a) Lesen Sie die «Ratschläge für einen schlechten Redner» durch. Markieren Sie bereits während der Lektüre die Ratschläge, mit denen Sie nicht einverstanden sind. Beachten Sie: Kurt Tucholsky war einer der bedeutendsten deutschen Gesellschaftskritiker; seine Ratschläge, von denen hier einige übernommen sind, meinte er ironisch.

RATSCHLÄGE FÜR EINEN SCHLECHTEN REDNER

Fang nie mit dem Anfang an, sondern immer drei Meilen vor dem Anfang! Etwa so: «Meine Damen und Herren! Bevor ich zum Thema meines Vortrags komme, lassen Sie mich Ihnen kurz …»

Hier hast du schon ziemlich alles, was einen schönen Anfang ausmacht: eine steife Anrede, einen Anfang vor dem Anfang und das Wörtchen kurz. So gewinnst du im Nu die Herzen und Ohren der Zuhörerschaft.

Fang immer bei den alten Römern an und gib stets, wovon du auch sprichst, die geschichtlichen Hintergründe der Sache. Ich habe einmal an der Universität in Paris einen chinesischen Studenten sprechen hören, der sprach glatt und gut französisch, aber er begann zur allgemeinen Freude so:

«Lassen Sie mich in aller Kürze die Entwicklungsgeschichte meiner chinesischen Heimat seit dem Jahre 2000 vor Christi Geburt …» Er blickte ganz erstaunt auf, weil die Leute so lachten.

So musst du das auch machen.

Sprich nicht frei – das macht einen so unruhigen Eindruck. Am besten ist es, wenn du deine Rede abliest.

Sprich, wie du schreibst, mit langen, langen Sätzen, die du so sehr benötigst und die du an deinem Schreibtisch in stundenlanger Arbeit so wunderbar vorbereitet hast, die Nebensätze schön ineinander geschachtelt, so dass der Hörer, ungeduldig auf seinem Sitz hin und her träumend, sich in einer endlosen Predigt wähnend, in der er früher so gern geschlummert hat, auf das Ende wartet … nun, ich habe dir eben ein Beispiel gegeben.

Du musst alles in Nebensätze legen. Sag nie: «Die Steuern sind zu hoch.» Das ist zu einfach. Sag: «Ich möchte zu dem, was ich soeben gesagt habe, noch kurz bemerken, dass mir die Steuern bei Weitem …»

Wenn du einen Witz machst, lach vorher, damit man auch weiss, wo die Pointe ist.

Zu dem, was ich soeben über die Technik der Rede gesagt habe, möchte ich noch kurz bemerken, dass viel Statistik eine Rede immer sehr hebt. Das beruhigt ungemein, und da jeder imstande ist, zehn verschiedene Zahlen mühelos zu behalten, so macht das viel Spass.

Kündige den Schluss deiner Rede lange vorher an, damit die Hörer vor Freude nicht einen Schlaganfall bekommen. Kündige den Schluss an, und dann beginne deine Rede von vorn und rede noch eine halbe Stunde. Dies kannst du mehrere Male wiederholen.

Sprich nie unter anderthalb Stunden, sonst lohnt es sich gar nicht erst anzufangen.

Eine Rede ist, wie könnte es anders sein, ein Monolog. Wenn einer spricht, müssen die andern zuhören – das ist deine Gelegenheit! Missbrauche sie.

b) Tragen Sie Ihre Ratschläge für gute Rednerinnen und Redner hier ein.

Merkmal	Tucholskys «Ratschläge»	Meine Ratschläge
Anfang, Einleitung	Möglichst weit ausholen, bevor du zur Sache kommst	
Freies Sprechen		
Satzlänge		
Nebensätze		
Statistiken		
Dauer der Rede		
Überraschende Elemente, Pointen		
Schluss		

THEORIE

Merkmale der Präsentation

Was muss ich bei einer Präsentation beachten?
- Ich spreche das Publikum direkt an und wecke die Aufmerksamkeit mit einem gelungenen Einstieg in mein Thema.
- Ich achte auf einen strukturierten Ablauf (Einleitung, Hauptteil, Schluss) und gebe diesen zu Beginn bekannt.
- Ich spreche nur über Inhalte, die ich verstehe.
- Mit Überleitungen und Querverweisen schaffe ich einen Zusammenhang zwischen den einzelnen Teilen (roter Faden).
- Wichtige Punkte fasse ich am Schluss der Präsentation kurz und prägnant zusammen.
- Beginn und Abschluss meiner Präsentation sind besonders wichtig: Damit sie plangemäss gelingen, lerne ich die ersten und die letzten Sätze auswendig.
- Ich spreche frei und fliessend.
- Ich spreche deutlich und mache kurze Sätze. Fachbegriffe erkläre ich.
- Ich achte auf ein angemessenes Sprechtempo und setze bewusst Pausen.
- Meine Sprache ist korrekt.
- Ich halte Augenkontakt zu meinem Publikum.
- Gezielt eingesetzte optische Hilfsmittel unterstützen mein Referat.

Was erwarte ich von einer Präsentation?
- Mein Interesse soll durch einen geeigneten Einstieg geweckt werden.
- Ich will einen roten Faden durchs Thema erkennen.
- Die Rednerin oder der Redner soll motiviert auftreten.
- Er/sie soll frei und gut verständlich sprechen.

AUFGABE 2

a) Lesen Sie den unten stehenden Schülervortrag. Markieren Sie am Rand die drei Teile Einleitung, Hauptteil und Schluss mit Klammern. Lösen Sie anschliessend den Auftrag.

Kurzvortrag zum Thema «Was bewirken Werbeverbote für Raucherwaren?»

In der Schweiz sterben pro Jahr rund 8000 Personen frühzeitig, weil sie rauchen. 2000 weitere verkürzen ihr Leben durch den Konsum von Alkohol. Abgesehen von menschlichem Leid verursachen Krankheiten und Todesfälle auch Kosten. Im Fall von Alkohol weisen die Statistiken jährliche Kosten von 6,5 Milliarden Franken aus. Noch teurer, nämlich rund 10 Milliarden Franken, kommt die Schweiz das Rauchen zu stehen. Aber nützen Werbeverbote der Volksgesundheit? Wer Antworten auf diese Frage sucht, bekommt höchst Unterschiedliches zu hören. Gewisse Fachleute behaupten, dass Einschränkungen bei der Tabakwerbung sehr wirksam seien. Die Tabakindustrie gibt vor, mit ihren Werbeanstrengungen einzelne Marken und nicht das Rauchen an und für sich zu bewerben. Tatsächlich geht es ihr aber darum, die Gesamtnachfrage zu steigern, denn pro Tag verliert sie in der Schweiz 20 Kunden durch Todesfälle. Eine Studie der Weltbank zeigt, dass in Ländern, die ein umfassendes Werbeverbot kennen, der Tabakkonsum um bis zu sieben Prozent gesunken ist. Der Verband Schweizer Werbung setzt sich im Auftrag der Tabakindustrie seit Jahren mit dem drohenden Werbeverbot in der Schweiz auseinander. Er ist der Ansicht, dass die Studie der Weltbank kein aussagekräftiger Beweis für eine Senkung des Tabakkonsums durch ein Werbeverbot sei.

> Es wird bemängelt, dass nicht einmal klar sei, in welchen Ländern diese Studie durchgeführt wurde. Ein stichhaltiger Beweis, wonach der Konsum sinke, sei nicht gegeben. Und solange dieser Beweis fehle, fordere man nichts anderes als die Werbefreiheit. Ein Spezialist für Lungenkrankheit hält von diesen Aussagen wenig. Wenn die Werbebotschaft laute, Rauchen sei nur etwas für Erwachsene, dann sei klar, dass sich davon Heranwachsende speziell angesprochen fühlten. Zudem hätten Erhebungen von Nonprofitorganisationen in sieben Schweizer Kantonen ergeben, dass die Tabakindustrie entgegen allen Beteuerungen vor allem in der Nähe von Schulhäusern werbe. Der Präsident von «Swiss Cigarette» sagt, er verschliesse sich den Bemühungen zur Vermeidung gesundheitlicher Schäden wegen Tabaks nicht. Gleichwohl sei es eine Tatsache, dass ein Drittel der Bevölkerung rauche, ob man die Werbung dafür verbiete oder nicht. Geraucht werde mit oder ohne Verbot, weil viele sich an einem Vorbild orientieren. Wer das Verlangen nach Zigaretten verspüre, verschaffe sich die Glimmstängel so oder so auf legalem oder illegalem Weg. Wenn aber für Produkte, die negative Seiten haben, nicht mehr geworben werden dürfe, dann müsse bald auch die Werbung für andere Dinge, z. B. Autos, eingeschränkt werden.

b) Beurteilen Sie das Referat aufgrund der Merkmale der Präsentation (ja, nein, teilweise).

Merkmal

Das Publikum wird direkt angesprochen.

Gelungener Einstieg fesselt.

Der Ablauf wird zu Beginn bekannt gegeben.

Wichtige Punkte werden am Schluss zusammengefasst.

Ein roter Faden ist deutlich erkennbar.

Sprache: kurze Sätze

AUFGABE 3

Moderationskarten und optische Hilfsmittel einsetzen

Eine Präsentation muss seriös vorbereitet werden. Dazu gehört, dass man wichtige Stichworte auf Moderationskärtchen (Stichwortkarten, «Spickkärtchen») festhält und die optischen Hilfsmittel gezielt einplant.

a) Lesen Sie die Hinweise zu den Moderationskarten aufmerksam durch. Notieren Sie dann in Partnerarbeit auf einem separaten Blatt die Stichworte für die Kärtchen des Kurzvortrags von Aufgabe 2.

THEORIE

Moderationskarten

- Karten im Format DIN A5 anfertigen, nur einseitig beschriften.
- Stichworte mit grosser Schrift notieren, Karten durchnummerieren.
- Regiehilfen mit Farbe vermerken (z. B. Folie 1; Pause; Diagramm 2).

b) Welche optischen Hilfsmittel würden Sie bei der Präsentation des Textes von Aufgabe 2 verwenden? Wie viele Folien oder Bilder (u. Ä.) würden Sie einsetzen? Lesen Sie den Theoriekasten zur Visualisierung und besprechen Sie sich mit Ihrer Partnerin oder Ihrem Partner.

THEORIE

Visualisierung

Grundsätze
- Optische Hilfsmittel (z. B. Folien, Bilder) sollen den gesprochenen Text veranschaulichen, nicht davon ablenken.
- Weniger ist mehr: gezielter Einsatz, hohe Qualität.
- Folien übersichtlich gestalten: grosse, leicht lesbare Schrift, (wenige) Farben als Akzente, Aufzählzeichen.
- Folien nicht überladen: Stichworte, Teilsätze, kurze Sätze; nur aussagekräftige Bilder, keine blosse Verzierung.
- Der Folientext ist fehlerfrei.
- Welche weiteren Hilfsmittel, Gegenstände machen meine Präsentation noch anschaulicher?

AUFGABE 4

Sie sind von einem Film, den Sie gesehen haben, beeindruckt. Deshalb möchten Sie auch andere davon begeistern. Präsentieren Sie den Film Ihrer Klasse in fünf bis zehn Minuten.

THEORIE

Wie bereite ich eine Präsentation vor?

– Ich verschaffe mir einen Überblick über das gewählte Thema: Was ist besonders interessant an diesem Thema? Wo lege ich den Schwerpunkt? Was kann ich getrost weglassen?
– Ich beschaffe mir alle nötigen Informationen und recherchiere dazu im Internet, in der Mediothek, im Gespräch mit Fachpersonen usw.
– Ich achte auf einen strukturierten Ablauf und notiere die Inhalte stichwortartig:
   1 Einleitung (Aufhänger, Übersicht)
   2 Hauptteil (Gliederung in Kapitel)
   3 Schlussteil (Zusammenfassung der wichtigsten Inhalte)
– Ich erstelle die Präsentationsfolien.
– Ich organisiere alle notwendigen optischen und technischen Hilfsmittel.
– Ich übe meine Präsentation vor dem Spiegel, vor einem Familienmitglied oder einem Freund/einer Freundin.
– Ich halte mein Zeitbudget ein.

Achten Sie während der Präsentation vor allem auf die unten stehenden Hinweise zu Mimik und Gestik.

THEORIE

Hinweise zu Mimik und Gestik

– Während des Vortrags zum Publikum sprechen und ihm nicht den Rücken zukehren.
– Den Augenkontakt zu mehreren Zuhörern suchen, nicht einzelne Personen fixieren.
– Körperhaltung und Mimik regelmässig überprüfen: aufrechte Haltung, Hände nicht in die Hosentaschen (ein Stift oder Zeigestab «versorgt» die Hände), entspannter Gesichtsausdruck (ein Lächeln kann nicht schaden).
– Raum einnehmen, auf beiden Beinen stehen, ruhig atmen vor der Begrüssung.

AUFGABE 5

Gruppenarbeit

Erstellen Sie in Gruppen einen einfachen Bewertungsbogen für Präsentationen. Berücksichtigen Sie dabei alle wichtigen Merkmale einer guten Präsentation (Inhalt, Sprache, Auftreten, Hilfsmittel). Diskutieren Sie die Resultate in der Klasse und wählen Sie gemeinsam den besten Bewertungsbogen aus.

AUFGABE 6

Kurzreferat planen und halten

Bereiten Sie ein Kurzreferat von etwa sieben Minuten vor. Stellen Sie entweder

a) Ihr Hobby vor oder

b) einen Verein.

Beachten Sie bei der Vorbereitung die oben stehenden Kästen. Die Klasse beurteilt die Referate anhand des in Aufgabe 5 erarbeiteten Bewertungsbogens.

Ziel erreicht Das kann ich jetzt!

Überprüfen Sie das Gelernte. Beurteilen Sie die folgenden Aussagen, ohne vorne nachzuschlagen.

	trifft zu	trifft nicht zu
1 Kurze Pausen während des Vortragens sind sinnvoll, damit die Zuhörerschaft das Gehörte verarbeiten kann.	☐	☐
2 Die Aufmerksamkeit der Zuhörerschaft muss am Anfang mit einem packenden Einstieg gewonnen werden.	☐	☐
3 Der Blickkontakt zum Publikum ist wichtig beim Präsentieren.	☐	☐
4 Die Texte auf den Folien sind identisch mit dem, was vorgetragen wird.	☐	☐
5 Die Einleitung und das Schlusswort lernt man auswendig.	☐	☐
6 Den übrigen Text trägt man mithilfe von Stichworten auf Moderationskarten möglichst frei vor.	☐	☐
7 Zu Beginn gibt man einen kurzen Überblick über die Inhalte der Präsentation.	☐	☐
8 Der Hauptteil ist logisch aufgebaut und klar gegliedert.	☐	☐
9 Wichtige Ergebnisse und Kernaussagen werden am Schluss zusammengefasst.	☐	☐
10 Für die Präsentation verwendet man möglichst viele Bilder, Folien usw., die zum Thema passen.	☐	☐
11 Beim Gestalten von Folien ist wichtig, dass diese nicht überladen werden und die Schrift gross genug gewählt wird.	☐	☐
12 Beim Publikum darf vorausgesetzt werden, dass es alle Fachwörter versteht.	☐	☐

Schlagen Sie im Lösungsteil nach und vergleichen Sie.

Kommasetzung

Lernziele

Ich ...
... kann Kommas weitgehend korrekt anwenden, sodass keine Missverständnisse entstehen
... verfüge über einen ausreichend grossen Wortschatz, um Texte zum Thema «Versicherungen» im Detail zu verstehen und mich dazu äussern zu können

Aufwärmen — Was weiss ich schon?

Überprüfen Sie Ihre Vorkenntnisse. In welchen der folgenden Sätze ist die Kommasetzung korrekt, wo nicht?

	korrekt	nicht korrekt	weiss nicht
1 Das Gesundheitswesen in der Schweiz ist teurer, als jenes in andern Ländern.			
2 Die obligatorische Krankenversicherung deckt die Kosten, die bei einem Spitalaufenthalt auf der allgemeinen Abteilung anfallen.			
3 Die Prämien für die Betriebsunfallversicherung, die Unfälle während der Arbeitszeit abdeckt werden normalerweise vom Arbeitgeber oder der Arbeitgeberin bezahlt.			
4 Die Sozialversicherungen sorgen dafür, dass eine Person bei einem Ausfall des Einkommens finanziell abgesichert ist.			
5 Das Einkommen kann ausfallen: im Alter, bei Unfall, und Krankheit, bei Invalidität, und Arbeitslosigkeit.			
6 Es lohnt sich, die Krankenkassenprämien zu vergleichen, und zwar regelmässig.			

Schlagen Sie im Lösungsteil nach und vergleichen Sie.

Trainingsphase Grundlagen erarbeiten, Aufgaben lösen

AUFGABE 1

Lesen Sie die folgenden Sätze, in denen die Kommas teilweise fehlen oder überflüssig sind. Was bewirkt die fehlerhafte Kommasetzung? Bilden Sie sich ein Urteil!

> **Der Firmenanlass**
>
> Marc plante nicht aufzufallen. Er hielt sich ganz, im Hintergrund. Nina die Schwester seiner Sekretärin und Thomas waren nämlich auch eingeladen. Aber dann schimpfte er plötzlich laut auf den Chef und seine Freundin, die neben ihm stand erblasste. Danach ging er, zum Buffet füllte sich einen Teller und begann den Hut auf dem Kopf zu essen. Die Anwesenden, fragten sich, was wohl, in ihn gefahren sei. Niemand wagte, aber etwas zu sagen.

Mein Urteil

Die fehlerhafte Kommasetzung _____

_____

_____

Die Regeln für die Kommasetzung sind zwar alles andere als einfach, aber drei grobe Grundregeln decken die häufigsten Fälle ab. Prägen Sie sich diese Regeln darum gut ein. Schlagen Sie im Kapitel «Textverknüpfung», Seite 52 nach, wenn Sie nicht mehr sicher sind, was ein Teilsatz ist.

THEORIE

Kommasetzung: Die drei Grundregeln

1. Bei der Trennung von Teilsätzen, die nicht durch «und» verbunden sind, gilt: Anzahl Personalformen des Verbs (konjugierte Verben) = Anzahl Teilsätze = Anzahl Kommas minus 1.
2. Aufzählungen: Für jedes ausgelassene «und» setzt man ein Komma. D. h., man kann sich statt des Kommas ein «und» denken.
3. Vorangestellte Kurzsätze, eingeschobene Teilsätze oder Satzteile und Nachträge grenzt man mit Komma(s) ab.

Beispiele

1. Trennung von Teilsätzen:
   Sobald die Offerten der verschiedenen Krankenkassen da sind, werde ich mich entscheiden.
   Es ist wichtig, dass man nach einem Unfall die Unfallversicherung informiert.
   Er fragte sich, ob es sich für ihn lohnt, die Kasse zu wechseln.
2. Aufzählungen:
   Während des Gesprächs wirkte sie ruhig, gelassen, kompetent.
   Herr Hofmann prüft alle Anträge sorgfältig, fleissig und ausdauernd.
3. Vorangestellte Kurzsätze, Einschübe und Nachträge:
   Wir heissen Sie, Frau Eichenberger, herzlich bei uns willkommen!
   Die Unterlagen, die wir erhalten haben, sind leider unvollständig.
   Sie verfügen über eine grosse Fachkenntnis, nicht wahr?
   Bitte rufen Sie die zuständige Sachbearbeiterin an, und zwar möglichst bald.

AUFGABE 2

Lesen Sie den unten stehenden Text und überlegen Sie sich, welche Regeln für die Kommas bei den eingefügten Nummern gelten. Färben Sie die Zahlen bei den Kommas mit der zutreffenden Farbe ein: Rot für Regel 1 (Trennung von Teilsätzen), Blau für Regel 2 (Aufzählung) und Grün für Regel 3 (Einschub oder Nachtrag). Besprechen Sie dann Ihre Lösung mit einer Mitschülerin oder einem Mitschüler.

Wer soll das bezahlen?

Wer sich über steigende Krankenkassenprämien ärgert, (1) muss wissen, (2) dass sich das in den nächsten Jahren nicht ändern wird. Die Schweiz gehört zu jenen Ländern, (3) deren Gesellschaft immer älter wird und bei der keine Tendenzen sichtbar sind, (4) dass die Bevölkerung auf einmal weniger Leistungen des Gesundheitssystems nachfragen würde.

Wir leben, (5) wie schön, (6) immer länger. Wie stark sich die Steigerung der Lebenserwartung auf die Gesundheitskosten auswirkt, (7) hängt stark davon ab, (8) ob man die gewonnene Lebenszeit gesund, (9) kränklich oder schwer krank verbringt.

Ein wichtiger Faktor ist der medizinische Fortschritt: Vermeintlich unheilbare Krankheiten können heute geheilt werden und die Möglichkeit der frühzeitigen Erkennung von Krankheitsbildern verhindert ebenfalls den vorzeitigen Tod. Unser System verleitet dazu, (10) die Menge der Gesundheitsleistungen auszudehnen, (11) und zwar sowohl auf Anbieter- wie auch auf Konsumentenseite.

Früher oder später müssen wir uns überlegen, (12) wie wir ein solch kostspieliges Gesundheitswesen weiter finanzieren wollen.

AUFGABE 3

Lesen Sie den folgenden Ratgebertext aus der Zeitschrift «Beobachter», und setzen Sie in einem ersten Schritt die fehlenden Kommas. Überlegen Sie sich anschliessend, welche Regel für jedes Komma gilt. Schreiben Sie die Regel jeweils neben das Komma in die rechte Spalte. Beachten Sie das Beispiel.

So senken Sie Ihre Prämien!

Wer übers Prämiensparen nachdenkt, denkt wohl zuerst an den Wechsel zu einer günstigeren Kasse. Folglich müsste der erste und wichtigste Spartipp lauten: Wechseln Sie jedes Jahr zur gerade billigsten Kasse! Dass dieser Tipp hier fehlt hat verschiedene Gründe:

Die Höhe der Prämien ist nur eines von vielen Kriterien bei der Wahl einer neuen Krankenkasse. Mindestens so wichtig sind die Qualität der Dienstleistungen und die Kundenzufriedenheit. Billige Kassen sind – unter anderem – deshalb billig weil sie bei umstrittenen oder zweifelhaften Leistungen in der Regel zu ihren eigenen Gunsten entscheiden das heisst die Leistung verweigern oder einschränken. Aber Achtung: Umgekehrt bedeutet dies nicht dass teure Kassen unbesehen alles zahlen!

Kassenwechsel: Ein Kassenwechsel bringt sowohl Ihnen als auch der Kasse administrativen Aufwand vor allem wenn Sie allfällige Zusatzversicherungen bei der bisherigen Kasse belassen. Selbstverständlich sollten Sie auch auf die Prämienhöhe achten damit Sie nicht mehr zahlen als unbedingt nötig ist. Deshalb empfiehlt es sich wenn Sie mit den Leistungen Ihrer Krankenkasse nicht vollständig zufrieden sind in einem ersten Schritt die unten genannten Sparmöglichkeiten sorgfältig zu prüfen. Andernfalls sollten Sie tatsächlich einen Wechsel in Betracht ziehen.

Unfalldeckung ausschliessen: Wer mindestens acht Stunden pro Woche bei der gleichen Firma angestellt ist wird von dieser automatisch gegen Berufs- und Nichtberufsunfälle versichert. Folglich braucht es in der Krankenversicherung keine zusätzliche Unfalldeckung.

Managed-Care-Modell wählen: Wer bereit ist die freie Arztwahl einzuschränken und sich einem «Gesundheitsmanager» anzuvertrauen kann in ein Managed-Care-Modell wechseln. In diesem Fall verpflichtet sich die versicherte Person immer zuerst an den gewählten «Gesundheitsmanager» zu gelangen ausser in Notfällen. Diese erste Anlaufstelle kann eine Hausärztin bzw. ein Hausarzt ein Gesundheitszentrum (HMO) oder ein medizinisches Beratungszentrum sein.

Jahresfranchise erhöhen: Die gesetzliche Mindestfranchise für Erwachsene ab 18 Jahren beträgt 300 Franken im Jahr. Das heisst dass die Zahlungspflicht der Krankenkasse erst beginnt wenn die beanspruchten Leistungen mehr als diesen Betrag ausmachen. Indem Sie die Jahresfranchise freiwillig erhöhen können Sie Ihre Prämie beträchtlich senken.

R1 Trennung von Teilsätzen

AUFGABE 4

Setzen Sie im folgenden Text die fehlenden Kommas mit roter Farbe.

Was den Schweizerinnen und Schweizern wichtig ist

Eine neue Studie zeigt: Für Herrn und Frau Schweizer geht nichts über Familie und Freunde. Dicht dahinter folgt die Gesundheit. Immer mehr Bedeutung gewinnt das Fernsehen auf Kosten der Bildung.

Für 87 Prozent der Befragten sind gemäss einer Univox-Studie Familie und Freunde sehr wichtig. Die Gesundheit halten 84 Prozent für sehr wichtig, 14 Prozent für eher wichtig. Die Freizeit reihen 58 Prozent zuoberst ein, die Arbeit und den Beruf 57 Prozent. Die Autoren der Studie führen dies darauf zurück, dass in Krisenzeiten die Bedeutung der Arbeit zunimmt.

Zuunterst auf der Liste stehen Politik und Religion: Politik ist nur für jede fünfte Person, Religion gar nur für jede sechste wirklich wichtig. Im Mittelfeld liegen die Sparten Kultur, Bildung und Sport. Während Sport und Kultur über die vergangenen zehn Jahre deutlich zulegten, hat die Bedeutung der Bildung im selben Zeitraum und trotz Krise abgenommen.

Fast täglich Fernsehen und Radio

In der täglichen Freizeit dringt der hohe Stellenwert von Familie und Freundschaft allerdings nicht durch. Denn nur 57 Prozent gaben an, sich fast jeden Tag mit der Familie zu befassen, 20 Prozent tun dies lediglich ein Mal pro Woche. Stattdessen gaben 86 Prozent der Befragten an, «fast täglich» fernzusehen, 78 Prozent lesen im gleichen Rhythmus Zeitungen und 74 Prozent hören praktisch jeden Tag Radio.

Geht es ums Wünschen, sieht die Sache hingegen anders aus: 64 Prozent der Befragten möchten sich mehr mit der Familie beschäftigen und 65 Prozent häufiger Gäste einladen. 58 Prozent möchten weniger Zeit vor dem Fernsehapparat verbringen, 51 Prozent weniger Radio hören und 44 Prozent weniger Zeitung lesen. Etwas mehr als die Hälfte der Befragten surft fast jeden Tag im Internet. Shopping und Einkaufen gehören für 37 Prozent zum Freizeitalltag.

Überladene Freizeit

Wenig begehrte Hobbys sind im Gegensatz zu früheren Befragungen ehrenamtliche Arbeit und Gärtnern. Nur je fünf Prozent üben diese beiden Tätigkeiten fast täglich aus. 57 Prozent möchten bei der Gartenarbeit kürzertreten, 58 Prozent bei unbezahlten Engagements. Die Autoren der Studie werten die Abbauwünsche als Zeichen für die überladene Freizeit vieler Menschen.

Einen hohen Stellenwert haben Reisen und Ausflüge für Schweizer und Schweizerinnen. 63 Prozent der Befragten sind mindestens einmal im Monat unterwegs, Tendenz steigend. Bei den Ferien und beim Reisen würde zudem am wenigsten schnell gespart, wenn die Menschen weniger Geld zur Verfügung hätten.

Ziel erreicht — Das kann ich jetzt!

Überprüfen Sie das Gelernte. Ist die Kommasetzung in den unten stehenden Sätzen korrekt?

	korrekt	nicht korrekt
1 Die Regeln für die Kommasetzung sind nicht einfach, aber man kommt mit drei Grundregeln in den meisten Fällen zurecht.		
2 Guten Morgen Frau Heeb was kann ich für Sie tun?		
3 Herr Walker, unser zuständiger Sachbearbeiter wird Sie in dieser Sache beraten.		
4 Wenden Sie sich doch an ihn, am besten telefonisch.		
5 Aus diesem Grunde, wechsle ich auf Ende Jahr die Krankenkasse.		
6 Sämtliche Versicherungsprämien sollte man immer, pünktlich bezahlen.		
7 Hast du gehört wie es Yvonne nach ihrem Unfall ergangen ist?		
8 Ich schätze Frau Schoder als zuverlässige, vertrauenswürdige und sympathische Sachbearbeiterin.		
9 Es ist eine Tatsache, dass Unfälle in der Freizeit zugenommen haben.		
10 Aber sicher: Sie kam sah und siegte!		
11 Zum Gespräch mit dem Versicherungsvertreter sollte man, pünktlich erscheinen.		
12 Vergessen Sie nicht sich nach der Höhe der Prämie zu erkundigen.		

Schlagen Sie im Lösungsteil nach und vergleichen Sie.

Wortschatz: Begriffe zu den Versicherungen

Lösen Sie das Kreuzworträtsel (Umlaute = 2 Buchstaben, z. B. ä = ae).

Waagrecht

4. Die …versicherung bezahlt den Schaden, den ich einer anderen Person zugefügt habe.
6. Diese Organisation pflegt alte und kranke Leute zu Hause.
10. Fremdwort für «Vorbeugung».
11. Im Spital teilen Sie das Zimmer mit drei anderen Patienten. Diese Abteilung des Spitals nennt man … Abteilung.
12. Eine Person ist nach einem schweren Autounfall körperlich behindert und kann nicht mehr arbeiten. Sie erhält darum von der Versicherung jeden Monat eine bestimmte Summe Geld. Wie nennt man diesen Betrag?
15. Krankenkasse: Zusatzversicherungen sind freiwillig. Obligatorisch für alle ist aber die …
16. Krankenkasse: Kostenanteil in Prozent, den die versicherte Person selbst bezahlen muss.
17. Ein Versicherter muss einen Teil des Schadens selbst bezahlen, weil er grobfahrlässig gehandelt hat. Wie heisst der Fachausdruck für diesen Rückgriff?

Senkrecht

1. Krankenkasse: So nennt man den (wählbaren) festen jährlichen Betrag der Selbstbeteiligung an den Kosten.
2. Dieses Dokument ist der Beweis für den Abschluss des Versicherungsvertrags.
3. Ihre Wohnungseinrichtung hat einen Gesamtwert von Fr. 40 000.–. Sie haben aber die Einrichtung nur für Fr. 20 000.– versichert. Diesen Zustand bezeichnet man als …versicherung.
5. Sie haben bei der Krankenkasse ein spezielles Versicherungsmodell: Wenn Sie krank sind, müssen Sie sich immer zuerst bei einer ärztlichen Gruppenpraxis melden. Die Abkürzung für dieses Modell heisst …
7. So bezeichnet man die berufliche Vorsorge meistens.
8. Nach diesem Prinzip ist in der Schweiz die Vorsorge für das Alter organisiert: …prinzip.
9. Wer bezahlt die Prämien für die Berufsunfallversicherung?
10. So nennt man den monatlichen Beitrag der Versicherten an die Versicherung.
13. So heisst der Lohnersatz bei Unfall.
14. Ein anderes Wort für «Mobiliarversicherung»: … versicherung.

Wortschatz: Redewendungen zu Sicherheit und Risiko

Kommen Ihnen die unten aufgeführten Redewendungen bekannt vor? Und wissen Sie, welches Wort jeweils in die Lücke passt? Vervollständigen Sie die Texte in der linken Spalte und notieren Sie rechts die Bedeutung der Redewendung.

Beispiel: Da wurde mir der *Boden* zu heiss unter den Füssen.	Da war ich in einer heiklen Situation, das wurde mir zu gefährlich.
Wir müssen auf _____ sicher gehen.	
Du darfst den _____ nicht überspannen.	
Sie sitzen fest im _____.	
Achtung: Das ist mit dem Feuer _____!	
Ich würde mich an deiner Stelle nicht auf so dünnes _____ begeben.	
Wir haben alles auf eine Karte _____.	
Würdest du für sie die Hand ins _____ legen?	
Sollen wir den Sprung ins kalte Wasser _____?	
Sie sägen am _____, auf dem sie sitzen.	
Ihr dürft euch nicht zu sehr in Sicherheit _____.	
Unser Erfolg steht auf Messers _____.	
Man sollte sein _____ nicht so herausfordern.	
Jetzt hängt alles an einem _____.	

Kommasetzung

94

Grafik (Schaubild, Diagramm)

Lernziele

Ich …
… kenne die geläufigen Arten von Grafiken und kann grafische Darstellungsmöglichkeiten gezielt einsetzen
… kann einfache und schwierigere Diagramme lesen und Vermutungen über Ursachen und Konsequenzen anstellen
… kann die Informationen aus grafischen Darstellungen in wenigen Sätzen zusammenfassen

Aufwärmen Was weiss ich schon?

Überprüfen Sie Ihre Vorkenntnisse zur Grafik: Welche der folgenden Aussagen treffen zu, welche nicht?

	trifft zu	trifft nicht zu	weiss nicht
1 Mit Grafiken lassen sich trockene Zahlen veranschaulichen.	☐	☐	☐
2 Grafiken findet man oft in Zeitungsartikeln, bei denen Zahlen (z. B. zu Beschäftigten, zu Preisen und Löhnen) im Mittelpunkt stehen.	☐	☐	☐
3 Grafiken sind eindeutig und brauchen keine Erklärung.	☐	☐	☐
4 In Grafiken sind die wichtigen Grössen immer auf zwei Achsen zu finden.	☐	☐	☐
5 Mit einem Organigramm kann man Strukturen aufzeigen.	☐	☐	☐
6 Bei einer Grafik in Kreisform («Kuchen») entspricht der Inhalt immer einem Ganzen, z. B. der Gesamtheit einer Bevölkerungsgruppe oder einer Schulklasse.	☐	☐	☐

Schlagen Sie im Lösungsteil nach und vergleichen Sie.

Trainingsphase Grundlagen erarbeiten, Aufgaben lösen

AUFGABE 1

a) Ordnen Sie jeder grafischen Darstellung die richtige Bezeichnung zu und schreiben Sie diese auf die erste Zeile unter jede Grafik.

Balkendiagramm **Liniendiagramm** **Kreisdiagramm**
Säulendiagramm **Flächendiagramm** **Organigramm**

Grafik (Schaubild, Diagramm)

96

b) Für welche Art der Darstellung eignet sich die jeweilige Grafikart besonders gut? Notieren Sie auf der zweiten und dritten Zeile unter den Diagrammen jeweils den Verwendungszweck (siehe unten). Beachten Sie, dass zwei der sechs Arten von Grafiken für die gleichen Zwecke verwendet werden können.

Verwendung für:
– Firmenstruktur, Struktur einer Organisation
– Vergleiche von Einheiten (z. B. Bevölkerungszahlen verschiedener Kantone, Preise ähnlicher Produkte)
– Teilresultate von 100 % (z. B. prozentuale Anteile unterschiedlicher Altersgruppen an der Gesamtbevölkerung)
– Zeitlicher Verlauf, zeitliche Entwicklung (z. B. Entwicklung der Gesundheitskosten in den letzten fünf Jahren, Verlauf der Börsenkurse von Januar bis Juni)
– Vergleiche von Grössen innerhalb eines Zeitraums (z. B. Anteile der einzelnen Energieträger am Gesamtenergieverbrauch der letzten zehn Jahre)

AUFGABE 2

Welche Grafikart wählen Sie für die folgenden Aufgaben?

Aufgabe	geeignete Grafikart
Sie wollen die Preise unterschiedlicher Laptops vergleichen.	*Säulen- oder Balkendiagramm*
Sie möchten grafisch darstellen, wofür Sie Ihren letzten Monatslohn ausgegeben haben.	
Welche Zeitungen werden in Ihrer Klasse am häufigsten gelesen? Sie haben dies herausgefunden und wollen das Ergebnis in einem Diagramm visualisieren.	
Wie war das Wetter in Bern im letzten Monat? Sie kennen bereits den höchsten und den tiefsten Temperaturwert für jeden Tag und sollen diese Werte nun übersichtlich darstellen.	
Sie wollen ermitteln, welche Sternzeichen in Ihrer Klasse wie stark vertreten sind, und das Ergebnis grafisch darstellen. a) Sie vergleichen die Zahlen für die einzelnen Sternzeichen miteinander. b) Sie visualisieren die prozentualen Anteile der Sternzeichen an der Gesamtzahl der Berufslernenden.	a) b)
Jemand hat sich bei Ihnen über die Organisationsstruktur des Sportklubs erkundigt, in dem Sie aktiv sind. Mit welcher Art von Diagramm zeichnen Sie diese auf?	
Wer hat in Ihrer Klasse schon die Leistungen einer Versicherung beansprucht? Das möchten Sie herausfinden und anschliessend das Ergebnis (Arten der Versicherung, Anzahl der Leistungsbeanspruchungen) grafisch darstellen. Sie überlegen sich jetzt schon, welche Art der Grafik Sie dazu benutzen könnten.	

THEORIE

Merkmale von Grafiken

Was will ich mit meiner Grafik erreichen? Was muss ich beachten?
- Ich informiere im Titel über den Inhalt der Grafik und nenne die Datenquelle.
- Um die Orientierung zu erleichtern, stelle ich die Grafik möglichst einfach dar und lasse unnötige Details weg.
- Ich achte auf sinnvolle Ausgangs- und Bezugsgrössen, damit die Werte nicht verzerrt wiedergegeben werden.
- Bei komplexeren Grafiken erstelle ich zusätzlich zu den Achsen eine Legende (Erklärung).
- Das Kreisdiagramm verwende ich, wenn ich von einem Ganzen (100 %) ausgehen kann, Säulen- und Balkendiagramme wähle ich bei Daten, die sich gut vergleichen lassen. Für die Darstellung einer zeitlichen Entwicklung erstelle ich eine Flächen- oder Liniengrafik.
- Für die Darstellung der Hierarchie (Rangfolge) einer Organisation wähle ich das Organigramm, weil es die Struktur abbildet.

Was erwarte ich von einer grafischen Darstellung?
- Der Titel soll auf den Inhalt der Grafik hinweisen.
- Einheiten und Massstäbe sollen eindeutig sein; evtl. kann mir eine Legende das Lesen der Grafik erleichtern.
- Die Bezugsgrössen auf den Achsen sollen sinnvoll gewählt sein, denn ich will nicht manipuliert werden.
- Ich möchte über die Datenquelle informiert werden.

AUFGABE 3

Betrachten Sie die beiden Diagramme zu den drei Wirtschaftssektoren. Kreuzen Sie dann in der Vergleichstabelle auf der nächsten Seite an, was auf die jeweilige Grafik zutrifft.

Diagramm 1

Erwerbstätige in der Schweiz nach Wirtschaftssektoren, seit 1850

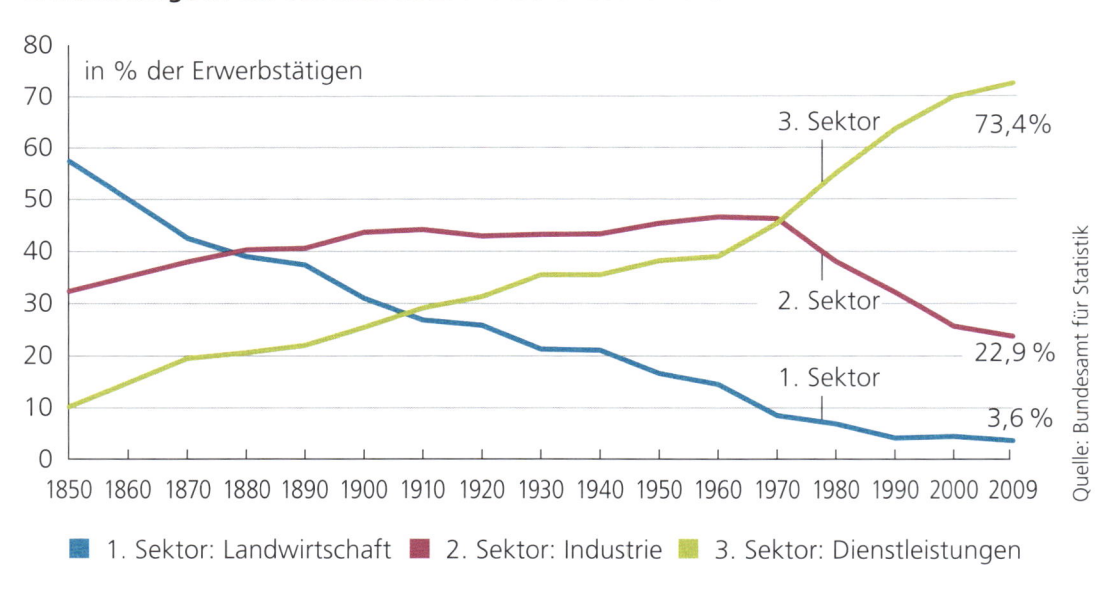

(Liniendiagramm, in % der Erwerbstätigen, 1850–2009)
- 1. Sektor: Landwirtschaft – 3,6 %
- 2. Sektor: Industrie – 22,9 %
- 3. Sektor: Dienstleistungen – 73,4 %

Quelle: Bundesamt für Statistik

Diagramm 2

Wirtschaftssektoren im internationalen Vergleich nach Erwerbstätigen in %

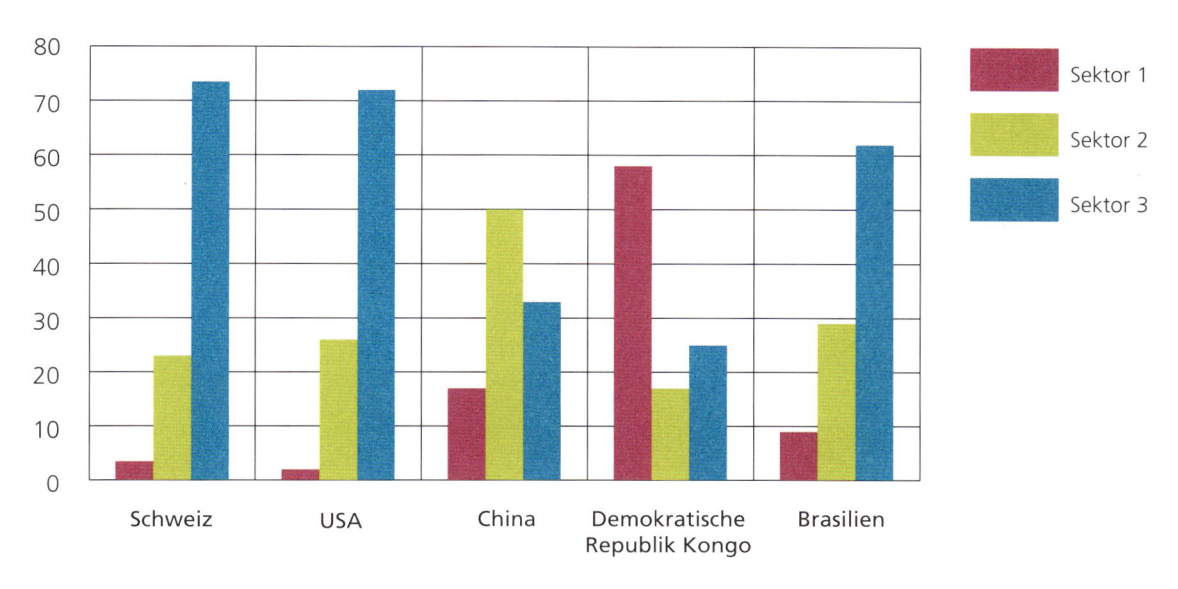

Vergleichstabelle zu den Diagrammen	Diagramm 1	Diagramm 2
Die Grafik ist ein Balkendiagramm.		
Die Grafik ist ein Säulendiagramm.		
Die Grafik ist ein Liniendiagramm.		
Die Grafik hat einen Titel.		
Der Titel enthält die nötigen Informationen.		
Zur Grafik gehört eine Legende.		
Die Bezugsgrössen der y-Achse (Vertikale) sind in Schritten von 10 Prozent angegeben.		
Die Bezugsgrössen der x-Achse (Horizontale) sind Jahreszahlen.		
Die x-Achse zeigt, dass die Zahlen jeweils für ein Land gelten.		
Hilfslinien erleichtern das Ablesen der Grössen.		
Das Diagramm zeigt, wie sich die drei Wirtschaftssektoren in der Schweiz im Laufe der Zeit entwickelt haben.		
In China macht der Industriesektor rund 50 Prozent aus.		
2009 arbeiteten in der Schweiz 73,4 Prozent der Erwerbstätigen im Dienstleistungssektor.		
Es ist angegeben, woher das Datenmaterial stammt, mit dem das Diagramm erstellt wurde.		

AUFGABE 4

Grafiken lesen und interpretieren

Betrachten Sie nochmals die Diagramme von Aufgabe 3 und lösen Sie die unten stehenden Aufträge.

Aufträge zu Diagramm 1

1. Welcher Wirtschaftssektor hat in der Schweiz in den letzten 150 Jahren am meisten Arbeitsplätze verloren?

2. In welchem Sektor wurden am meisten Stellen geschaffen?

3. Wann hat der Industriesektor die 40-Prozent-Marke überschritten?

4. Wann ist der Industriesektor wieder unter die 40-Prozent-Marke gefallen?

5. In welchem Jahr hat der Dienstleistungssektor den Landwirtschaftssektor überholt?

6. Wie hat sich die Arbeitswelt in der Schweiz in den letzten 150 Jahren entwickelt? Halten Sie dazu zwei Kernaussagen fest.

Aufträge zu Diagramm 2

1. In welchem Land arbeiten laut Grafik heute noch am meisten Erwerbstätige in der Landwirtschaft?

2. Welches Land ähnelt der Schweiz in Bezug auf die Verteilung der Wirtschaftssektoren am meisten?

3. Wie viele Prozent der Erwerbstätigen arbeiten in China im Industriesektor?

4. Vergleichen Sie China und die Demokratische Republik Kongo miteinander. Notieren Sie zwei Kernaussagen.

_____

_____

_____

_____

5. In der Schweiz verhalten sich die Grössen der Wirtschaftssektoren ganz anders zueinander als zum Beispiel im afrikanischen Kongo. Was könnten die Gründe dafür sein?

_____

_____

THEORIE

Analyse und Interpretation von Grafiken

Was muss ich beim Beschreiben und Interpretieren von Grafiken beachten?
Ich unterscheide klar zwischen den sachlichen Feststellungen (meiner Analyse) und den Folgerungen und Spekulationen (meiner Interpretation).

1. Schritt: Analyse (Was?)
- Ich informiere mich im Titel und in der Legende, worum es in der Grafik genau geht. Welches Thema will die Grafik verdeutlichen?
- Welche Bezugsgrössen und Masseinheiten (Zeit? Prozentangaben? Geldwerte? … pro Kopf?) werden in der Grafik verwendet?
- Was exakt wird verglichen? Was kann ich feststellen? Welche wichtigen Aussagen kann ich der Grafik entnehmen?
- Ich halte meine sachlichen Feststellungen in drei bis vier Sätzen fest. Ich formuliere meine Aussagen präzise und nenne die Art und das Thema der Grafik sowie die Quelle.
- Ich halte nur fest, was sich eindeutig aus der Grafik ablesen lässt.

Beispiel: Aus dem Säulendiagramm über die Erwerbstätigen nach Wirtschaftssektoren erfahren wir, dass der Landwirtschaftssektor in der Schweiz im 19. und 20. Jahrhundert deutlich an Bedeutung verloren hat. Die Zahlen des Bundesamts für Statistik zeigen: Während 1850 noch knapp 60 Prozent der Erwerbstätigen im Landwirtschaftssektor arbeiteten, waren es 2009 nur noch 3,6 Prozent. Im gleichen Zeitraum ist der Dienstleistungssektor stetig gewachsen. 2009 verdienten bereits 73,4 Prozent der Erwerbstätigen ihr Geld im dritten Sektor.

2. Schritt: Interpretation (Warum?)
Bei der Interpretation greife ich auf mein bestehendes Wissen zurück und bringe evtl. eigene Ideen ein. Ich versuche, die oben gemachten Feststellungen zu erklären:
- Was bestätigt meine (oder allgemeine) Erwartungen; was erstaunt?
- Welche Gründe und Erklärungen gibt es für den dargestellten Sachverhalt?
- Welche neuen Fragen tauchen allenfalls auf?
- Welchen Schluss (oder welche Schlüsse) kann ich daraus ziehen?

Beispiel: Aus der Grafik ist klar ersichtlich, dass sich die Schweiz in den letzten 150 Jahren vom Agrarland zum Industriestaat und schliesslich zur Dienstleistungsgesellschaft von heute entwickelt hat. Man weiss: Je höher der Lebensstandard eines Volkes, desto grösser der Anteil der Dienstleistungsbetriebe. Aus diesem Grund ist es in der Schweiz zu einer Verschiebung von den ersten beiden Sektoren zum dritten Sektor gekommen. Wenn das so weitergeht, arbeitet bald niemand mehr im Landwirtschaftssektor.

AUFGABE 5

Beschreibung einer Grafik

a) Suchen Sie im Internet oder in einer Zeitung eine Grafik mit aktuellen Zahlen zu den Wirtschaftssektoren, zum Bruttoinlandprodukt oder zum Wirtschaftswachstum. Diskutieren Sie zu zweit oder in einer Gruppe die neueste Entwicklung der Zahlen, indem Sie nach Möglichkeit die folgenden Fragen beantworten:
- Welche Werte sind besonders hoch oder besonders niedrig?
- Zu welchen Schlussfolgerungen führt das?
- Welche Werte sind überraschend? Womit kann man sie in Verbindung bringen?
- Welche Angaben fehlen vielleicht in der Grafik?
- Welche zusätzlichen Informationen könnten eindeutigere Schlüsse erlauben?
- Will die Grafik manipulierend Einfluss nehmen? Wenn ja, wie?

b) Beschreiben Sie Ihr Diagramm in drei bis vier Sätzen auf einem separaten Blatt. Benutzen sie dazu auch Ausdrücke aus dem unten stehenden Kasten.

FORMULIERUNGSHILFEN

Allgemeine Informationen

Das Diagramm informiert über
Die Grafik stellt dar/zeigt
Die Grafik enthält Angaben über
In diesem Diagramm erfahren wir
Das Diagramm stützt sich auf
In dem vorliegenden Diagramm ist … zu sehen
Die Zahlen/Daten stammen von
Bei der vorliegenden Grafik geht es um

Detailinformationen

im Vergleich zu, im Gegensatz dazu	(an)steigen
im Unterschied dazu	sich verringern
betragen	zurückgehen
liegen bei	zunehmen
belaufen sich auf	abnehmen
… Jahr x doppelt so hoch wie …	sich erhöhen
… das Dreifache von …	reduzieren
während 1990 …	klettern auf
… Jahr y nur halb so viele … wie	sich auf gleicher Höhe bewegen (wie …)
der Anteil an … beträgt	fallen auf
an erster Stelle steht	stagnieren
den höchsten Anteil besitzt …, gefolgt von	gleich bleiben
Mittelwerte	verzeichnet einen leichten Anstieg
Ausgangsgrössen	verzeichnet einen geringfügigen Zuwachs
Endgrössen	bleibt auf hohem/tiefem Niveau
Höhepunkt	bewegt sich nach unten/oben/auf gleichem Niveau
Tiefpunkt	
sinken	musste Verluste hinnehmen
steigern	konnte ein Plus verbuchen

c) Interpretieren Sie Ihr Diagramm. Benutzen Sie dazu auch Ausdrücke aus dem folgenden Kasten. Präsentieren Sie Ihre Interpretation mündlich.

FORUMLIERUNGSHILFEN

Auffälliges und Erstaunliches; Schlussfolgerungen

aus der Grafik lässt sich ablesen/entnehmen, dass
es ist klar ersichtlich, dass
aus der Grafik geht hervor
aus dem Schaubild lässt sich schliessen/folgern, dass
das Diagramm zeigt deutlich
ein anderer wichtiger Punkt ist
man muss beachten, dass
man kann daraus ableiten/schliessen, dass
es fällt auf, dass
ist vermutlich darauf zurückzuführen, dass
der Grund dafür könnte sein
wahrscheinlich
die Ursachen könnten in … liegen
dabei spielt vor allem … eine Rolle
einerseits … andererseits
wichtige Einflüsse sind/haben

Ziel erreicht — Das kann ich jetzt!

Überprüfen Sie das Gelernte. Beurteilen Sie die folgenden Aussagen, ohne vorne nachzuschlagen.

	trifft zu	trifft nicht zu
1 Die Bezugsgrössen sind immer auf der x- und y-Achse angegeben.	☐	☐
2 Das Säulendiagramm erleichtert Vergleiche aufgrund der unterschiedlichen Säulenhöhen.	☐	☐
3 Das Balkendiagramm und das Säulendiagramm stellen die Werte waagrecht dar.	☐	☐
4 Grafiken sind möglichst einfach zu gestalten. Deshalb verzichtet man auf Details, die nicht zwingend sind.	☐	☐
5 Beim Kreisdiagramm ergeben die einzelnen Sektoren zusammen ein Ganzes.	☐	☐
6 Beim Säulendiagramm ergeben alle Säulen zusammen immer 100 %.	☐	☐
7 Flächendiagramme eignen sich nicht für die Darstellung von Strukturen.	☐	☐
8 Mit Liniendiagrammen können Entwicklungen über einen bestimmten Zeitraum dargestellt werden.	☐	☐
9 Eine Legende erschwert das Interpretieren der Grafik.	☐	☐
10 Das Organigramm ist eine Grafikform, die zur Darstellung einer Firmenstruktur herangezogen werden kann.	☐	☐
11 Beim Deuten von Grafiken muss man prüfen, ob Gleiches mit Gleichem verglichen wird.	☐	☐
12 Hilfslinien erleichtern das Ablesen der Grössen.	☐	☐

Schlagen Sie im Lösungsteil nach und vergleichen Sie.

Steigerung des Adjektivs, Vergleiche

Lernziele

Ich …
… kann die Vergleichsformen des Adjektivs bilden und kenne unterschiedliche Möglichkeiten, ein Adjektiv zu verstärken
… kann in Vergleichen die Partikeln «wie» und «als» richtig verwenden

Aufwärmen — Was weiss ich schon?

Überprüfen Sie Ihre Vorkenntnisse zur Steigerung des Adjektivs und zu Vergleichen. Welche Aussagen treffen zu, welche nicht?

	trifft zu	trifft nicht zu	weiss nicht
1 Adjektive und Pronomen sind die Wortarten, die man steigern kann.			
2 Die Vergleichsformen des Adjektivs heissen: Komparativ (Grundstufe), Positiv (Vergleichsstufe) und Superlativ (Höchststufe).			
3 Man kann nicht alle Adjektive steigern.			
4 Die folgenden Vergleichsformen sind korrekt: «flächer», «kränker», «schläuer».			
5 «Ich habe die bestmöglichste Variante gewählt.» Hier ist das Adjektiv korrekt gesteigert.			
6 «Sie ist jünger wie du» ist ein korrekter Vergleichssatz.			

Schlagen Sie im Lösungsteil nach und vergleichen Sie.

Trainingsphase Grundlagen erarbeiten, Aufgaben lösen

AUFGABE 1

Lesen Sie den unten stehenden Text und unterstreichen Sie alle Adjektive.

Kaufkräftige Schweizer Städte

Die Preise in der Schweiz sind zwar hoch, doch stolz sind auch die Löhne. Und die Steuern sind eher tief. Deshalb schneiden Genf und Zürich in der UBS-Kaufkraftstudie gut ab.

Alle drei Jahre veröffentlicht die Grossbank UBS ihre Studie «Preise und Löhne». Die jüngste Untersuchung wurde in 73 führenden Metropolen durchgeführt – darunter in Zürich und in Genf. Resultat: In den beiden Schweizer Grossstädten haben Arbeitnehmerinnen und Arbeitnehmer die weltweit höchsten Nettolöhne. Die neuste Studie zeigt aber auch, dass die Schweiz ein teures Pflaster ist. Nur Oslo überbietet Genf und Zürich in Sachen Preisniveau.

Um die Preise zu vergleichen, stellt die UBS jeweils einen Referenzwarenkorb aus diversen Gütern und Dienstleistungen zusammen: Sie vergleicht, wie lange man für bestimmte, global in gleicher Qualität erhältliche Produkte arbeiten muss. Bisher wurde diese aussagekräftige Erhebung stets anhand der alltäglichen Nahrungsmittel Brot, Reis und einem Big Mac gemacht. Nun kommt erstmals auch der Aufwand für einen handelsüblichen iPod Nano (8 GB) hinzu. Ein Zürcher hat dafür die kürzesten Arbeitszeiten, nämlich durchschnittlich neun Stunden – eine Genferin eine halbe Stunde länger. Gemessen an einem Neun-Stunden-Tag krampft ein Bürger von Mumbai für dasselbe Produkt im Schnitt ganze 19,7 Tage.

THEORIE

Steigerung

Grundregel

Adjektive steigert man, indem man daran die Endungen «-er» für den Komparativ oder «-st» für den Superlativ anfügt.
Beispiel: schnell (Positiv) schneller (Komparativ) am schnellsten (Superlativ)

Spezialfälle (1)

Viele einsilbige Adjektive erhalten bei der Steigerung einen Umlaut.
Beispiel: jung – jünger – am jüngsten

Aber es gibt auch Adjektive ohne Umlaut in der Steigerung:
Beispiel: rasch – rascher – am raschesten

Die Steigerungsformen einiger Adjektive sind unregelmässig.
Beispiele: nahe – näher – am nächsten
　　　　　　gut – besser – am besten

Gewisse Adjektive lassen sich nicht steigern, weil ihre Bedeutung dies nicht zulässt.
Beispiele: maximal, erstklassig, quadratisch, tot, solothurnisch

AUFGABE 2

Vervollständigen Sie die folgende Tabelle, indem Sie die fehlenden Formen der Adjektive aus dem Text eintragen. Tragen Sie bei Adjektiven, die man nicht steigern kann, einen Strich ein.

Positiv	Komparativ	Superlativ
kaufkräftig		
hoch		
stolz		
tief		
gut		
		am jüngsten
führend		
weltweit		
		am neusten
teuer		
divers		
bestimmt		
global		
gleich		
erhältlich		
aussagekräftig		
alltäglich		
handelsüblich		
		am kürzesten
durchschnittlich		
halb		
	länger	
ganz		

Steigerung des Adjektivs, Vergleiche

AUFGABE 3

Mit oder ohne Umlaut?
Tragen Sie den Komparativ der folgenden Adjektive in die richtige Rubrik ein.

arm – stolz – hohl – mager – warm – krank – schlau – dumm – flach – brav – dunkel – klug – genau – alt – faul – zahm – kalt – sauber – zart – froh

Mit Umlaut	Ohne Umlaut

AUFGABE 4

Partnerarbeiten zum Wortschatz

a) Die Adjektive *gross, sicher, lang, hart* und *hoch* lassen sich auch durch eine bildhafte Verstärkung «steigern».

Beispiel: gross *riesengross*

sicher _____ hart _____

lang _____ hoch _____

b) Bilden Sie auch mit den unten stehenden Adjektiven bildhafte Verstärkungen.

kalt _____ still _____

schnell _____ stark _____

gerade _____ gesund _____

bleich _____ weiss _____

rund _____ leicht _____

schwarz _____ arm _____

klar _____ reich _____

süss _____ schlank _____

c) Finden Sie Verbindungen mit einem verstärkenden Adjektiv oder mit einem Vergleich anstelle der verstärkenden Partikel «sehr»:

Beispiele

sehr kalt	*bitterkalt, klirrend kalt*
sehr schnell	*schnell wie ein Wiesel*
sehr stur	
sehr heiss	
sehr hungrig	
sehr ängstlich	
sehr schwarz	
sehr stolz	

d) Ersetzen Sie die umgangssprachlichen Verstärker «mega», «total», «voll», «geil», «krass» und «cool» durch Adjektive und Partikeln, die eine präzisere Aussage enthalten und standardsprachlich korrekt sind (vgl. dazu auch das Kapitel «Formelle und informelle Sprache», Seite 39).

Die Party bei Mia war voll geil.	Die Party war _____
Das Essen war auch megageil.	Das Essen war _____
Dein neues T-Shirt ist voll krass.	Dein T-Shirt ist _____
Meine Chefin ist total cool.	Meine Chefin ist _____
Die Ferien in Italien waren krass.	Die Ferien waren _____
Der Film war megacool.	Der Film war _____

THEORIE

Spezialfälle (2)

Wenn der Komparativ ohne einen Bezugspunkt verwendet wird (z. B. «jünger als X»), drückt er oft einen geringeren Grad als der Positiv aus.
Beispiel: Eine grössere Summe ist kleiner als eine grosse Summe.

Spezialfälle (3)

Zusammengesetzte Adjektive werden nur an einer Stelle gesteigert: Ist der ursprüngliche Sinn der Zusammensetzung erhalten, steigert man das erste Adjektiv, sonst das zweite.
Beispiele: das nächstgelegene Restaurant, die naheliegendste Lösung

AUFGABE 5

a) Kreuzen Sie das Richtige an:

Wer ist älter?
☐ ein alter Herr
☐ ein älterer Herr

Wem geht es besser?
☐ Anna geht es jetzt besser.
☐ Lea geht es gut.

Was kostete mehr?
☐ grössere Ausgaben
☐ grosse Ausgaben

b) Verbessern Sie:

die höchstmöglichste Offerte	die *höchstmögliche Offerte*
der schwerstwiegendste Grund	der _____ Grund
der längstgehegteste Wunsch	der _____ Wunsch
die höchstzulässigste Geschwindigkeit	die _____ Geschwindigkeit
der meistgefragteste Artikel	der _____ Artikel
aus bestunterrichtetsten Kreisen	aus _____ Kreisen
die bestmöglichste Antwort	die _____ Antwort
die meistversprechendste Kandidatin	die _____ Kandidatin
die höchstempfindlichste Faser	die _____ Faser
der weitestgehendste Antrag	der _____ Antrag
die meistgelesenste Zeitschrift	die _____ Zeitschrift

AUFGABE 6

Lesen Sie die Regeln für die Verwendung der Vergleichspartikeln «als» und «wie» und setzen Sie dann im Text auf der nächsten Seite die richtigen Vergleichsformen und Partikeln ein.

> **THEORIE**
>
> **Vergleichspartikeln**
>
> Beim Vergleich verwendet man «wie» im Positiv, «als» im Komparativ.
> *Beispiele:* Simon erschien ebenso spät *wie* Lena, aber nicht so spät *wie* Peter.
> Dieser tauchte noch später auf *als* seine Kollegen.

Wir leben auf viel zu grossem Fuss

Der «Living Planet Report» der Umweltstiftung WWF zeichnet ein düsteres Bild vom Zustand unseres Planeten. Der globale Raubbau an der Erde wird immer (dramatisch) _____. Ressourcen werden deutlich (schnell) _____ verbraucht _____ noch vor (wenig) _____ Jahren. Die Menschheit lebt im Gegensatz zu (vergangen) _____ Zeiten drastisch über ihre Verhältnisse: Wir konsumieren immer (hemmungslos) _____ , werfen (viel) _____ weg _____ (früh) _____ und wollen immer (mobil) _____ sein.

Der WWF fordert deshalb, dass weltweit (nachhaltig) _____ mit den natürlichen Ressourcen umgegangen wird _____ bisher. Sonst benötigen wir laut der Umweltorganisation bis zum Jahr 2035 theoretisch die Ressourcen von zwei Erden. Die ökologische Krise werde uns um ein Vielfaches (hart) _____ treffen _____ die (aktuell) _____ Finanzkrise. Sie werde (früh) _____ oder (spät) _____ das Wohlergehen und die Entwicklung aller Nationen gefährden.

Das Szenario des WWF stützt sich auf den sogenannten «ökologischen Fussabdruck». Damit lässt sich der Ressourcenverbrauch der Bevölkerung eines Landes bemessen. Er umfasst die gesamte biologisch produktive Fläche, die benötigt wird, um alle Lebensmittel herzustellen, die Energieversorgung zu gewährleisten und die nötige Infrastruktur zu errichten. Je (gross) _____ der Abdruck, desto (stark) _____ ist die Umwelt belastet.

Den (beträchtlich) _____ ökologischen Fussabdruck weisen die Vereinigten Arabischen Emirate auf, dicht gefolgt von den USA auf Platz zwei. Beinahe zehn Hektar Fläche benötigt ein Bewohner der Emirate und der USA für seine Existenz. Das ist fünf Mal (viel) _____, _____ im globalen Schnitt pro Erdbewohner verfügbar ist. Den (gross) _____ Fussabdruck pro Kopf der Bevölkerung haben die USA und China.

Der ökologische Fussabdruck der Schweiz misst derzeit 4,7 Hektaren pro Person. Seit den 60er-Jahren hat sich unser Fussabdruck mehr als verdoppelt. Hauptverantwortlich ist unser Energieverbrauch: Er trägt zu zwei Dritteln zum ökologischen Abdruck bei und ist damit weit (bedeutend) _____ _____ alle anderen Bereiche.

Ziel erreicht — Das kann ich jetzt!

Überprüfen Sie das Gelernte. Beurteilen Sie die folgenden Aussagen, ohne vorne nachzuschlagen.

	trifft zu	trifft nicht zu
1 Von allen Adjektiven kann man Vergleichsformen bilden.		
2 Die Höchststufe (den Superlativ) mit «am» schreibt man klein, weil er eine Adjektivform ist (Beispiel: am schnellsten).		
3 Diese Vergleichsform ist korrekt: «Harry Potter» ist das meistgelesene Jugendbuch.		
4 Die Adjektive «unlösbar» und «riesengross» kann man aus inhaltlichen Gründen nicht steigern.		
5 «Wir stiegen im erstklassigsten Hotel ab»: Diese Steigerung ist möglich.		
6 «rund – ründer – am ründesten» ist keine korrekte Steigerung.		
7 «Tropfnass» ist eine bildhafte Steigerung.		
8 «Mein Freund ist älter wie ich» ist kein korrekter Vergleichssatz.		
9 Adjektive, die geografische Orte bezeichnen, lassen sich nicht steigern.		
10 Die folgenden Adjektive nehmen bei der Steigerung einen Umlaut an: brav, gross, kalt, nahe, schlau.		
11 «Sabine war länger krank als wie du» ist ein korrekter Vergleichssatz.		
12 Die Vergleichspartikel «wie» verwendet man im Positiv (in der Grundstufe), «als» im Komparativ (Vergleichsstufe).		

Schlagen Sie im Lösungsteil nach und vergleichen Sie.

Umfrage (Befragung)

Lernziele

Ich …
… kann Informationen aus verschiedenen Quellen zusammenführen
… kann eine Umfrage planen, durchführen und die Ergebnisse auswerten

Aufwärmen Was weiss ich schon?

Überprüfen Sie Ihre Vorkenntnisse zur Umfrage: Welche der folgenden Aussagen treffen zu, welche nicht?

	trifft zu	trifft nicht zu	weiss nicht
1 Mit einer Umfrage können Ansichten und Verhaltensweisen (usw.) verschiedener Leute erfasst werden.	☐	☐	☐
2 Umfragen werden häufig vor Abstimmungen durchgeführt.	☐	☐	☐
3 Bei der Umfrage werden möglichst viele Fragen gestellt.	☐	☐	☐
4 Umfragen erfolgen mündlich.	☐	☐	☐
5 Damit die Ergebnisse aussagekräftig sind, muss man mindestens 1000 Personen befragen.	☐	☐	☐
6 Die Ergebnisse der Umfrage werden oft in der Form von Grafiken präsentiert.	☐	☐	☐

Schlagen Sie im Lösungsteil nach und vergleichen Sie.

Trainingsphase — Grundlagen erarbeiten, Aufgaben lösen

AUFGABE 1

Lesen Sie das folgende Beispiel einer Umfrage genau durch. Beantworten Sie anschliessend die Fragen zu Form und Inhalt.

Umfrage: Kaufverhalten von Jugendlichen

Worauf achten Jugendliche, wenn sie Lebensmittel einkaufen?
Der schweizerische Nahrungsmittelmarkt war früher sehr inländisch geprägt. Durch die zunehmende Globalisierung haben sich das Angebot und die Gewohnheiten stark verändert. Mit dieser Befragung wollen wir herausfinden, welche Anforderungen Lernende an ihre Nahrungsmittel stellen. Wir bitten dich daher, den Fragebogen auszufüllen. In einer Woche sammeln wir die Fragebogen wieder ein.
Die Ergebnisse findest du spätestens in einem Monat am Anschlagbrett vor dem Schulsekretariat.
Bitte kreuze jeweils alle zutreffenden Antworten an.

1. **Was isst du üblicherweise am Mittag?**
   ☐ Menü mit Fleisch
   ☐ Sandwich
   ☐ anderes, nämlich _____

2. **Was trinkst du zum Mittagessen?**
   ☐ Süssgetränk
   ☐ Mineralwasser
   ☐ Kaffee oder Tee
   ☐ anderes, nämlich _____

3. **Woher stammt das Getränk, das du am häufigsten trinkst?**
   ☐ aus der Schweiz
   ☐ aus Europa
   ☐ weiss nicht
   ☐ anderes, nämlich _____

4. **Achtest du auf eine gesunde Ernährung?**
   ☐ ja, immer
   ☐ teilweise
   ☐ eher selten
   ☐ nein

5. **Welche Kriterien sind dir wichtig beim Kauf von Lebensmitteln?**
   ☐ Preis
   ☐ im Inland hergestellt
   ☐ ernährungsbezogene Überlegungen (gesund, Kalorien, Kohlenhydrate, vegetarisch usw.)
   ☐ Bioprodukte
   ☐ grosse Auswahl
   ☐ anderes, nämlich: _____

Umfrage (Befragung)

6. **Sollte man beim Einkaufen generell Schweizer Produkte vorziehen?**
   ☐ ja, immer
   ☐ ja, wenn sie nicht zu teuer sind
   ☐ nur bei den Nahrungsmitteln
   ☐ nein
   ☐ weiss nicht

7. **Warum sollte man deiner Meinung nach die einheimische Nahrungsmittelproduktion unterstützen?**
   ☐ Es gibt sonst immer weniger Bauernbetriebe.
   ☐ Man schützt die Umwelt: Es braucht weniger lange Transportwege.
   ☐ Man sichert Arbeitsplätze im Handel.
   ☐ Man sollte sie nicht speziell unterstützen.
   ☐ anderes: _____

8. **Welche Schweizer Nahrungsmittel schmecken eindeutig besser als die Konkurrenzprodukte aus dem Ausland?**

   _____
   _____

9. **Welche Nahrungsmittel aus dem Ausland schmecken eindeutig besser als die Konkurrenzprodukte aus der Schweiz?**

   _____
   _____

10. **Freiwillige Angaben**

Name: _____
Geschlecht: ☐ w ☐ m
Jahrgang: _____
Klasse: _____

Vielen Dank fürs Ausfüllen des Fragebogens!   Sven und Dominik DRO2b

Fragen zur obigen Umfrage

1. Notieren Sie, worüber am Anfang der Umfrage informiert wird:

   _____
   _____

2. Wie viele Fragen werden gestellt?

   _____

3. Welche Arten von Fragen werden verwendet? (Schlagen Sie im Kapitel «Interview» Seite 152 nach, wenn Sie die unterschiedlichen Fragearten nicht kennen.)

   _____

4. Erklären Sie, worin sich die Nummern 8 und 9 von den anderen Fragen unterscheiden.

5. a) Nach welchen Angaben wird in Punkt 10 gefragt?

   b) Weshalb müssen diese Angaben wohl nicht zwingend ausgefüllt werden?

6. a) Überlegen Sie sich, wie Sie beim Auswerten die Antworten zu den Fragen 1 bis 7 vorgehen würden. Notieren Sie hier die einzelnen Schritte in Stichworten:

   b) Überlegen Sie sich, wie Sie die Antworten zu den Fragen 8 und 9 auswerten würden, um möglichst übersichtliche Ergebnisse zu erhalten. Notieren Sie hier die einzelnen Schritte in Stichworten:

7. Stellen Sie die Ergebnisse zu Frage 6 («Sollte man beim Einkaufen generell Schweizer Produkte ...») auf einem separaten Blatt in einer Skizze grafisch dar. Überlegen Sie zunächst, welche Formen des Diagramms sich dazu am besten eignen! (Schlagen Sie, wenn nötig, im Kapitel «Grafik» Seite 95 nach.)

   Ergebnisse:
ja, immer	5
ja, wenn nicht zu teuer	11
nur bei Nahrungsmitteln	9
nein	29
weiss nicht	10

8. Was möchten Personen, die sich an einer Umfrage beteiligen, wohl zu Beginn gerne erfahren?

9. Wie werden die Anredepronomen geschrieben, wenn man mit den Befragten per Du ist?

THEORIE

Merkmale der Umfrage

Was will ich mit einer Umfrage erreichen? Was muss ich beachten?

– Ich will herausfinden, wie sich verschiedene Leute verhalten oder wie sie zu einem Thema eingestellt sind.
– Damit sich die Antworten gut zählen und auswerten lassen, erarbeite ich gezielte Fragen und Auswahlantworten.
– Um das Interesse zu wecken, informiere ich auf motivierende Art über die Hintergründe der Umfrage.
– Ich stelle einfache, möglichst kurze Fragen, damit das Beantworten leichtfällt. Schwierigere Fragen folgen, falls nötig, erst gegen den Schluss.
– Ich passe meinen Fragestil der Zielgruppe an (Schwierigkeit, Fachbegriffe usw.).
– Ich formuliere meine Fragen so, dass die angesprochene Person nicht beeinflusst wird.
– Damit das Ergebnis der Umfrage eine gewisse Aussagekraft erhält, befrage ich genügend Personen. Je nach Thema muss ich evtl. verschiedene Berufs- oder Altersgruppen oder Bevölkerungsschichten usw. berücksichtigen.

Was erwarte ich von einer Umfrage?

Als Teilnehmerin / Teilnehmer einer Umfrage erwarte ich
– einen übersichtlich gestalteten Fragebogen.
– eindeutige Fragen und eine abwechslungsreiche Fragestellung.
– ein Begleitschreiben, falls die Umfrage schriftlich durchgeführt wird.

Als Leserin / Leser der ausgewerteten Umfrage erwarte ich
– Angaben zur befragten Personengruppe (Alter, Geschlecht, Beruf) und zur Anzahl der Befragten.
– klare Ergebnisse (absolute Zahlen, verdeutlicht durch grafische Darstellungen).
– eine kommentierte Auswertung.

AUFGABE 2

Eine Befragung vorbereiten (Partnerarbeit)
Mit den Fragen auf dieser und der nächsten Seite möchten Sie herausfinden, wie sich Jugendliche im Umgang mit Energie und Umwelt verhalten.

a) Der Fragebogen mit zehn Fragen besteht schon. Jedoch fehlen noch die Antworten zum Ankreuzen. Ordnen Sie den Fragen 1 bis 8 passende Wahlantworten zu. Im Kasten finden Sie Beispiele.

b) Ergänzen Sie den Punkt 9 mit eigenen sinnvollen Wahlantworten.

> **Beispiele für Wahlantworten**
> - ja/nein/manchmal/weiss nicht
> - sehr häufig/häufig/manchmal/nie
> - immer/oft/selten/nie
> - 3× pro Monat/2× pro Monat/1× pro Monat/2–3× pro Jahr
> - mehr als Fr. 300.–/mehr als Fr. 200.–/mehr als Fr. 100.–/weniger als Fr. 100.–
> - aus dem Inland/aus dem Ausland/weiss nicht, interessiert mich nicht/interessante Frage, aber weiss nicht
> - im Shoppingcenter/beim Grossverteiler/in einer Boutique/anderswo
> - auf den Preis/auf die Qualität/auf die Bedienung/auf das grosse Angebot/auf eine bestimmte Marke/auf den Standort/auf anderes, nämlich:

1. Wie häufig kaufst du Kleider (inkl. Schuhe)?

   ☐ _____   ☐ _____

   ☐ _____   ☐ _____

2. Wo kaufst du deine Kleider hauptsächlich ein?

   ☐ _____   ☐ _____

   ☐ _____   ☐ _____

3. Worauf achtest du in erster Linie bei Kleidern, die du kaufst?

   ☐ _____   ☐ _____

   ☐ _____   ☐ _____

4. Kaufst du sämtliche Kleider im selben Geschäft ein?

   ☐ _____   ☐ _____

   ☐ _____   ☐ _____

5. Wie hoch sind deine monatlichen Ausgaben für Kleider im Durchschnitt?

☐ _____ ☐ _____

☐ _____ ☐ _____

6. Wie oft achtest du bei deinen Kleidereinkäufen auf Aktionen?

☐ _____ ☐ _____

☐ _____ ☐ _____

7. Achtest du beim Einkaufen auf Markenprodukte?

☐ _____ ☐ _____

☐ _____ ☐ _____

8. Aus welchen Ländern stammen die meisten Kleider, die du kaufst?

☐ _____ ☐ _____

☐ _____ ☐ _____

9. Was stört dich beim Kleidereinkauf manchmal?

☐ _____ ☐ _____

☐ _____ ☐ _____

AUFGABE 3

Fragetechnik
Lesen Sie die unten stehenden Fragen und die Auswahlantworten dazu. Lösen Sie dann den Auftrag.

a) Wie häufig achten Sie beim Essen auf die Schweizer Herkunft der Lebensmittel?
☐ selten (höchstens einmal pro Woche)
☐ nie
☐ gelegentlich
☐ oft (mindestens dreimal pro Woche)

b) Wie häufig schauen Sie beim Essen auf biologischen Anbau der Produkte?
☐ täglich
☐ selten
☐ nie

Vergleichen Sie die Wahlantworten in a) mit jenen in b):

1. Welche Reihenfolge der Wahlantworten ist logischer?

   _____

2. Wo erhält man genauere Antworten?

   _____

3. Wo muss sich die befragte Person deutlicher zwischen häufigem und seltenem Genuss von Schweizer (bzw. biologisch angebauten) Lebensmitteln entscheiden?

   _____

Notieren Sie Ihre Feststellungen auf den folgenden Zeilen. Begründen Sie Ihre Antworten in ganzen Sätzen.

_____
_____
_____
_____
_____
_____
_____

AUFGABE 4

Kernaussagen formulieren

Die folgenden Diagramme beziehen sich auf die Fragen 2, 4 und 7 aus der Umfrage in Aufgabe 1. Notieren Sie dazu jeweils die Diagrammart und die Kernaussage in zwei bis drei Sätzen.

Diagramm 1: Getränke zum Mittagessen

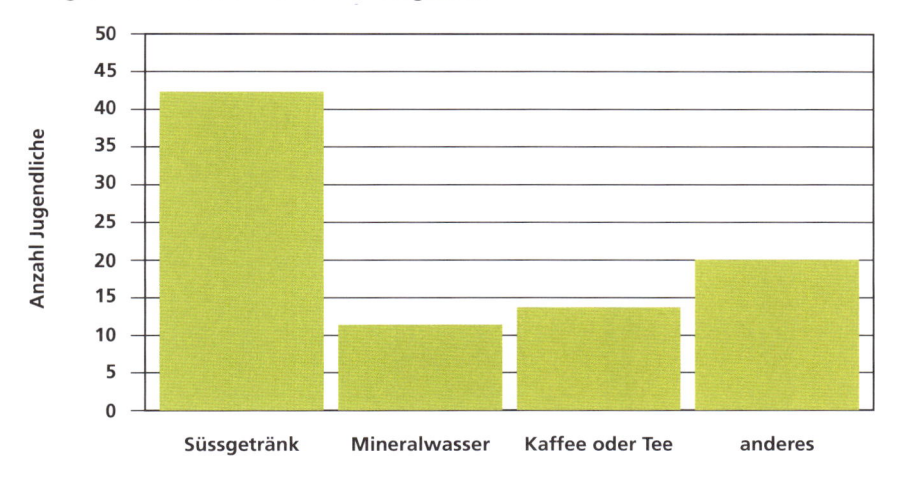

Diagrammart: _____

Kernaussage: _____

_____

_____

_____

Diagramm 2: Auf gesunde Ernährung achten

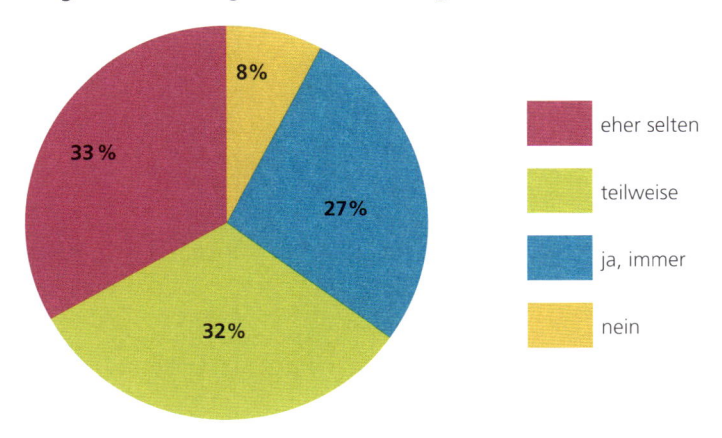

Diagrammart: _____

Kernaussage: _____

_____

_____

_____

Diagramm 3: Unterstützung inländischer Nahrungsmittel

- Bauernbetriebe (17 %)
- Umweltschutz (34 %)
- Arbeitsplätze sichern (41 %)
- kein spezieller Schutz (6 %)
- anderes (2 %)

Diagrammart: _____

Kernaussage: _____

_____

_____

_____

AUFGABE 5

Antworten auswerten (Partnerarbeit)
Zeit: 40 Minuten. Lesen Sie zuerst die ganze Aufgabe 5, bevor Sie mit der Arbeit beginnen.

a) Sie haben 70 Personen zum Thema «Kaufverhalten von Jugendlichen» befragt. Zur Frage 5 («Welche Kriterien sind dir wichtig beim Kauf von Lebensmitteln?») haben Sie die folgenden Antworten erhalten:

21 × Preis
13 × im Inland hergestellt
22 × ernährungsbezogene Überlegungen
 5 × Bioprodukte
10 × grosse Auswahl
 1 × anderes: «alles an einem Ort»

Wie können Sie die Angaben auswerten? Notieren Sie hier zwei bis drei Möglichkeiten, wie diese Antworten ausgewertet werden können.

_____

_____

_____

_____

b) Zur Frage 8 («Welche Schweizer Nahrungsmittel schmecken eindeutig besser als die Konkurrenzprodukte aus dem Ausland?») haben
14 Personen keine Angaben gemacht,
36 Personen Produkte notiert,
die übrigen haben mit «nichts» geantwortet oder nichts hingeschrieben.

Erwähnte Produkte:

Getränke: 3×; Käse: 5×; Süssigkeiten: 2×; andere Milchprodukte: 5×; Backwaren: 7×; Gemüse: 2×; Früchte: 1×; alkoholische Getränke: 8×; Gefrierprodukte: 1×; Fleischwaren: 2×

Wie werten Sie diese Antworten aus? Entwickeln Sie ein mögliches Vorgehen und präsentieren Sie dann die gewählten Vorgehensschritte und Ihre Ergebnisse der Klasse.

c) Welche Schlüsse ziehen Sie aus dieser Aufgabe betreffend Auswertung von Fragen mit Auswahlantworten und Fragen mit offener Antwortmöglichkeit?

_____

_____

_____

_____

AUFGABE 6

Gruppenarbeit

Sie planen eine mündliche Umfrage, führen diese durch und werten sie aus. Verwenden Sie dazu nach Möglichkeit den Computer.

a) Wählen Sie eines der folgenden Themen:
   - Sie befragen Jugendliche zum Thema «Schweiz in Europa».
   - Sie befragen Jugendliche zur Hochpreisinsel Schweiz.
   - Sie befragen Jugendliche zu ihren Kenntnissen über die Wirtschaftssektoren.
   - Sie befragen Erwachsene über den Inhalt eines bilateralen Abkommens.
   - Sie befragen Erwachsene zu den wirtschaftlichen Verflechtungen der Schweiz mit dem Ausland.

b) Erstellen Sie zum gewählten Thema einen Fragebogen mit fünf bis acht Fragen. Die Antworten auf diese Fragen müssen quantifizierbar sein, d.h., sie müssen ausgezählt werden können. Wählen Sie in der Klasse eine Gruppe von Testpersonen, die überprüfen, ob sie die Fragen verstehen und leicht beantworten können.

c) Führen Sie die Umfrage durch. Beachten Sie, dass Sie sich jeweils vorstellen und Thema und Anlass nennen, wenn Sie Personen auf der Strasse ansprechen, die Ihnen unbekannt sind. Bei Umfragen auf Privatgrundstücken (z.B. Einkaufszentrum, Restaurant, auch SBB-Bahnhof) ist es notwendig, dass Sie eine Bewilligung einholen.

d) Werten Sie die Ergebnisse zu jeder Frage aus, indem Sie ein Diagramm oder eine Tabelle erstellen. Halten Sie die wichtigsten Resultate in einigen Sätzen fest.

e) Nun kommentieren Sie die gewonnenen Erkenntnisse: Was hatten Sie ursprünglich erwartet? Welche Ergebnisse bestätigen diese Erwartungen, welche sind überraschend (usw.)? Welche Zusammenhänge zwischen den Antworten und den persönlichen Daten der Befragten (Alter, Geschlecht usw.) lassen sich aufzeigen?

f) Fassen Sie in einem Schlusswort die wichtigsten Erkenntnisse in drei bis fünf Sätzen zusammen.

g) Präsentieren Sie die Ergebnisse der Klasse.

Ziel erreicht Das kann ich jetzt!

Überprüfen Sie das Gelernte. Beurteilen Sie die folgenden Aussagen, ohne vorne nachzuschlagen.

	trifft zu	trifft nicht zu
1 Um ein aussagekräftiges Resultat zu erzielen, sollten für die Umfrage genügend Personen befragt werden.	☐	☐
2 Die befragten Personen dürfen durch die Fragestellung etwas beeinflusst werden, aber nicht stark.	☐	☐
3 Für eine Umfrage können offene W-Fragen und Entscheidungsfragen verwendet werden.	☐	☐
4 W-Fragen mit offener Antwortmöglichkeit sind am einfachsten auszuwerten.	☐	☐
5 Der einleitende Text soll das Interesse am Thema wecken und zum Ausfüllen des Fragebogens motivieren.	☐	☐
6 Gleich zu Beginn werden die schwierigsten Fragen gestellt.	☐	☐
7 Eine Befragung kann in mündlicher oder schriftlicher Form durchgeführt werden.	☐	☐
8 Wird eine Umfrage schriftlich durchgeführt, muss ein Begleitschreiben beigelegt werden.	☐	☐
9 Die Umfrage soll abwechslungsreich sein und verschiedene Fragearten enthalten.	☐	☐
10 Eine gute Umfrage enthält möglichst kurze und einfache Fragen, die dem Zielpublikum angepasst sind.	☐	☐
11 Die Ergebnisse werden für jede Frage in einer Grafik ausgewertet.	☐	☐
12 Angaben zum Alter der befragten Personen sind bei einer Umfrage zwingend.	☐	☐

Schlagen Sie im Lösungsteil nach und vergleichen Sie.

Gesprochene und geschriebene Sprache

Lernziele

Ich …
- … kenne wichtige Unterschiede zwischen gesprochener und geschriebener Sprache (Wortwahl, Satzstellung)
- … kann Nebensätze richtig aufbauen
- … kann typisch mundartliche Konstruktionen in Standardsprache übertragen

Aufwärmen — Was weiss ich schon?

Überprüfen Sie Ihre Vorkenntnisse zur gesprochenen und geschriebenen Sprache. Welche Aussagen treffen zu, welche nicht?

	trifft zu	trifft nicht zu	weiss nicht

1. «Ich glaube, dass, wenn ich einheimische Produkte kaufe, wird das Klima weniger belastet.» In einem geschriebenen Text ist diese Satzstellung einwandfrei.

2. «Diese Informationen haben wir vom Lieferanten von uns.» Diese Aussage ist sprechsprachlich formuliert. In einem Brief würde man schreiben: «von unserem Lieferanten».

3. Viele Nebensätze erkennt man daran, dass die Personalform des Verbs (das konjugierte Verb) an letzter Stelle steht.

4. «Bitte teilen Sie mir mit, wo dass ich dieses Produkt bestellen kann.» Diese Bitte in einer E-Mail-Anfrage ist sprachlich korrekt.

5. «Sie ist unzufrieden, weil sie hat in dem Laden kein einheimisches Gemüse gefunden.» Diese Satzstellung entspricht vollkommen den Regeln für geschriebene Sprache.

6. «Wissen Sie, für was das ‹Cassis-de-Dijon-Prinzip› steht?» Dieser Satz ist in einem geschriebenen Text stilistisch nicht ganz einwandfrei.

Schlagen Sie im Lösungsteil nach und vergleichen Sie.

Trainingsphase Grundlagen erarbeiten, Aufgaben lösen

AUFGABE 1

a) Lesen Sie die unten stehenden Sätze und verbinden Sie diese mithilfe der Konjunktionen-Auswahl im Kasten. Verwenden Sie jede Konjunktion nur einmal. Beachten Sie, dass beim Zusammenfügen der Sätze ein Wort wegfallen kann. Schreiben Sie die neuen Sätze auf die leeren Zeilen.

Beispiel:
Der Verkauf ist eingebrochen. Ich habe es gelesen.
Ich habe gelesen, dass der Verkauf eingebrochen ist.

FORMULIERUNGSHILFEN

Konjunktionen

da	weil	dass	damit	ob	als
während	wenn	obschon	obgleich	obwohl	bevor

1. Die Schweizer Hersteller von Biskuits haben ein schwieriges Jahr hinter sich. In diesem Zeitungsartikel steht das.

2. Die Exporte in den EU-Raum sind insgesamt eingebrochen. Nach England konnte mehr verkauft werden als in früheren Jahren.

3. Die Verkäufe im Inland sind zurückgegangen. Es ist beunruhigend.

4. Vielleicht ist die Importware im Vormarsch. Weisst du es?

5. Der Umsatz von importierten Backwaren ist gestiegen. Der Pro-Kopf-Konsum im Inland hat abgenommen.

6. Der Absatz soll wieder steigen. Es sind grosse Anstrengungen nötig.

b) Markieren Sie nun alle Personalformen in den ursprünglichen Sätzen rot. Schlagen Sie die Merkmale der Wortarten nach (Seite 19), wenn Sie nicht mehr wissen, woran man die Personalform erkennt.

c) Markieren Sie mit grüner Farbe die Personalformen in Ihren neuen Sätzen, die mit den Konjunktionen aus dem Kasten (da, weil, dass ...) beginnen.

d) Vergleichen Sie die Stellung der Verbformen von Aufgabe b) mit der Stellung der Verben in Aufgabe c). Welchen Unterschied stellen Sie fest? Erklären Sie:

_____

AUFGABE 2

Partnerarbeit

Im folgenden Text fehlen die Signalwörter (Pronomen und Partikeln), die jeweils die Nebensätze einleiten. Setzen Sie diese ein. Beachten Sie dabei folgende Punkte:
- Gelegentlich sind zwei Wörter einzusetzen.
- Es muss sowohl «das» als auch «dass» eingesetzt werden. Verwechseln Sie die beiden Wörter nicht! (Schlagen Sie im Kapitel «Verwandtschaft der Wörter» Seite 195 nach, wenn Sie nicht sicher sind, wie man «das» und «dass» unterscheidet.)

Von Speisen und ihren Namen

Die Namen vieler beliebter Speisen stammen aus fremden Sprachen. _____ wir die Wörter ins Deutsche übersetzen, stellen wir oft fest, _____ der Name nicht zutrifft. Zum Beispiel bedeutet «Biskuit», _____ aus dem Französischen zu uns gekommen ist, eigentlich «doppelt gebacken». Dies entspricht dem Verfahren, _____ zum «Zwieback» führt. Wir wissen aber, _____ Biskuit und Zwieback nicht dasselbe sind.

Unser Kuchen wiederum entspricht wörtlich dem englischen «cake», _____ Mehrzahlform «cakes» das Wort «Keks» entstanden ist. _____ wir mehrere Plätzchen (schweizerisch: Guetzli, Güetsi) meinen, sagen wir «Kekse» und verwandeln damit den ursprünglichen Plural eigentlich in einen doppelten.

Der Ursprung unserer «Torte» führt ganz weit zurück: Das lateinische Wort «tortum» stand für ein gewundenes Brot, _____ wir heute unter der Bezeichnung «Zopf» kennen.

Spaghetti, _____ aus dem Italienischen stammen, sind eigentlich kleine oder dünne «spaghi». _____ das Wort «spago» für eine Schnur steht, könnte man dieses Pastagericht also mit «Bindfäden» übersetzen. «Lasagne» geht auf das lateinische «lasanum» zurück, _____ ein Topf bezeichnet wurde. Somit bezieht sich der Begriff weniger auf die breiten Nudeln als auf das, _____ man in einem Topf zusammen kocht. Ein derartiges Gericht nennen wir «Eintopf». Auch _____ wir von «Paella» sprechen, ist eigentlich ein Eintopf gemeint: Das spanische Wort steht nämlich für eine Pfanne, _____ sich allerlei vereint befindet.

(Fortsetzung auf der nächsten Seite.)

«Koteletts» aus dem Französischen sind Rippchen, doch verstehen wir unter «Rippchen» gepökelte und gekochte Schweinestücke, _____ sie nur ungepökelt und gebraten die Bezeichnung «Koteletts» erhalten.

Nicht ganz so deutsch, _____ es klingt, ist das «Eisbein» (in der Schweiz «Wädli»). «Bein» ist zwar deutsch, aber nicht das «Eis», _____ in diesem Zusammenhang vom griechischen «ischion» abstammt. Das ist die Hüfte, _____ alle wissen, _____ unter Ischias leiden.

AUFGABE 3

Gesprochen und geschrieben (1)
Wenn wir sprechen, beachten wir die Regel, dass in den Nebensätzen die Personalform am Schluss stehen soll, nicht immer. In geschriebenen Texten sollten wir diese Regel aber einhalten. Lesen Sie dazu das Beispiel und schreiben Sie dann die Nebensätze neu.

1. Ich weiss, Parallelimporte sind verboten.

   ..., dass Parallelimporte verboten sind.

2. Das bedeutet, man darf keine Waren an den offiziellen Vertriebskanälen vorbei importieren.

   ..., dass

3. Die Folge ist, diese Produkte werden zu fixen Preisen verkauft.

   ..., dass

4. Und diese Preise sind hoch, weil der freie Markt spielt nicht.

   ..., weil

5. Das belastet unser Portemonnaie, weil darum sind zum Beispiel Medikamente so teuer.

6. Viele finden, das ist ungerecht.

7. Denkst du auch, das sollte man ändern?

8. Das ist schwierig, weil Pharmaindustrie und chemische Industrie haben ein Interesse am Verbot von Parallelimporten.

9. Das heisst wohl, die Schweiz wird noch lange eine Hochpreisinsel bleiben.

AUFGABE 4

Gesprochen und geschrieben (2)
Wenn wir sprechen, fügen wir manchmal ein überflüssiges «dass» nach «wer», «wie» oder «wo» usw. ein. In der Standardsprache ist dieses «dass» wegzulassen.
Beispiel: Weisst du, wo dass er einkauft? Ja, ich weiss, wo er einkauft.

Fügen Sie die folgenden Sätze richtig zusammen!

1. Was hat sie im Biohofladen gekauft? – Sie hat es mir erzählt.

   Sie hat mir erzählt, was _____

2. Wie gelingt dieses vegetarische Menü sicher? – Kannst du es mir verraten?

   Kannst _____

3. Woher stammen diese Tomaten? – Das wüssten wir alle gern.

   _____

4. Warum belastet die Fleischproduktion das Klima? – Kann mir das jemand erklären?

   _____

AUFGABE 5

Gesprochen und geschrieben (3)
Wenn wir sprechen, setzen wir gelegentlich zwei Konjunktionen, die einen Nebensatz einleiten, nacheinander. In geschriebenen Texten jedoch sollte auf die einleitende Konjunktion stets der dazugehörende Nebensatz folgen. Lesen Sie das Beispiel und beenden Sie die weiteren Sätze.

1. Ich weiss, dass, wenn ich das konsumiere, es schlecht für die Umwelt ist.

   Ich weiss, dass es schlecht für die Umwelt ist, wenn ich das konsumiere.

2. Es ist sinnvoll, dass, weil sie die Umwelt weniger belasten, wir Lebensmittel aus einheimischer Produktion bevorzugen.

   ..., dass ... _____

3. Ich will die Spargeln aus den USA nicht, weil, wenn sie so weit herkommen, sie das Klima belasten.

   ..., weil ... _____

4. Aber kann ich sicher sein, dass, wenn ich Biorüebli aus Italien kaufe, es ökologisch korrekt ist?

   ..., dass ... _____

5. Ich schlage vor, dass, weil der Gemüseanbau umweltfreundlicher ist als die Fleischproduktion, wir nur noch vegetarisch essen.

   ..., dass ... _____

6. Wir können das Klima schonen, wenn, weil die Ernährung rund 20 Prozent zur Klimaerwärmung beiträgt, wir beim Lebensmittelkauf mehr überlegen.

   ..., wenn ...

7. Es ist klar, dass, wenn wir weniger Fleisch auftischen, es dem Klima nützt.

   ..., dass ...

AUFGABE 6

Gesprochen und geschrieben (4)

Die Mundart kennt den Genitiv nicht; Gegenstände und Personen werden mit der Präposition «von» zugeordnet.

Beispiel
«der Teller vom Vater» kann darum zweierlei bedeuten:
– der Teller, den ich vom Vater geschenkt bekommen habe
– der Teller, der dem Vater gehört / der Teller des Vaters

In der Standardsprache ist für die Zuordnung jeweils der Genitiv («des Vaters») zu verwenden. Üben Sie das an den folgenden Beispielen.

1. Verstehst du den Kern vom Cassis-de-Dijon-Prinzip?

   Verstehst du den Kern

2. Dieses Prinzip ist ein Pfeiler vom freien Warenverkehr innerhalb von der Europäischen Union.

   Dieses Prinzip ist ein Pfeiler _____ innerhalb _____ Europäischen Union.

3. Am Ursprung vom Prinzip steht ein Streit um den Import vom französischen Likör «Cassis de Dijon».

   Am Ursprung _____ steht ein Streit um den Import _____ «Cassis de Dijon».

4. Das Urteil vom Europäischen Gerichtshof beendete den Streit.

   Das Urteil _____ beendete den Streit.

5. Nun dürfen Waren, die in einem Land von der EU legal hergestellt werden, in allen EU-Staaten verkauft werden.

   Nun dürfen Waren, die in einem Land _____ legal hergestellt werden, in allen EU-Staaten verkauft werden.

AUFGABE 7

Verbindung von Pronomen und Präposition

Gewisse Präpositionen verbinden sich mit Pronomen, wenn diese für Dinge stehen (nicht aber bei Menschen!).

> **THEORIE**
>
> Wir freuen uns über den Erfolg.
> > Wir freuen uns darüber (nicht: über ihn).
> > Weisst du, worüber wir uns freuen?
>
> Wir bedankten uns für das Geschenk.
> > Wir bedankten uns dafür (nicht: für es).
> > Weisst du, wofür sie sich bedankten?

Weil das Schweizerdeutsche die Verschmelzung von Pronomen und Präposition nicht kennt, bereiten uns diese Formen gelegentlich Mühe. Üben Sie an den folgenden Sätzen!

Wer verdient was am Kaffeetrinken?

Weisst du, (mit was) _____ weltweit nach Erdöl am zweitmeisten gehandelt wird? – Mit Kaffee! Manchen Leuten erscheint der Preis hoch, den sie im Laden (für ihn) _____ bezahlen, doch gehen nur etwa fünf Prozent (von ihm) _____ an die Kaffeebäuerinnen und -bauern im Ursprungsland. Denn jene, die den Kaffee anbauen, verdienen nur wenig (an ihm) _____. Aber wer denkt beim Einkaufen schon (über dies) _____ nach? Wenn wir unseren Espresso nicht zu Hause zubereiten, sondern in einem Café oder Restaurant trinken, sinkt der Lohnanteil der Kaffeebauern und -bäuerinnen sogar auf rund ein Prozent des Endpreises.

(Gegen das) _____ sieht der Verdienst der Plantagenbesitzer schon beinahe fürstlich aus: Sie nehmen mit durchschnittlich acht Prozent deutlich mehr ein als die Personen, die auf ihrem Land arbeiten. (Auf was) _____ ist dieses Ungleichgewicht zurückzuführen? (Auf das) _____ hätte ich gerne eine Antwort.

Steuern, Zölle und Frachtkosten machen beinahe die Hälfte des Kaffeepreises aus, (neben dem) _____ müssen auch der Gross- und Detailhandel sowie die Kaffeerösterei etwas verdienen.

Trotz geringer Einnahmen aus dem Kaffeeanbau sind manche Drittweltländer stark (von ihm) _____ abhängig: In Äthiopien zum Beispiel stammt mehr als die Hälfte aller Exporterlöse (aus ihm) _____, in Burundi sogar 80 Prozent.

Ziel erreicht — Das kann ich jetzt!

Überprüfen Sie das Gelernte. Beurteilen Sie die folgenden Aussagen, ohne vorne nachzuschlagen.

	trifft zu	trifft nicht zu
1 Haupt- und Nebensätze unterscheiden sich zum Beispiel darin, an welcher Stelle die Personalform (das konjugierte Verb) steht.		
2 Am Anfang eines Nebensatzes steht häufig ein Pronomen oder eine Konjunktion.		
3 Der folgende Text aus einem Zeitungsinterview ist stilistisch einwandfrei formuliert: «Ich bin überzeugt, Kinder sollten mehr Gemüse essen.»		
4 Dieser Satz ist in gesprochener und in geschriebener Sprache korrekt: «Weisst du, wo dass man Kaffee aus fairem Handel erhält?»		
5 Das Schweizerdeutsche kennt die Zuordnung mittels Genitiv (z. B. «die Zahlen des Branchenverbands zeigen…») nicht.		
6 «Eine Kundin von Ihrer Firma hat uns auf das aufmerksam gemacht.» Diese Formulierung ist in einem Geschäftsbrief korrekt.		
7 «Vielen Dank für deine Liste mit den Ökolabels, weil, wenn ich einkaufe, achte ich nun darauf.» Diese Satzstellung entspricht den Regeln für geschriebene Sprache.		
8 «Wegen dem beschweren wir uns.» Dieser Briefausschnitt ist sprachlich nicht ganz korrekt.		
9 Die Aussage «Die Schwester von ihm ist Biobäuerin» sollte für einen Zeitungsartikel umgeschrieben werden in «Seine Schwester ist Biobäuerin».		
10 «An was erkennt man Nebensätze?» Dieser Satz ist immer richtig.		
11 «Der Umsatz ist zurückgegangen, weil es gab mehr Konkurrenz aus dem Ausland.» In diesem schriftlichen Text steht das Verb im Nebensatz an falscher Stelle.		
12 An diesem Satz aus einem Dankesbrief gibt es nichts auszusetzen: «Wir haben viel aus Ihrer Präsentation gelernt und wir bedanken uns herzlich für sie.»		

Schlagen Sie im Lösungsteil nach und vergleichen Sie.

Bericht, Reportage

Lernziele

Ich …
… kann einen ausführlichen und gut strukturierten Bericht oder eine Reportage über ein Ereignis aus meinem persönlichen oder beruflichen Umfeld schreiben
… kann in einem Bericht zwischen Tatsachen, Meinungen und Schlussfolgerungen unterscheiden

Aufwärmen Was weiss ich schon?

Überprüfen Sie Ihre Vorkenntnisse zum Bericht: Welche der folgenden Aussagen treffen zu, welche nicht?

	trifft zu	trifft nicht zu	weiss nicht
1 Ein Bericht oder eine Reportage enthält Informationen über ein Ereignis.	☐	☐	☐
2 Schriftliche Berichte findet man oft in Zeitungen.	☐	☐	☐
3 Der Bericht ist eine gefühlsbetonte Wiedergabe eines Geschehens.	☐	☐	☐
4 Der Bericht handelt immer von einem ausserordentlichen Geschehen.	☐	☐	☐
5 In schriftlichen Berichten werden Aussagen von Beteiligten in direkter oder indirekter Rede wiedergegeben.	☐	☐	☐
6 In einer knappen Einleitung, dem sogenannten Lead, werden die wichtigsten Punkte vorgestellt.	☐	☐	☐

Schlagen Sie im Lösungsteil nach und vergleichen Sie.

Trainingsphase Grundlagen erarbeiten, Aufgaben lösen

AUFGABE 1

Lesen Sie den unten stehenden Bericht und lösen Sie dann die Aufträge a) und b).

Deutliche Abfuhr für Stimmrechtsalter 16

Keine einzige Gemeinde im Kanton Bern will das aktive Stimmrechtsalter senken. 75 Prozent der Stimmberechtigten lehnen die Verfassungsänderung ab. Die Enttäuschung der Jungen ist gross.

Bis kurz vor Schliessung der Urnen versuchten die Jugendlichen und jungen Erwachsenen des Komitees «Ja zum Stimmrechtsalter 16», auf den Strassen die Leute zu überzeugen. Genützt hat es nichts. Kurz nach 15 Uhr am gestrigen Abstimmungssonntag erhielten sie die vernichtende Nachricht: Lediglich 25 Prozent sagten Ja zur Senkung des aktiven Stimm- und Wahlrechtsalters von 18 auf 16 Jahre – und dies bei einer hohen Stimmbeteiligung von 50 Prozent.

Sichtlich gezeichnet kommentierte die 25-jährige Nadine das Resultat: «Das ist ein schlechtes Signal an die motivierten Jugendlichen.» Als jüngste Grossrätin hatte die SP-Politikerin aus Langenthal das Kantonsparlament zwar zweimal für ein knappes Ja gewinnen und sich die Unterstützung des Regierungsrats sichern können. Gestern nun musste sie aber zur Kenntnis nehmen, dass sie mit ihrem Anliegen offenbar an der Bevölkerung vorbeipolitisiert hatte.

Die Analyse der Abstimmungsresultate zeigt ein einheitliches Bild: Keine einzige Gemeinde stimmte der Vorlage zu. Mit dem gestrigen Nein in Bern bleibt Glarus – wo die Landsgemeinde 2007 überraschend zugestimmt hat – der einzige Kanton mit Stimmrechtsalter 16. Basel-Stadt hat an der Urne mit 72 Prozent, Uri gar mit 79 Prozent Nein gesagt. In anderen Kantonen und auf Bundesebene ist das Anliegen bereits im Parlament gescheitert.

Warum das Nein im Kanton Bern so deutlich ausgefallen ist, konnte Nadine nicht erklären: «Die Zeit ist einfach noch nicht reif dafür.» Ihre Partei zeigte sich gestern überzeugt, dass sich dies ändern kann. Schon die Einführung des Frauenstimmrechts sei erst nach vielen Anläufen gelungen, schrieb sie in einer Mitteilung.

Auf der Gegenseite hatte sich im Abstimmungskampf die FDP am stärksten engagiert. Die Jungpartei hatte befürchtet, dass die Senkung des Stimmrechtsalters ein bedenkliches Auseinanderklaffen von politischer und zivilrechtlicher Mündigkeit mit sich gebracht hätte. Das Nein gehe jedoch nicht gegen die Jugend, betonte der Präsident der jungen FDP. Seine Partei werde sich nun dafür einsetzen, dass Jugendräte flächendeckend finanziell unterstützt werden, dass es an den Schulen mehr Platz für politische Bildung gibt und dass E-Voting möglichst rasch eingeführt wird.

---

a) Markieren Sie die entsprechenden Informationen im Bericht mit unterschiedlichen Farben.

 Gelb: **Was** geschah?
 Rot: **Wer** war am Geschehen beteiligt?
 Grün: **Wo** ereignete sich das Geschehen?
 Blau: **Wann** trug sich das Ereignis zu?
 Orange: **Wie** verlief die Abstimmung?
 Grau: **Warum** war die junge FDP gegen die Vorlage?

Bericht, Reportage

b) Beantworten Sie die folgenden Fragen.

1. In welcher Zeitform steht die Einleitung (Lead)?

2. Welche Zeitformen werden im ersten Abschnitt verwendet?

3. In welcher Zeitform steht der erste Satz des dritten Abschnittes? Warum?

4. Welche vier (Teil-)Sätze stehen im Plusquamperfekt (Vorvergangenheit)? Notieren Sie die verbalen Teile der betreffenden Sätze.

5. Warum wurde für die (Teil-)Sätze von Frage 4 die Zeitform Plusquamperfekt gewählt?

6. Welche Zeitform wird im Hauptteil vorwiegend verwendet?

THEORIE

Merkmale des Berichts

Was will ich mit meinem Bericht erreichen? Was muss ich beachten?

– Das Interesse wecke ich mit einem fesselnden und/oder informativen Titel.
– Im Einstieg (Lead) fasse ich die wichtigsten Punkte zusammen.
– Im Hauptteil versuche ich die folgenden W-Fragen zu beantworten:
  Was ist passiert?   Wann ist es passiert?
  Wer war beteiligt?   Wie ist es passiert?
  Wo ist es passiert? Warum ist es passiert?
– Die wichtigsten Fragen kläre ich zu Beginn, danach folgen die weniger wichtigen Informationen.
– Um das Verständnis zu erleichtern, sortiere ich die einzelnen Ereignisse nach ihrer zeitlichen Abfolge und erkläre die verwendeten Fachausdrücke.
– Ich informiere mein Lesepublikum möglichst sachlich und objektiv, indem ich Tatsachen und Meinungen klar unterscheide.
– Damit meine Aussagen für Drittpersonen überprüfbar sind, nenne ich meine Quellen; Aussagen von beteiligten Personen kennzeichne ich durch direkte oder indirekte Rede.

Was erwarte ich von einem Bericht?

– Über das Wichtigste möchte ich gleich zu Beginn informiert werden.
– Ich erwarte eine klare und sachliche Darstellung der Ereignisse. Nur der Augenzeugenbericht darf persönlich gefärbt sein.
– Ich möchte über die Hintergründe des Geschehens und die Herkunft der Informationen aufgeklärt werden.

AUFGABE 2

a) Lesen Sie den folgenden Ausschnitt aus einem Bericht aufmerksam: Markieren Sie dabei wichtige Informationen zu «Was», «Wer», «Wann» und «Wo» und notieren Sie dazu Stichworte am Rande.

Reger Austausch unter politisch engagierten Jugendlichen

Jungparlamentarierinnen und -parlamentarier aus der ganzen Schweiz verbrachten drei Tage in Altdorf. Auch deutsche Jugendliche kamen an die Konferenz.

Immer am letzten Wochenende im Oktober treffen sich Mitglieder der Schweizer Jugendparlamente im Alter von 13 bis 24 Jahren zur eidgenössischen Jugendparlamentskonferenz. An den vergangenen drei Tagen fand diese Veranstaltung erstmals in Altdorf (UR) statt. Die Konferenz ist neben der Jugendsession, die jeweils im Bundeshaus stattfindet, der grösste jugendpolitische Anlass der Schweiz.

An der Jugendparlamentskonferenz werden keine Beschlüsse gefasst; vielmehr steht der Austausch im Vordergrund. So auch dieses Jahr. In verschiedenen Workshops lernten die jungen Politiker und Politikerinnen, wie man gute Ideen findet und diese in konkrete Projekte umsetzt. Auch eine speziell auf diese Gruppe ausgerichtete Lektion Staatskundeunterricht durfte nicht fehlen. Insgesamt nahmen rund achtzig Personen an der Konferenz teil.

Die meisten kamen aus der Deutschschweiz. Aber auch vierzehn junge Parlamentsmitglieder aus Deutschland reisten für diesen Anlass in die Schweiz. «Ich wollte wissen, wie Jugendpartizipation in der Schweiz funktioniert», erklärt Steffen vom Jugendrat Stuttgart. Vieles funktioniere hier aber ganz ähnlich wie in Deutschland. Der deutsche Jungpolitiker wollte zudem etwas von der Schweizer Kultur sehen. Was ihn erstaunte: «Die Schweiz ist so klein und trotzdem pflegen die Leute hier so viele Kulturen – fast in jeder Region eine andere.»

Meine Stichworte:

Wann: Am letzten Wochenende im Oktober
Wo:

b) Beantworten Sie nun die Fragen. Schreiben Sie ganze Sätze.

Fragen **Antworten**

1. **Was** geschah? _____

2. **Wer** war beteiligt? _____

3. **Wo** fand der Anlass statt? _____

4. **Wann** fand die Veranstaltung statt? _____

5. **Wie** viele Personen nahmen teil? _____

6. **Wie** war die Konferenz organisiert? _____

7. **Warum** ist Steffen aus Stuttgart angereist? _____

AUFGABE 3

Merkmale des Berichts

Überprüfen Sie in Partnerarbeit, ob die Berichte «Deutliche Abfuhr für Stimmrechtsalter 16» und «Reger Austausch unter politisch engagierten Jugendlichen» nebst den Antworten auf die W-Fragen auch die weiteren Kriterien des Berichts erfüllen. Erstellen Sie mit den Merkmalen im Theorieteil selbst eine Tabelle und füllen Sie diese aus. Benutzen Sie ein separates Blatt.

Beispiel für eine Tabelle:

Merkmal	«Deutliche Abfuhr ...»	«Reger Austausch ...»
Titel informiert zutreffend		
Titel weckt Neugierde		
Lead enthält wichtigste Punkte		
....		

AUFGABE 4

Hintergrundbericht

Lesen Sie das Beispiel eines Hintergrundberichts auf dieser und der nächsten Seite sorgfältig durch und lösen Sie dann die Multiple-Choice-Aufgabe dazu.

Die Unterschiede sind beträchtlich

Morgen ist Abstimmungssonntag. Mit Sicherheit werden in Grenchen und Gänsbrunnen wieder viel weniger Stimmberechtigte ihre Meinung abgeben als in Hüniken oder Feldbrunnen. Warum das so ist, lässt sich nicht immer klar begründen.

Minarette verbieten? Diese eidgenössische Volksbefragung hatte mächtig mobilisiert, auch im Kanton Solothurn. Eine deutliche Mehrheit der Stimmberechtigten (56,2 Prozent) bekundete ihren Willen. Nicht so im kleinen Bucheggberger Dorf Oberramsern. Dort gingen lediglich 49,2 Prozent zur Urne. 15 Kilometer Luftlinie entfernt liegt das ebenso kleine und beschauliche Hüniken im Wasseramt. Dort beteiligten sich sogar 71,6 Prozent der Stimmberechtigten: ein Rekord im Kanton Solothurn. Und das bei praktisch jeder Abstimmung, nicht nur in den letzten zwei Jahren, sondern seit Jahrzehnten.

«Ich habe keine richtige Erklärung»

Oberramsern und Hüniken. Zwei Dörfer, die auf den ersten Blick sehr ähnlich sind. In beiden wohnen 87 Personen in ein paar Bauernhöfen und Einfamilienhäusern. Kein einziger Ausländer hat sich dorthin verirrt, das Bildungsniveau der Einwohnerinnen und Einwohner liegt im kantonalen Durchschnitt. Ja, in Oberramsern leben sogar etwas mehr Akademiker. Und doch ist die politische Partizipation in den zwei Gemeinden völlig anders ausgeprägt – auch in der Lokalpolitik: Während an den Gemeindeversammlungen in Hüniken der Saal jeweils voll ist, finden in Oberramsern oft nur fünf von 70 Stimmberechtigten den Weg ins Schulhaus. Liegt der Grund etwa darin, dass in Hüniken das Durchschnittseinkommen höher ist oder dass dort etwas weniger Junge wohnen, die sich in der Regel weniger für Politik interessieren?

«Ich habe auch keine richtige Erklärung», sagen sowohl der Gemeindepräsident von Hüniken als auch der frühere Vizepräsident von Oberramsern. Sie suchen nach Gründen, wägen ab. Ist es die Grösse der Gemeinde oder die Altersstruktur? Und dann kommen sie zu einem ähnlichen Schluss: Es muss mit politischer Kultur und Tradition im Dorf zu tun haben. «Bei uns in Hüniken gibt es keine Ortsparteien, es geht immer um die Sache», sagt der Gemeindevorsteher. Keine Politikverdrossenheit wegen Parteien-Hickhacks also. «Wir sind stolz auf die seit Jahrzehnten hohe Beteiligung bei Abstimmungen und Wahlen», fügt er hinzu. Auch für die tiefe Beteiligung in Oberramsern kommt der ehemalige Gemeindepolitiker zum Schluss: «Vielleicht hat es etwas mit der Tradition zu tun: Man geht an die Urne oder nicht.»

Mehr Bildung, mehr Stimmbeteiligung

Auch in den Thaler Gemeinden mit der jeweils höchsten und tiefsten Stimmbeteiligung ist man sich über die Gründe nicht so recht im Klaren: «Wir haben im Dorf keine politischen Grabenkämpfe und eine in den Vereinen aktive Bevölkerung», sagt der Präsident von Welschenrohr, der Einwohnergemeinde im Bezirk Thal mit der höchsten Stimmbeteiligung. Möglicherweise sei die Stimmbeteiligung auch so hoch, weil nirgends im Kanton prozentual so viele ältere Menschen wohnen. In der Nachbargemeinde Gänsbrunnen gehen jeweils viel weniger Bürgerinnen und Bürger abstimmen und wählen. Vielleicht liege es an der verzettelten Siedlungsstruktur des Dorfes oder an der relativ hohen Zahl von Sozialfällen, vermutet der Gemeindepräsident.

> Bei anderen «Ausreissergemeinden» sind die Ursachen für die Stimmbeteiligung weit einfacher erklärbar. Etwa im Bezirk Lebern. Dort liegt jeweils Grenchen mit Abstand am Schluss der «Bestenliste», Feldbrunnen-St. Niklaus an der Spitze. Es ist wissenschaftlich erwiesen: je höher der Bildungsstand und das Einkommen der Bevölkerung, desto höher das Interesse an der Politik und somit der Grad der Stimm- oder Wahlbeteiligung. In Feldbrunnen wohnen viele gut Gebildete und Bezahlte, in der «Arbeiterstadt» Grenchen nicht. Der frühere Grenchner Stadtschreiber sieht einen zweiten Grund: Wegen der günstigen Mietpreise gibt es viele Zu- und Wegzüger. «Die Bevölkerung ist mit ihrer Gemeinde weniger verbunden als anderswo.»

Welche Aussagen zum Hintergrundbericht von Seite 138 sind zutreffend? Kreuzen Sie jeweils eine oder mehrere zutreffende Antworten an.

1. Die Ausgangslage für den Bericht bildet
   a) ein Problem. ☐
   b) ein politisches Ereignis. ☐
   c) ein Anliegen. ☐
   d) ein politisches Phänomen. ☐

2. Die Aussagen der befragten Gemeindepolitiker werden in
   a) direkter Rede wiedergegeben. ☐
   b) indirekter Rede wiedergegeben. ☐
   c) direkter und indirekter Rede wiedergegeben. ☐

3. Die befragten Politiker
   a) geben ähnliche Gründe für das Phänomen an. ☐
   b) geben unterschiedliche Gründe für das Phänomen an. ☐
   c) kennen alle Gründe für das Phänomen. ☐
   d) kennen einzelne Gründe für das Phänomen. ☐
   e) können nur Vermutungen anstellen. ☐

4. Im Zentrum des Berichts steht/stehen
   a) mögliche Ursachen. ☐
   b) Zusammenhänge. ☐
   c) die persönliche Betroffenheit einzelner Personen. ☐
   d) eine Tagesaktualität. ☐

5. Der Schluss enthält
   a) eine Schlussfolgerung. ☐
   b) eine Lösung des Problems. ☐
   c) einen Aufruf. ☐
   d) eine mögliche Erklärung des Phänomens. ☐

AUFGABE 5

Berichte beurteilen (Gruppenarbeit)
Sammeln Sie Tatsachenberichte zu einem aktuellen Ereignis (z.B. Sportberichte) in verschiedenen Zeitungen. Vergleichen Sie die Texte in Gruppen und überprüfen Sie anhand der Kriterien in der Checkliste auf der nächsten Seite deren Objektivität. Vergeben Sie Punkte und Medaillen (Gold, Silber und Bronze) für die objektivsten Berichte!

> **THEORIE**
>
> **Checkliste für neutrale Berichterstattung**
>
> – Passt der Bericht zum Ereignis (Titel/Schlagzeile, Aufmachung, Bilder …)?
> – Werden (objektive) Tatsachen und (subjektive) Meinungen deutlich unterschieden?
> – Wird über alle beteiligten Personen oder Gruppierungen gleich fair berichtet?
> – Kommen bei umstrittenen Szenen oder Themen beide bzw. unterschiedliche Seiten zu Wort?
> – Versucht man die Leserschaft zu beeinflussen? (Dies kann mit beeinflussenden Bildern oder Schlagzeilen, durch pauschale Verurteilungen, durch unbelegte Behauptungen usw. geschehen.)

AUFGABE 6

Arten von Berichten

In den Aufgaben 1 bis 4 haben Sie Tatsachenberichte (TB) und einen Hintergrundbericht (HB) kennengelernt. Eine weitere Berichtart ist der Augenzeugenbericht (AB). Darin wird ein Ereignis aus der Sicht einer Zeugin oder eines Zeugen geschildert. Dieser Bericht ist also subjektiv gefärbt. Trotzdem darf er nicht mit ausschweifenden persönlichen Details versehen sein.

In der unten stehenden Tabelle finden Sie typische Titel von Berichten. Lesen Sie diese aufmerksam und beurteilen Sie, ob es sich dabei jeweils um einen Tatsachen-, einen Hintergrund- oder einen Augenzeugenbericht handelt.

Titel	Berichtart		
	TB	HB	AB
Stadtrat: Budget verabschiedet			
Die Geheimrezepte der siegreichen Partei			
Wie ich den Wahlkampf erlebte			
Fünf Neue für die Kantonsregierung nominiert			
Wie weiter mit dem Stimmrechtsalter? Viele offene Fragen			
Krawalle nach Parteiversammlung			
Warum viele Stimmberechtigte der Urne fernbleiben			
Blick hinter die Kulissen: ein Tag im Ständerat			

AUFGABE 7

Bericht verfassen

Verfassen Sie einen Tatsachenbericht von 250 Wörtern Umfang. Beachten Sie dabei die Merkmale des Berichts und gliedern Sie Ihren Text in sinnvolle Abschnitte.
Wählen Sie eines der folgenden Themen:

a) Bericht über ein Projekt aus Ihrer Gemeinde, das realisiert wird oder wurde.

b) Bericht über ein politisches Ereignis, das Sie betroffen macht.

c) Bericht über ein Ereignis aus Ihrer Berufswelt oder Ihrer Freizeit.

Verwenden Sie bei Bedarf Wendungen aus dem Kasten auf Seite 141.

FORMULIERUNGSHILFEN

Wendungen zum Aneinanderreihen von Aussagen, Beobachtungen usw.

anschliessend	danach	dann	darauf(hin)
nachdem …	kurze Zeit darauf	(etwas / wenig) später	
zwei Wochen nach …	zum Schluss	gleichzeitig	zugleich
ebenso	sowohl … als auch	weder … noch	
kurz davor	wenige Tage zuvor	einen Augenblick vorher	
ehe …	bevor …	früher als …	

Ausdrücke und Wendungen für das Zitieren von Quellen

Laut …   Gemäss Aussage von …   XY zufolge …
Entsprechend den Erklärungen von XY
XY sagte/berichtete/bestätigte/hielt fest/betonte
Wie von XY zu erfahren war …
XY konnte uns genau erläutern, wie …

AUFGABE 8

Eine Reportage schreiben

Nahe verwandt mit dem Augenzeugenbericht ist die Reportage, die z. B. als Tier- und Reisereportage vom Fernsehen bekannt ist, der man aber auch in Zeitungen und Zeitschriften begegnet. Reportagen geben Einblicke in fremde Lebensräume und Lebensweisen, indem sie zum Beispiel von erstaunlichen Entdeckungen in der Tierwelt, von abenteuerlichen Expeditionen oder anderen nicht alltäglichen Ereignissen berichten.

a) Lesen Sie die Hinweise zur Reportage im Kasten.

THEORIE

Die Reportage

Die Reportage verknüpft auf unterhaltende Weise ein persönliches Erlebnis mit Hintergrundinformationen.
– Der Titel kündigt neben dem Thema bereits die Atmosphäre an (z. B. «Unter Murmeltieren im Nationalpark», «Eine Nacht auf Streife»).
– Der Text führt ohne lange Einleitung mitten ins Geschehen. Das Stimmungsbild ist wichtig.
– Hintergrundinformationen ergänzen die persönlichen Eindrücke. Sie werden geschickt in die Ereignisse eingebettet (z. B. durch ein Interview, einen Kommentar, eine Rückblende usw.).
– Die Sprache ist anschaulich und lebendig.

b) Schreiben Sie eine Reportage über ein Thema, das in Zusammenhang mit Politik steht. Folgende Titel sollen Sie inspirieren:
– Die Jungbürgerfeier in meinem Dorf
– Ein Tag unterwegs mit einer Jungpolitikerin oder einem Jungpolitiker
– Ein Besuch im Saal des Grossen Rates bzw. des Kantonsrats
– Ein Morgen am Stand der Partei X
– Zu Besuch im Wahlbüro
– Mit einer Politikerin oder einem Politiker auf Unterschriftensammlung

Ziel erreicht — Das kann ich jetzt!

Überprüfen Sie das Gelernte. Beurteilen Sie die folgenden Aussagen, ohne vorne nachzuschlagen.

	trifft zu	trifft nicht zu
1 In einem guten Bericht sind die treffsicheren Argumente das Wichtigste.	☐	☐
2 Der Bericht berücksichtigt die zeitliche Abfolge (Chronologie) der Ereignisse.	☐	☐
3 In einem Bericht werden die Fragen Was?, Wer?, Wo?, Wann?, Wie? und Warum? beantwortet.	☐	☐
4 In der Regel enthält ein Lead das Wichtigste in geraffter Form und steht am Schluss des Berichts.	☐	☐
5 Der Tatsachenbericht ist eine möglichst wahrheitsgetreue, objektive Darstellung von Ereignissen.	☐	☐
6 Der Augenzeugenbericht ist streng neutral formuliert.	☐	☐
7 Für Vergangenes wählt man Zeitformen der Vergangenheit, in der Regel das Präteritum.	☐	☐
8 In einem Hintergrundbericht wird ein Ereignis aus der persönlichen Sicht der Verfasserin oder des Verfassers dargestellt.	☐	☐
9 Die Grundlagen für den Bericht werden erwähnt.	☐	☐
10 Im Schlusswort steht häufig ein Aufruf an die Leserin oder den Leser.	☐	☐
11 Fachausdrücke werden nur erklärt, wenn sich der Bericht an das entsprechende Fachpublikum wendet.	☐	☐
12 Aussagen von Augenzeugen oder Fachleuten (usw.) können in direkter oder indirekter Rede wiedergegeben werden.	☐	☐

Schlagen Sie im Lösungsteil nach und vergleichen Sie.

Stammformen des Verbs, Zeiten der Vergangenheit

Lernziele

Ich ...
... kann die Verbteile in einem zusammengesetzten Satz erkennen
... kenne die Stammformen wichtiger Verben
... kann die Zeitformen der Vergangenheit bilden und richtig anwenden, wenn ich über Ereignisse schreibe

Aufwärmen — Was weiss ich schon?

Überprüfen Sie Ihre Vorkenntnisse zu den Stammformen des Verbs und zu den Zeiten der Vergangenheit. Welche der folgenden Aussagen treffen zu, welche nicht?

	trifft zu	trifft nicht zu	weiss nicht
1 Die Stammformen des Verbs «gehen» heissen: gehend, ging, gegangen.			
2 Die drei Stammformen werden aus den folgenden Formen des Verbs gebildet: Infinitiv, Präteritum und Partizip II.			
3 Aus den drei Stammformen des Verbs lassen sich alle Personalformen ableiten.			
4 «Das Kind hat laut geschreit»: Hier ist das Partizip II des Verbs falsch.			
5 Das Verb kennt insgesamt drei Zeiten: Gegenwart (Präsens), Vergangenheit (Präteritum) und Zukunft (Futur).			
6 «Nachdem er die Abstimmungsunterlagen genau studiert hat, änderte er seine Meinung.» In diesem Satz sind die Zeiten richtig angewendet.			

Schlagen Sie im Lösungsteil nach und vergleichen Sie.

Trainingsphase — Grundlagen erarbeiten, Aufgaben lösen

AUFGABE 1

a) Markieren Sie im folgenden Text alle verbalen Teile. (Schlagen Sie im Kapitel «Wortarten» Seite 17 ff. nach, wenn Sie sich nicht mehr daran erinnern, woran man Verben erkennt.)

Zum Wahl- und Abstimmungsverhalten der jungen Erwachsenen

Junge Wählerschichten nehmen deutlich seltener an Wahlen und Abstimmungen teil als andere Altersgruppen. Dies haben mehrere Untersuchungen gezeigt. Warum gehen nicht mehr junge Leute an die Urne?

An einem Mangel an Informationen kann es nicht liegen. Denn noch nie waren die Möglichkeiten, sich über aktuelle politische Fragen zu informieren, besser als heute. Und nie zuvor konnten junge Frauen und Männer so aktiv mitbestimmen wie jetzt. Bei der Senkung des Stimmrechtsalters hatte man sich ein grösseres öffentliches Engagement der jungen Generation erhofft. Aber nur wenige Junge geben bei politischen Entscheidungen ihre Stimme ab.

Müssen wir die Gründe für das fehlende Interesse bei der verwöhnten jungen Generation suchen? Oder sind viele Vorlagen zu kompliziert? Oder hat man sie schwer verständlich formuliert?

Manche Fachleute sagen: «Die Ursache für die Stimmabstinenz der jungen Bürgerinnen und Bürger liegt vor allem bei den Parteien. Ihre Programme sprechen diese Wählergeneration zu wenig an. Man kann die Jungen doch sicher mit Themen und Aktivitäten gewinnen, die mit ihrer eigenen Lebenswirklichkeit zu tun haben. Und man muss ihnen die politischen Zusammenhänge aufzeigen. Dann merken sie, dass Politik sie etwas angeht.»

b) Lesen Sie zuerst den kurzen Theorieteil und vervollständigen Sie dann die Tabelle.

THEORIE

Die Stammformen des Verbs
Alle Formen des Verbs werden aus den drei **Stammformen** abgeleitet. Diese sind:

1) der Infinitiv (die Grundform)   *Beispiele:*   gehen   tanzen
2) das Präteritum (die Vergangenheitsform)   ging   tanzte
3) das Partizip II (das Mittelwort der Vergangenheit)   gegangen   getanzt

Verbform im Text	1. Stammform	2. Stammform	3. Stammform
nehmen (teil)			
haben			
gezeigt			
kann			

AUFGABE 2

Stammformen

a) Ergänzen Sie die Stammformen dieser Verben.

	2. Stammform	3. Stammform
liegen		
wissen		
ausscheiden		
geben		
haben		
abnehmen		
zwingen		
laden		
ziehen		
lesen		
schwimmen		
trinken		
bringen		
schlafen		
lassen		
legen		
lügen		
malen		
mahlen		
lernen		
lehren		
überziehen		
überzeugen		
schreiten		
schreien		
begehen		
beginnen		
greifen		
schliessen		
reisen		
speisen		
weisen		
fallen		

b) Bilden Sie Sätze, in denen das Partizip II (3. Stammform) dieser Verben vorkommt. Verwenden Sie dazu ein separates Blatt.
Beispiel: geben > *Sie hat uns einen Hinweis gegeben.*

AUFGABE 3

Partnerarbeit

Gewisse Verben haben zwei unterschiedliche Stammformen. Diese sind mit unterschiedlichen Bedeutungen des Verbs verbunden:

a) Wie heissen die Stammformen-Paare der folgenden Verben mit unterschiedlicher Bedeutung?

Grundform	Präteritum	Partizip II	Bedeutung
bewegen	*bewegte*	*bewegt*	*die Lage ändern*
	bewog	*bewogen*	*veranlassen*
wiegen			
saugen			
übersetzen			
wachsen			
schleifen			
hängen			
senden			
erschrecken			

b) Schreiben Sie zu jedem der vier folgenden Verben zwei Sätze, welche die unterschiedliche Bedeutung zeigen. Verwenden Sie als Zeitform das Präteritum oder das Perfekt.

Beispiel
bewegen
Am letzten Wochenende *bewegte* ich mich zu wenig: Ich sass stundenlang am Computer.
Mein Freund *bewog* mich, ans Konzert mitzukommen.

wiegen

saugen

übersetzen

schleifen

AUFGABE 4

a) Das Deutsche kennt drei Zeiten der Vergangenheit. Lesen Sie dazu den folgenden Kasten aufmerksam und bearbeiten Sie dann den Auftrag b).

THEORIE

Zeiten der Vergangenheit: wichtige Merkmale

Bezeichnung	Perfekt	Präteritum	Plusquamperfekt
andere Bezeichnung	*Vorgegenwart*	*(einfache) Vergangenheit, Imperfekt; Erzähltempus*	*Vorvergangenheit*
Verwendung und Beispiele	**Abgeschlossener Vorgang:** Diese Wahlen *haben* mich *interessiert*. Aber es *haben* sich nur knapp 30 % der Wahlberechtigten *beteiligt*. Die «schweigende Mehrheit» *ist* der Urne *ferngeblieben*.	**Vergangene Ereignisse und Zustände:** 1971 *erhielten* die Schweizer Frauen die Stimm- und Wahlberechtigung auf eidgenössischer Ebene. Meine Grossmutter *freute* sich sehr darüber. Sie *war* damals 26 Jahre alt.	**In der Vergangenheit abgeschlossener Vorgang:** Nachdem eine Mehrheit der Männer Ja *gesagt hatte*, durften auch die Frauen wählen gehen.

b) Tragen Sie alle Zeitformen der Vergangenheit aus dem Text «Zum Wahl- und Abstimmungsverhalten der jungen Erwachsenen» in die richtige Spalte ein.

Perfekt	Präteritum	Plusquamperfekt

AUFGABE 5

a) Lesen Sie den folgenden Text und markieren Sie alle Verben im Präteritum.

«Jugendliche sind Politik-Muffel»

Machen sich Jugendliche wirklich nichts aus Politik? Eine Umfrage im Kanton Schwyz ergab, dass das Interesse, sich politisch zu beteiligen, bei den meisten tatsächlich gering ist.

Die 18-jährige Michelle N. ist anders als ihre Kolleginnen und Kollegen: Sie interessiert sich seit Jahren für Politik. Als Thema für ihre Vertiefungsarbeit wählte sie darum «Stimm- und Wahlbeteiligung der Jugendlichen im Kanton Schwyz». Sie erklärt dazu: «Die Beobachtung, dass sich die Mehrheit meiner gleichaltrigen Bekannten überhaupt nicht für Politik interessiert und nicht zur Urne geht, hat mich zur Themenwahl veranlasst.»

So ging sie der Sache auf den Grund und befragte Personen im Alter von 16 bis 22 Jahren. Sie wollte herausfinden, ob sie an der Politik interessiert sind, wie sich ihr Wahlverhalten gestaltet und ob das nötige staatskundliche Wissen überhaupt vorhanden ist. Von den 202 Befragten waren 140 zum Zeitpunkt der Umfrage schon stimmberechtigt. Davon gaben 64,3 Prozent an, dass sie mindestens schon einmal gewählt oder abgestimmt hatten.

Die Untersuchung zeigte, dass Politik für diese Altersgruppe kein grosses Thema ist. Nur rund ein Drittel der Jugendlichen und jungen Erwachsenen gab an, dass die Politik in ihrem Interessenbereich liege. Und nur gerade zwei Prozent engagieren sich aktiv. Jene Befragten, die sich noch nie an Wahlen oder Abstimmungen beteiligt hatten, nannten vor allem das mangelnde Interesse an der Politik oder Faulheit als Gründe.

Michelle kommt daher zu folgender Erkenntnis: «Das Interesse an politischen Fragen ist bei den meisten Jugendlichen gering. Es fehlt ihnen an Motivation und Bereitschaft, Zeit für die Beschäftigung mit Politik aufzubringen. Das nötige Staatskundewissen wäre zwar vorhanden, aber Politik wird ihnen nicht genug schmackhaft gemacht.»

b) In welcher Zeitform stehen die Verben «wählen» und «abstimmen» (letzter Satz im 2. Abschnitt) und «beteiligen» (letzter Satz im 3. Abschnitt)?

_____

c) Erklären Sie, warum diese Verben nicht im Präteritum stehen!

_____

d) Vervollständigen Sie die folgende Regel.

THEORIE

Vergangenes und Vorvergangenes

Von einem vergangenen Ereignis wird im _____ erzählt.

Wenn dabei etwas noch weiter Zurückliegendes erwähnt wird, so verwendet man dafür das

_____ .

AUFGABE 6

Wählen Sie die jeweils richtige Verbform. Achten Sie besonders darauf, ob die zusammenhängenden Vorgänge jeweils gleichzeitig abgelaufen sind.

1. Mehrere Untersuchungen haben bestätigt, was Fachleute schon vor Jahren
   a) vermutet hatten. ☐
   b) vermuteten. ☐
   c) vermutet haben. ☐

2. Viele Junge bleiben der Urne fern, weil sie die Politik ganz allgemein nicht
   a) interessiert. ☐
   b) interessiert hat. ☐
   c) interessierte. ☐

3. a) Wie ist es gewesen, ☐
   b) Wie war es, ☐
   c) Wie war es gewesen, ☐
   als du zum ersten Mal abstimmen gingst?

4. Als meine Grossmutter ihren 25. Geburtstag feierte,
   a) hatte sie noch kein Stimm- und Wahlrecht besessen. ☐
   b) hat sie noch kein Stimm- und Wahlrecht besessen. ☐
   c) besass sie noch kein Stimm- und Wahlrecht. ☐

5. Michelle wählte ihr Thema, weil sie sich schon in der Primarschule für Politik
   a) interessiert hat. ☐
   b) interessierte. ☐
   c) interessiert hatte. ☐

6. Gut zwei Drittel der Befragten waren schon stimmberechtigt, als Michelle sie
   a) befragt hat. ☐
   b) befragte. ☐
   c) befragt hatte. ☐

7. Die Umfrage wurde vor einem Jahr durchgeführt. Damals
   a) haben 64,3 Prozent der Befragten schon einmal abgestimmt. ☐
   b) stimmten 64,3 Prozent der Befragten schon einmal ab. ☐
   c) hatten 64,3 Prozent der Befragten schon einmal abgestimmt. ☐

8. Als Michelle ihre Kolleginnen und Kollegen befragte,
   a) hat sie festgestellt, ☐
   b) stellte sie fest, ☐
   c) hatte sie festgestellt, ☐
   dass die Jugendlichen sich kaum mit politischen Fragen beschäftigen.

Ziel erreicht: Das kann ich jetzt!

Überprüfen Sie das Gelernte. Beurteilen Sie die folgenden Aussagen, ohne vorne nachzuschlagen.

	trifft zu	trifft nicht zu

1. Die drei Stammformen des Verbs sind: der Infinitiv, das Präteritum und das Partizip II.

2. Die Stammformen des Verbs «überzeugen» heissen: überzeugen, überzeugte, überzogen.

3. Die drei Stammformen bilden die Bausteine für alle weiteren Formen eines Verbs.

4. Die Stammformen des Verbs «begehen» heissen: begehen, beging, begannen.

5. Das Präsens kann man auch für allgemeingültige Aussagen verwenden.

6. Ein vergangenes Ereignis wird immer im Perfekt erzählt.

7. Das Partizip II beginnt immer mit der Vorsilbe «ge-».

8. Im Plusquamperfekt erzählen wir etwas, was noch weiter zurückliegt als die einfache Vergangenheit.

9. «Gestern bemerkten sie, dass die Bestellung nicht abgeschickt worden ist.» In diesem Satz sind die Zeitformen richtig eingesetzt.

10. Das Perfekt wird für etwas Abgeschlossenes verwendet.

11. Im Satz «Marco rief an, während wir eingekauft haben» müsste das Verb «anrufen» im Plusquamperfekt stehen.

12. «Als wir das Kino erreichten, erfuhren wir, dass alle Tickets ausverkauft waren.» In diesem Satz stimmen die Zeitformen des Verbs.

Schlagen Sie im Lösungsteil nach und vergleichen Sie.

Interview

Lernziele

Ich …
… kann ein Interview mit geeigneten Fragearten vorbereiten
… kann ein vorbereitetes Interview führen und auf interessante oder ausweichende Antworten näher eingehen
… kann ein mündlich geführtes Interview schriftlich in Standardsprache festhalten

Aufwärmen Was weiss ich schon?

Überprüfen Sie Ihre Vorkenntnisse zum Interview: Welche der folgenden Aussagen treffen zu, welche nicht?

	trifft zu	trifft nicht zu	weiss nicht
1 Das Interview ist ein spontanes Gespräch zwischen einer Person, die Fragen stellt, und einer Person, die antwortet.	☐	☐	☐
2 In der Einleitung zum Interview wird die Person vorgestellt.	☐	☐	☐
3 Im Interview verwendet man Zeitformen der Vergangenheit.	☐	☐	☐
4 Das gute Interview enthält möglichst wenige Entscheidungsfragen (Fragen, die mit «Ja» oder «Nein» beantwortet werden können).	☐	☐	☐
5 Fragen mit «Was?», «Wie?» und «Warum?» sind für das Interview sinnvoll, weil sie zu ausführlichen Antworten führen.	☐	☐	☐
6 Die Reihenfolge der Fragen spielt keine Rolle.	☐	☐	☐

Schlagen Sie im Lösungsteil nach und vergleichen Sie.

Trainingsphase Grundlagen erarbeiten, Aufgaben lösen

Wer ein Interview vorbereitet, muss die Fragen sorgfältig planen. Dazu ist es nötig, die verschiedenen Fragearten zu kennen.

THEORIE

Arten von Fragen

Bezeichnung	Beispiel
W-Frage	Wann haben Sie das letzte Mal abgestimmt?
Entscheidungsfrage	Gehen Sie regelmässig stimmen und wählen?
Anschlussfrage	Warum gehen Sie nicht regelmässig an die Urne? Warum gehen Sie regelmässig an die Urne?
Mehrfachfrage	Haben Sie bei den letzten Wahlen Ihre Stimme abgegeben, und falls ja: Sind Sie an die Urne gegangen oder haben Sie schriftlich gewählt?
Alternativfrage	Fühlen Sie sich eher von den linken oder von den rechten Parteien angesprochen?
Suggestivfrage*	Sie sind doch sicher für diese Vorlage?
Rhetorische Frage**	Haben Sie etwas dagegen, dass ich Ihnen fürs Beantworten meiner Fragen einen Kinogutschein überreiche?

*suggerieren = einreden, vorschlagen **Rhetorik = Redekunst

AUFGABE 1

a) Diskutieren Sie mit Ihrer Banknachbarin oder Ihrem Banknachbarn naheliegende Antworten auf die obigen Beispielfragen. Schreiben Sie ein typisches Beispiel auf ein separates Blatt.

b) Diskutieren Sie, welche der Fragenarten für ein Interview besonders geeignet sind und welche eher nicht. Begründen Sie Ihre Antworten und tragen Sie sie in die folgende Tabelle ein. Beachten Sie das Beispiel!

Frage	geeignet	wenig geeignet	Grund
W-Frage	☐	☐	
Entscheidungsfrage	☐	☐	
Anschlussfrage	☐	☐	
Mehrfachfrage	☐	☐	
Alternativfrage	☐	☐	
Suggestivfrage	☐	☒	Sie beeinflusst; sie legt der befragten Person die Antwort in den Mund.
rhetorische Frage	☐	☐	

AUFGABE 2

Überfliegen Sie zunächst die Fragen in folgendem Interview. Lesen Sie dann den ganzen Text und führen Sie anschliessend die Aufträge aus.

«Ich bleibe der Schweiz treu, bis ich die Augen schliesse»

Wer kann besser Auskunft geben darüber, wie sich die Schweiz verändert hat, als sie? Anna H. spricht über die Jugend von heute, Frauen im Bundesrat und darüber, wie man so alt wird.

Frau H., wie haben Sie es geschafft, 110 Jahre alt zu werden?
Das liegt nicht in meiner Hand. Niemand kann wünschen, wie alt er oder sie wird. Klar kann man sagen: Ich will 110 Jahre alt werden. Aber das entscheidet jemand anderes. Wer, meinen Sie, entscheidet das?

Gott?
Ja. Er bestimmt das Alter.

Ist es schön, so alt zu werden?
Jää joo! Man erlebt allerlei: Gutes und weniger Gutes. Ich bin dankbar für mein langes Leben. Es ist ein Geschenk. Auch, dass es mir gesundheitlich so gut geht. Ich staune manchmal selbst. Es kann vorkommen, dass mir beim Spazieren das Bein wehtut. Aber ich habe nichts zu jammern. Ich habe Kraft, die man nicht kaufen kann.

Was bedeutet Ihnen die Schweiz?
Die Schweiz ist meine Heimat. Ich bin hier geboren, war eigentlich immer in der Schweiz, und ich bleibe der Schweiz treu, bis ich die Augen schliesse.

Was gefällt Ihnen an unserem Land?
Man kritisiert ja viel. Wegen der Regierung und so. Aber ich sage immer: Reklamieren ist einfacher als es selbst recht machen.

Sie finden, dass es unser Bundesrat gut macht?
Die Bundesräte machen es schon recht. Sie geben sich Mühe. Fehler machen alle, ob Regierung oder nicht. Es ist eine schwierige Aufgabe, ein ganzes Land so zu regieren, dass es allen passt. Das geht wohl gar nicht. Die Wünsche sind so verschieden! Die einen wollen dies, die anderen jenes. Also, ich bin froh, dass ich nicht regieren muss!

Was macht es denn so schwierig?
Das Geld. Es ist ein Haufen «Chlütter» im Spiel. Deswegen gibt es immer Probleme.

Gehen Sie noch abstimmen?
Sicher, immer. Und ich bleibe meiner Partei treu.

Früher durften Sie als Frau nicht wählen. Hat Sie das gestört?
Nein. Ich war baff, als das Frauenstimmrecht angenommen wurde. Ich dachte, es sei schon genug, wenn die Männer abstimmen. Heute finde ich, dass es wirklich Frauen gibt, die tüchtig sind. Es ist richtig, dass die Frauen den Herren ihre Meinung sagen.

Halten Sie sich über die Politik auf dem Laufenden?
Ich sehe nicht mehr gut und kann deshalb nicht mehr Zeitung lesen. Aber ich habe ein Radio. Einen Fernseher besitze ich nicht. Anscheinend bringen sie dort zwar schöne Sachen. Aber das ist nichts für mich.

Oft hört man den Spruch: Früher war alles besser. Niemand kann das besser beurteilen als Sie: Stimmt das?
Es fragt sich: Was war besser? Die Regierung? Oder das Leben? Oder die Jugend? Es war früher nicht alles besser. Aber ich muss sagen: Die Jugend war früher anständiger. Heute sind die Jungen – wie soll ich sagen – nicht verwildert, aber ... (denkt nach) ... frecher! Doch es gibt auch Burschen, die ganz flott sind, die den Älteren über die Strasse helfen.

Interview: Patrik Müller/Der Sonntag

Aufträge zum Interview

Bearbeiten Sie nun die Aufträge. Nummerieren Sie die Interviewfragen, falls Ihnen dies die Arbeit erleichtert.

a) Ganz am Anfang des Interviews nach dem Titel steht das Lead. Welche Informationen werden dem Leser bzw. der Leserin darin vermittelt?

_____

b) Notieren Sie die Anfänge der W-Fragen, die im Interview verwendet werden:

_____

_____

c) Welche Anschlussfragen kommen im Interview vor?

_____

d) Wer hat wen interviewt? Notieren Sie die Namen:

_____ *sprach mit* _____

THEORIE

Merkmale des Interviews

Was will ich mit einem Interview erreichen? Was muss ich beachten?
- Zur Orientierung der Lesenden stelle ich in der Einleitung (Lead) die befragte Person vor und zeige auf, in welchem Zusammenhang das Interview steht.
- Damit ich möglichst viel erfahre, bereite ich das Gespräch gut vor. Ich recherchiere das Interviewthema, damit ich die Antworten des oder der Interviewten auch verstehen kann.
- Fragen, auf die ich durch gezieltes Recherchieren eine Antwort erhalten kann, stelle ich nicht im Interview, sondern behandle ich in der Einleitung.
- Das Interview soll aufschlussreich sein, deshalb wähle ich aus vielen möglichen Fragen bewusst jene W-Fragen aus, auf die ich ergiebige Informationen erwarten darf.
- Um das Verständnis zu erleichtern, achte ich auf eine logische Abfolge der Fragen.
- Während des Interviews höre ich der interviewten Person aufmerksam zu, damit ich falls nötig mit passenden (auch unvorbereiteten) Anschlussfragen reagieren kann.
- Ich schreibe keine Antworten auf, die ich als vertrauliche Informationen erhalten habe.

Was erwarte ich von einem Interview?
- Ich möchte erfahren, wer mit wem, wann und worüber das Gespräch geführt hat.
- Wichtige Fragen sollen zu Beginn gestellt werden, danach erst die Detailfragen.
- Ich erwarte gezielte Fragen und ausführliche Antworten, also kein reines Abfragen.
- Bei ungenauen oder ausweichenden Antworten sollen gezielte Anschlussfragen mehr Aufschluss geben.
- Ich möchte das Interview in leicht verständlicher, korrekter Standardsprache lesen.

AUFGABE 3

Partnerarbeit

Überprüfen Sie zusammen mit Ihrer Banknachbarin oder Ihrem Banknachbarn, ob im Interview von Aufgabe 2 die Merkmale guter Interviews befolgt wurden. Tragen Sie «befolgt», «nicht befolgt» oder «vorhanden», «teilweise vorhanden» u. Ä. ein.

Informationen zur befragten Person   _____

informative Einleitung   _____

ergiebige Fragen   _____

keine Suggestivfragen   _____

keine Mehrfachfragen   _____

keine Entscheidungsfragen   _____

Es ist bekannt, mit wem das Interview
geführt wurde.   _____

Es ist bekannt, wer das Interview führte.   _____

Der Grund für das Interview wird genannt.   _____

AUFGABE 4

Ein Interview planen und durchführen

a) Planen Sie ein Interview mit
   - einer Politikerin oder einem Politiker aus Ihrer Region oder
   - einer Gemeindevertreterin/einem Gemeindevertreter Ihrer Wohngemeinde oder
   - einem Parteimitglied einer Regierungspartei.

b) Bereiten Sie fünf bis sieben Fragen für das Interview zu einem der folgenden Themen vor:
   - Wie kann man die Jugendlichen (besser) für Politik begeistern?
   - Was zeichnet eine gute Politikerin/einen guten Politiker aus?
   - Ein anstehendes grösseres Projekt der Gemeinde
   - Die nächste Abstimmung/die nächsten Wahlen

c) Besprechen Sie Ihre Fragen mit einer Mitschülerin oder einem Mitschüler, die/der dasselbe Thema gewählt hat. Verbessern, ergänzen oder ändern Sie Ihre Fragen falls nötig.

d) Führen Sie das Interview durch und schreiben Sie es nieder. Beachten Sie dabei die unten stehenden Hinweise zur Durchführung von Interviews.

THEORIE

Hinweise zur Durchführung von Interviews

- Ich erkläre der interviewten Person, in welchem Rahmen ich das Interview führe und wo es allenfalls veröffentlicht wird. Ich danke für die Bereitschaft, das Interview mit mir zu machen.
- Ich führe das Interview in der Regel mündlich durch. Ich notiere mir die Antworten oder zeichne sie elektronisch auf. Bei ganz wichtigen Interviews kombiniere ich beide Methoden.
- Bei der späteren Niederschrift übernehme ich die mündlichen Aussagen nicht wortwörtlich, sondern übertrage sie in Standardsprache. Dabei gelten die Regeln für schriftliche Texte. Trotzdem darf ich den Inhalt der Aussagen nicht verändern.
- Das fertig geschriebene Interview lege ich der interviewten Person zum Gegenlesen vor. Änderungswünsche berücksichtige ich, soweit sie den ursprünglichen Sinn nicht gänzlich verändern.

Ziel erreicht Das kann ich jetzt!

Überprüfen Sie das Gelernte. Beurteilen Sie die folgenden Aussagen, ohne vorne nachzuschlagen.

	trifft zu	trifft nicht zu
1 Die Einleitung informiert darüber, wer das Gespräch mit wem, warum und worüber geführt hat.	☐	☐
2 Reines Abfragen soll vermieden werden.	☐	☐
3 Es ist wichtig, möglichst viele Fragen zu stellen.	☐	☐
4 Die logische Reihenfolge der Fragen muss gut geplant werden.	☐	☐
5 «War die Stimmbeteiligung hoch?» ist eine Entscheidungsfrage.	☐	☐
6 «Sie sind doch sicher gegen diese Vorlage?» ist eine Suggestivfrage	☐	☐
7 Suggestivfragen und Entscheidungsfragen sind geeignet für jemanden, der nicht häufig Interviews durchführt.	☐	☐
8 Ein gutes Interview enthält vor allem W-Fragen.	☐	☐
9 Um ungenügend oder ausweichend beantwortete Fragen zu vertiefen, bereitet man Anschlussfragen vor.	☐	☐
10 Rhetorische Fragen eignen sich besonders gut für Interviews.	☐	☐
11 Wenn die befragte Person gewisse Antworten ausdrücklich als vertraulich bezeichnet, so werden diese nicht ins geschriebene Interview aufgenommen.	☐	☐
12 Mündlich gegebene Antworten werden in eine geeignete schriftliche Form gebracht. Dabei darf der Inhalt der Antworten nicht verändert werden.	☐	☐

Schlagen Sie im Lösungsteil nach und vergleichen Sie.

Direkte und indirekte Rede

Lernziele

Ich …
… kann korrekte Sätze in direkter und indirekter Rede bilden
… kann die Satzzeichen in der direkten und der indirekten Rede an der richtigen Stelle setzen
… kann direkte Rede in indirekte Rede verwandeln und umgekehrt

Aufwärmen Was weiss ich schon?

Überprüfen Sie Ihre Vorkenntnisse zur direkten und indirekten Rede. Welche der folgenden Aussagen treffen zu, welche nicht?

	trifft zu	trifft nicht zu	weiss nicht
1 In der direkten Rede wird der Konjunktiv I (die Möglichkeitsform) verwendet, in der indirekten Rede steht der Indikativ (die Wirklichkeitsform).			
2 Bei der indirekten Rede steht nie ein Fragezeichen am Satzende.			
3 Die Form des Konjunktivs I (z. B. «sie wohne») heisst auch Wirklichkeitsform.			
4 Dem direkten Redesatz «… die Wohnung ist zu klein» entspricht der indirekte Redesatz «… die Wohnung sei zu klein».			
5 Wenn man direkte Rede in indirekte Rede umwandelt, muss man manchmal auch die Pronomen anpassen.			
6 In folgendem Satz sind die Satzzeichen korrekt gesetzt: «Das Gesetz», sagte er «schützt uns nicht.»			

Schlagen Sie im Lösungsteil nach und vergleichen Sie.

Trainingsphase Grundlagen erarbeiten, Aufgaben lösen

AUFGABE 1

a) Lesen Sie die folgenden Regeln und betrachten Sie die Beispiele aufmerksam. Welche Unterschiede zwischen direkter und indirekter Rede stellen Sie fest? Halten Sie Ihre Beobachtungen unten fest.

THEORIE

Direkte und indirekte Rede

Grundregeln

In der direkten und indirekten Rede wird eine Aussage aus unterschiedlicher Perspektive (Sicht) wiedergegeben:
- In der direkten Rede geben wir eine Aussage im Wortlaut wieder, d.h. aus der Perspektive der sprechenden Person.
- In der indirekten Rede geben wir eine Aussage aus der Perspektive jener Person wieder, welche die Aussage weitererzählt.

Direkte Rede	Indirekte Rede
Herr A. berichtet:	*Herr A. hat mir erzählt, …*
– «**Mein** Nachbar <u>lässt</u> im Garten ständig laute Musik laufen.»	– **sein** Nachbar <u>lasse</u> im Garten ständig laute Musik laufen.
– «**Ich** <u>kann</u> **mich** nicht gegen diesen Lärm wehren.»	– **er** <u>könne</u> **sich** nicht gegen diesen Lärm wehren.
– «Das Gesetz <u>schützt</u> **uns** nicht.»	– das Gesetz <u>schütze</u> **sie** nicht.
– «Solcher Lärm <u>gilt</u> nicht als übermässig.»	– solcher Lärm <u>gelte</u> nicht als übermässig.
– «Das <u>habe</u> **ich** <u>**gestern**</u> erfahren.»	– das <u>habe</u> **er** **am Tag zuvor** erfahren.
– «**Meine** Frau und **ich** <u>wissen</u> nicht, was tun!»	– **seine** Frau und **er** <u>wüssten</u> nicht, was tun.
Herr A. fragt:	*Herr A. hat mich gefragt, …*
«Was soll **ich** tun?»	– was **er** tun <u>solle</u>.
«Können **Sie mir** einen Rat geben?»	– **ob** **ich ihm** einen Rat geben <u>könne</u>.
Ich habe Herrn A. geraten:	*Ich habe Herrn A. geraten, …*
«<u>Ziehen</u> **Sie** um!»	**er** solle umziehen.
Jemand hat ihm befohlen:	*Jemand hat ihm befohlen, …*
«<u>Ziehen</u> **Sie** um!»	**er** müsse umziehen.

_____

_____

_____

b) Welche Unterschiede haben Sie festgestellt? Notieren Sie die fehlenden Merkmale.

Merkmale der direkten und indirekten Rede		
Elemente	Direkte Rede	Indirekte Rede
Satzzeichen nach der Ankündigung	_____	_____
Satzzeichen am Satzende bei Frage und bei Ausruf	Frage: _____ Ausruf: _____	bei Frage und Ausruf: _____
Form des Verbs (Personalform)	Indikativ (Wirklichkeitsform)	_____ _____
Form des Verbs (Personalform) in Befehl und Ratschlag	Befehlsform	bei Ratschlag: _____ bei Befehl: _____
Stellung des Verbs in der Frage	am Satzbeginn oder nach dem Fragewort	am _____ (wie beim Nebensatz)
Pronomen	aus der Sicht der Rednerin oder des Redners	aus der Sicht der Person, welche _____
Zeitangaben wie «heute»	bezogen auf den Moment der ursprünglichen Redehandlung	bezogen auf den Moment der _____

AUFGABE 2

Setzen Sie die Antworten von Frau H. auf die ersten Fragen im Interview Seite 153 («Ich bleibe der Schweiz treu, bis ich die Augen schliesse») in die indirekte Rede.

Auf die Frage, wie sie es geschafft habe, 110 Jahre alt zu werden, meinte Frau H., das (liegen) _____ nicht in ihrer Hand. Niemand (können) _____ wünschen, wie alt er oder sie (werden) _____. Klar (können) _____ man sagen: «Ich will 110 Jahre alt werden.» Aber das (entscheiden) _____ Gott. Natürlich (geniessen) _____ sie, so alt zu werden. Man (erleben) _____ dabei allerlei Gutes und weniger Gutes. Frau H. sagte auch, sie (sein)_____ dankbar für ihr langes Leben. Es (sein) _____ ein Geschenk, dass es ihr gesundheitlich so gut (gehen)_____. Sie (staunen)_____ manchmal selbst. Es (kommen) _____ vor, dass ihr beim Spazieren das Bein (wehtun) _____. Aber sie (haben)_____ nichts zu jammern.

Frau H. betonte, sie (bleiben)_____ der Schweiz treu, bis sie die Augen (schliessen) _____. Man (kritisieren) _____ zwar viel an der Regierung. Aber reklamieren (sein) _____ einfacher als es selbst recht machen.

THEORIE

Konjunktiv in der indirekten Rede: Zusatzregel

Wenn sich der Konjunktiv des Verbs nicht vom Indikativ unterscheidet (das ist bei «ich», «wir» und «sie» oft der Fall), so verwendet man den Konjunktiv II des Verbs oder die Zusammensetzung mit «würde».
Der Konjunktiv II leitet sich vom Präteritum des Verbs ab (vgl. Kapitel «Zeiten der Vergangenheit» Seite 147).
Die Tabelle zeigt, in welchen Fällen auf den Konjunktiv II ausgewichen wird:

Indikativ	**Konjunktiv I**	**Ausweichform: Konjunktiv II***
Ich weiss	Ich wisse	
Du weisst	Du wissest	
Er/sie/es weiss	Er/sie/es wisse	
Wir/sie *wissen*	Wir/sie *wissen*	Wir/sie wüssten (sie würden wissen)
Ihr wisst	Ihr wisset	
Ich *habe*	Ich *habe*	Ich hätte (ich würde haben)
Du hast	Du habest	
Er/sie/es hat	Er/sie/es habe	
Wir/sie *haben*	Wir/sie *haben*	Wir/sie hätten
Ihr habt	Ihr habet	

Beispiele

«Ich weiss es nicht.»	Er sagte, er wisse es nicht.
«Wir wissen es nicht.»	Er sagte, sie wüssten es nicht.
	(Er sagte, sie würden es nicht wissen.)

(* Zum Konjunktiv II vgl. auch Seite 227)

AUFGABE 3

a) Klären Sie in Partnerarbeit zuerst einige wichtige Begriffe, die im Text von Aufgabe 3b) vorkommen. Ersetzen Sie die fett gedruckten Wörter durch gleichbedeutende Ausdrücke.

das **konservative** Abstimmungsverhalten _____

das **fortschrittliche** Lager _____

die **Mentalität** _____

das ist **laut** der Landkarte so _____

die **Agglomeration** _____

die **Integration** _____

etwas **wuchtig verwerfen** _____

diese Leute **prägen** das Dorfleben _____

die **entlegeneren** Gegenden _____

Erklären Sie die folgenden Ausdrücke in Stichworten oder einem kurzen Satz.

1. die Öffnung der Schweiz

   _____

2. gesellschaftliche Neuerungen

   _____

3. zwei Extreme

   _____

4. die Liberalisierung

   _____

5. die Mobilität

   _____

6. das Gedankengut

   _____

7. der Zustrom fehlt

   _____

b) Die Informationen im folgenden Zeitungsartikel finden Sie überraschend, deshalb erzählen Sie einer Kollegin davon. Füllen Sie die richtigen Verbformen in die Lücken unten.

Die etwas andere Landkarte der Schweiz

Ländliche Gemeinden zeigen in ihrem Abstimmungsverhalten grosse Unterschiede, wie eine «Mentalitätskarte» der Schweiz aufzeigt. Laut der Karte bestehen bei Abstimmungen zwar auf den ersten Blick die erwarteten Stadt-Land-Gegensätze: Die grösseren Städte und ihre Agglomerationen sagen Ja zur Öffnung der Schweiz, zur Integration von Fremden und zu gesellschaftlichen Neuerungen; die ländlichen Gemeinden lehnen dies mehrheitlich ab.

Doch nicht alle Landgemeinden stimmen konservativ. So stehen zum Beispiel zahlreiche Bündner und Walliser Gemeinden im fortschrittlichen Lager. Zwei Extreme sind Ligerz BE am Bielersee und Unterschächen UR im Schächental: Ligerz sagte bei den Abstimmungen zum Uno-Beitritt und zur Liberalisierung des Schwangerschaftsabbruches Ja. In Unterschächen wurden beide Vorlagen wuchtig verworfen.

Die Studienleiter erklären die Mentalitätsunterschiede mit der geografischen Lage und der Mobilität der Schweizer Bevölkerung: Orte an Sonnen- und Seelage mit guten Verbindungen zu Zentren, wie etwa Ligerz, sind als Wohnsitz beliebt. Die aus der Stadt Zugezogenen prägen die Mentalität ihrer neuen Wohnsitzgemeinden. Auch der Tourismus bringt modernes Gedankengut aufs Land, wie das Verhalten bestimmter Bündner und Walliser Gemeinden zeigt. In entlegeneren Gegenden wie Unterschächen, wo dieser Zustrom weitgehend fehlt, denken die Menschen hingegen eher konservativ.

Ich habe gelesen, ländliche Gemeinden *zeigten* grosse Unterschiede beim Abstimmungsverhalten.

Zwar _____ bei Abstimmungen auf den ersten Blick die erwarteten Stadt-Land-Gegensätze: Die grösseren Städte und ihre Agglomerationen _____ Ja zur Öffnung der Schweiz, zur Integration von Fremden und zu gesellschaftlichen Neuerungen; die ländlichen Gemeinden _____ dies mehrheitlich ab.

Doch nicht alle Landgemeinden _____ konservativ. So _____ zum Beispiel zahlreiche Bündner und Walliser Gemeinden im fortschrittlichen Lager. Die Studienleiter *erklärten* die Mentalitätsunterschiede mit der geografischen Lage und der Mobilität der Schweizer Bevölkerung: Orte an Sonnen- und Seelage mit guten Verbindungen zu Zentren _____ bei Städtern als Wohnsitz beliebt. Die neu Zugezogenen _____ die Mentalität ihrer neuen Wohnsitzgemeinden. Auch der Tourismus _____ modernes Gedankengut aufs Land, wie das Verhalten bestimmter Bündner und Walliser Gemeinden _____. In entlegeneren Gegenden, wo dieser Zustrom weitgehend _____, _____ die Menschen hingegen eher konservativ.

AUFGABE 4

a) Setzen Sie im folgenden Text die fehlenden Satzzeichen in Zusammenhang mit direkter und indirekter Rede. Betrachten Sie vorgängig nochmals die Tabelle Seite 159!

Das Dach über dem Kopf verloren

Hedi und Erich Bodmer aus Brienz haben bei einem grossen Unwetter ihr Haus verloren. Sie erzählen von der Unglücksnacht.

Erich berichtet   Am Tag, als das Wasser kam, hatte ich Nachtdienst und nahm den Zug nach Bern um halb acht. Unterwegs fiel mir auf, wie langsam der Zug fuhr. Schuld daran war der ununterbrochene Regen. — Als du aus dem Haus warst   sagt seine Frau   räumte ich auf und blätterte noch in der Zeitung. Um halb elf ging ich zu Bett, doch der Bach war so laut, dass ich nicht einschlafen konnte. Plötzlich rumpelte es wie ein Erdbeben und ich sah vor dem Fenster eine Wand aus Schlamm und Geröll. Ich rannte hinaus, gerade noch rechtzeitig. Dann wollte ich dich von der Zivilschutzanlage aus anrufen …   — Aber bei mir kam nur die Combox, weil der Akku leer war! Das merkte ich erst am nächsten Morgen. Mein Zug blieb in Interlaken stecken.   Das Wasser sei gekommen   hiess es. Kurz darauf traf ich unsern Nachbarn, der auch auswärts arbeitet. Der war ganz aufgeregt und sagte   bei ihm habe es das Gartenhaus weggeschwemmt.   Gegen Mittag konnten wir einen Heliflug nach Brienz erwischen, anders war das Dorf nicht mehr zu erreichen. Als ich aus dem Fenster nach unten schaute, erschrak ich, weil unser Haus zerstört war. — Und ich war so froh   sagt Hedi   dass du endlich da warst! — Ja, Hedi, man war so dankbar, sich gesund wiederzusehen, alles andere war halb so schlimm.   Hedi fügt hinzu   Trotzdem war es schmerzhaft, dorthin zurückzukommen, wo wir achtzehn Jahre gelebt hatten, und zu sehen: Da ist einfach nichts mehr.

b) Lesen Sie nun die Zusatzregeln zur Zeichensetzung in der indirekten Rede und überprüfen Sie dann, ob Sie diese Regeln im Text «Das Dach über dem Kopf verloren» beachtet haben. Korrigieren Sie, wo nötig.

THEORIE

Die Satzzeichen in der direkten und indirekten Rede: Zusatzregel

Wenn der Ankündigungssatz nicht am Anfang, sondern in der Mitte oder am Ende der Rede steht, gelten die folgenden Regeln für die Satzzeichen und Grossschreibung:

Beispiele

«Das Gesetz», sagte er, «schützt uns nicht.»	Das Gesetz, sagte er, schütze sie nicht.
«Das Gesetz schützt uns nicht», sagte er.	Das Gesetz schütze sie nicht, sagte er.
«Schützt uns das Gesetz?», fragte er.	Ob sie das Gesetz schütze, fragte er.

Ziel erreicht — Das kann ich jetzt!

Überprüfen Sie das Gelernte. Beurteilen Sie die folgenden Aussagen, ohne vorne nachzuschlagen.

	trifft zu	trifft nicht zu
1 Wenn man direkte Rede in indirekte verwandelt, muss man nur zwei Punkte beachten: 1. die Satzzeichen, 2. die Verben.		
2 «In einem Artikel habe ich gelesen, die meisten Haushalte haben einmal pro Woche Gäste.» In dieser indirekten Rede ist die Verbform (haben) korrekt.		
3 Der Konjunktiv I der 1. Person Plural des Verbs «gehen» heisst «wir gehen», der Konjunktiv II heisst «wir gingen».		
4 In der indirekten Rede stehen keine Fragezeichen und keine Ausrufezeichen.		
5 In der direkten Rede steht immer ein Doppelpunkt bei der Ankündigung.		
6 In der indirekten Rede verwendet man normalerweise den Konjunktiv II.		
7 Den Konjunktiv I leitet man vom Präsens ab, den Konjunktiv II vom Präteritum.		
8 «Stefan hat mich gefragt, was soll er tun?» In dieser indirekten Rede hat es mehr als einen Fehler.		
9 Wenn man eine direkte Rede in eine indirekte Rede verwandelt, muss man die Pronomen nie anpassen.		
10 «In einem Artikel habe ich gelesen, die Jugendlichen sind zu wenig an der Politik interessiert.» In dieser indirekten Rede sind die Verbformen korrekt.		
11 In der direkten und der indirekten Rede wird eine Aussage jeweils aus unterschiedlicher Perspektive wiedergegeben.		
12 In der folgenden indirekten Rede sind die Satzzeichen korrekt gesetzt: «Das Gesetz, sagte er, schütze sie nicht.»		

Schlagen Sie im Lösungsteil nach und vergleichen Sie.

Kurzgeschichte

Lernziele

Ich …
… kann den Inhalt einer Kurzgeschichte erfassen
… kenne die wichtigsten Merkmale einer Kurzgeschichte
… weiss, dass es wichtig ist, auch zwischen den Zeilen zu lesen

Aufwärmen Was weiss ich schon?

Überprüfen Sie Ihre Vorkenntnisse zur Kurzgeschichte: Welche der folgenden Aussagen treffen zu, welche nicht?

	trifft zu	trifft nicht zu	weiss nicht
1 Eine Kurzgeschichte ist so kurz, dass man sie in einem Zug lesen kann.	☐	☐	☐
2 Die Einleitung einer Kurzgeschichte ist meist ausführlich.	☐	☐	☐
3 In einer Kurzgeschichte kommen nur wenige Hauptpersonen vor.	☐	☐	☐
4 In Kurzgeschichten findet man oft Zeitsprünge.	☐	☐	☐
5 Kurzgeschichten wollen zum Nachdenken anregen.	☐	☐	☐
6 Kurzgeschichten sind in einer einfachen Sprache geschrieben.	☐	☐	☐

Schlagen Sie im Lösungsteil nach und vergleichen Sie.

Trainingsphase Grundlagen erarbeiten, Aufgaben lösen

AUFGABE 1

Betrachten Sie das unten stehende Bild aufmerksam und diskutieren Sie zu zweit folgende Fragen:
- Was passiert hier?
- Was löst dieses Bild bei uns aus?
- Wo und in welchem Zusammenhang könnte dieses Bild aufgenommen worden sein?
- Welche Staatsform herrscht wohl in einem Land, wo solches passiert?

AUFGABE 2

Lesen Sie die Kurzgeschichte «Ein Freund der Regierung» von Siegfried Lenz aufmerksam durch und lösen Sie anschliessend die Aufträge.

EIN FREUND DER REGIERUNG

Siegfried Lenz

1   Zu einem Wochenende luden sie Journalisten ein, um ihnen an Ort und Stelle zu zeigen,
2   wie viele Freunde die Regierung hatte. Sie wollten uns beweisen, dass alles, was über das
3   unruhige Gebiet geschrieben wurde, nicht zutraf: die Folterungen nicht, die Armut und
4   vor allem nicht das wütende Verlangen nach Unabhängigkeit. So luden sie uns sehr höflich
5   ein, und ein sehr höflicher, tadellos gekleideter Beamter empfing uns hinter der Oper und
6   führte uns zum Regierungsbus. Es war ein neuer Bus; ein Geruch von Lack und Leder um-
7   fing uns, leise Radiomusik, und als der Bus anfuhr, nahm der Beamte ein Mikrofon aus der

Halterung, kratzte mit dem Fingernagel über den silbernen Verkleidungsdraht und hiess uns noch einmal mit sanfter Stimme willkommen. Bescheiden nannte er seinen Namen – «Ich heisse Garek», sagte er –; dann wies er uns auf die Schönheiten der Hauptstadt hin, nannte Namen und Anzahl der Parks, erklärte uns die Bauweise der Mustersiedlung, die auf einem kalkigen Hügel lag, blendend unter dem frühen Licht.

Hinter der Hauptstadt gabelte sich die Straße; wir verloren die Nähe des Meers und fuhren ins Land hinein, vorbei an steinübersäten Feldern, an braunen Hängen; wir fuhren zu einer Schlucht und auf dem Grunde der Schlucht bis zur Brücke, die über ein ausgetrocknetes Flussbett führte. Auf der Brücke stand ein junger Soldat, der mit einer Art lässiger Zärtlichkeit eine handliche Maschinenpistole trug und uns fröhlich zuwinkte, als wir an ihm vorbei über die Brücke fuhren. Auch im ausgetrockneten Flussbett, zwischen den weissgewaschenen Kieseln, standen zwei junge Soldaten, und Garek sagte, dass wir durch ein sehr beliebtes Übungsgebiet führen.

Serpentinen (1) hinauf, über eine heisse Ebene, und durch die geöffneten Seitenfenster drang feiner Kalkstaub ein, brannte in den Augen; Kalkgeschmack lag auf den Lippen. Wir zogen die Jacketts aus. Nur Garek behielt sein Jackett an; er hielt immer noch das Mikrofon in der Hand und erläuterte mit sanfter Stimme die Kultivierungspläne (2), die sie in der Regierung für dieses tote Land ausgearbeitet hatten. Ich sah, dass mein Nebenmann die Augen geschlossen, den Kopf zurückgelehnt hatte; seine Lippen waren trocken und kalkblass, die Adern der Hände, die auf dem vernickelten Metallgriff lagen, traten bläulich hervor. Ich wollte ihn in die Seite stossen, denn mitunter traf uns ein Blick aus dem Rückspiegel, Gareks melancholischer (3) Blick, doch während ich es noch überlegte, stand Garek auf, kam lächelnd über den schmalen Gang nach hinten und verteilte Strohhalme und eiskalte Getränke in gewachsten Papptüten.

Gegen Mittag fuhren wir durch ein Dorf; die Fenster waren mit Kistenholz vernagelt, die schäbigen Zäune aus trockenem Astwerk löcherig, vom Wind der Ebene auseinandergedrückt. Auf den flachen Dächern hing keine Wäsche zum Trocknen. Der Brunnen war abgedeckt; kein Hundegebell verfolgte uns, und nirgendwo erschien ein Gesicht. Der Bus fuhr mit unverminderter Geschwindigkeit vorbei, eine graue Fahne von Kalkstaub hinter sich herziehend, grau wie eine Fahne der Resignation (4).

Wieder kam Garek über den schmalen Gang nach hinten, verteilte Sandwiches, ermunterte uns höflich und versprach, dass es nicht mehr allzu lange dauern würde, bis wir unser Ziel erreicht hätten. Das Land wurde hügelig, rostrot; es war jetzt von grossen Steinen bedeckt, zwischen denen kleine farblose Büsche wuchsen. Die Strasse senkte sich, wir fuhren durch einen tunnelartigen Einschnitt. Die Halbrundungen der Sprenglöcher warfen schräge Schatten auf die zerrissenen Felswände. Eine harte Glut schlug in das Innere des Busses. Und dann öffnete sich die Strasse, und wir sahen das von einem Fluss zerschnittene Tal und das Dorf neben dem Fluss.

Garek gab uns ein Zeichen, Ankündigung und Aufforderung; wir zogen die Jacketts an, und der Bus fuhr langsamer und hielt auf einem lehmig verkrusteten Platz, vor einer sauber gekalkten Hütte. Der Kalk blendete so stark, dass beim Aussteigen die Augen schmerzten. Wir traten in den Schatten des Busses, wir schnippten die Zigaretten fort. Wir blickten aus zusammengekniffenen Augen auf die Hütte und warteten auf Garek, der in ihr verschwunden war.

Es dauerte einige Minuten, bis er zurückkam, aber er kam zurück, und er brachte einen Mann mit, den keiner von uns je zuvor gesehen hatte.

«Das ist Bela Bonzo», sagte Garek und wies auf den Mann; «Herr Bonzo war gerade bei einer Hausarbeit, doch er ist bereit, Ihnen auf alle Fragen zu antworten.»

Wir blickten freimütig auf Bonzo, der unsere Blicke ertrug, indem er sein Gesicht leicht senkte. Er hatte ein altes Gesicht, staubgrau; scharfe, schwärzliche Falten liefen über seinen Nacken; seine Oberlippe war geschwollen. Bonzo, der gerade bei einer Hausarbeit überrascht worden war, war sauber gekämmt, und die verkrusteten Blutspuren an seinem alten, mageren Hals zeugten von einer heftigen und sorgfältigen Rasur. Er trug ein frisches Baumwollhemd, Baumwollhosen, die zu kurz waren und kaum bis zu den Knöcheln reichten; seine Füsse steckten in neuen, gelblichen Rohlederstiefeln, wie Rekruten sie bei der Ausbildung tragen.

Wir begrüssten Bela Bonzo, jeder von uns gab ihm die Hand, dann nickte er und führte uns in sein Haus. Er lud uns ein, voranzugehen, wir traten in eine kühle Diele, in der uns eine alte Frau erwartete; ihr Gesicht war nicht zu erkennen, nur ihr Kopftuch leuchtete in dem dämmrigen Licht. Der Alte bot uns faustgrosse, fremde Früchte an, die Früchte hatten ein saftiges Fleisch, das rötlich schimmerte, so dass ich am Anfang das Gefühl hatte, in eine frische Wunde zu beissen.

Wir gingen wieder auf den lehmigen Platz hinaus. Neben dem Bus standen jetzt barfüssige Kinder; sie beobachteten Bonzo mit unerträglicher Aufmerksamkeit, und dabei rührten sie sich nicht und sprachen nicht miteinander. Nie trafen ihre Blicke einen von uns. Bonzo schmunzelte in rätselhafter Zufriedenheit.

«Haben Sie keine Kinder?» fragte Pottgiesser.

Es war die erste Frage, und Bonzo sagte schmunzelnd:

«Doch, doch, ich hatte einen Sohn. Wir versuchen gerade, ihn zu vergessen. Er hat sich gegen die Regierung aufgelehnt. Er war faul, hat nie etwas getaugt, und um etwas zu werden, ging er zu den Saboteuren (5), die überall für Unruhe sorgen. Sie kämpfen gegen die Regierung, weil sie glauben, es besser machen zu können.» Bonzo sagte es entschieden, mit leiser Eindringlichkeit; während er sprach, sah ich, dass ihm die Schneidezähne fehlten.

«Vielleicht würden sie es besser machen», sagte Pottgiesser. Garek lächelte vergnügt, als er diese Frage hörte, und Bonzo sagte:

«Alle Regierungen gleichen sich darin, dass man sie ertragen muss, die einen leichter, die andern schwerer. Diese Regierung kennen wir, von der anderen kennen wir nur die Versprechungen.»

Die Kinder tauschten einen langen Blick.

«Immerhin ist das grösste Versprechen die Unabhängigkeit», sagte Bleiguth.

«Die Unabhängigkeit kann man nicht essen», sagte Bonzo schmunzelnd. «Was nützt uns die Unabhängigkeit, wenn das Land verarmt. Diese Regierung aber hat unseren Export gesichert. Sie hat dafür gesorgt, dass Strassen, Krankenhäuser und Schulen gebaut wurden. Sie hat das Land kultiviert und wird es noch mehr kultivieren. Ausserdem hat sie uns das Wahlrecht gegeben.»

Eine Bewegung ging durch die Kinder, sie fassten sich bei den Händen und traten unwillkürlich einen Schritt vor. Bonzo senkte das Gesicht, schmunzelte in seiner rätselhaften Zufriedenheit, und als er das Gesicht wieder hob, suchte er mit seinem Blick Garek, der bescheiden hinter uns stand.

«Schliesslich», sagte Bonzo, ohne gefragt worden zu sein, «gehört zur Unabhängigkeit auch eine gewisse Reife. Wahrscheinlich könnten wir gar nichts anfangen mit der Unabhängigkeit. Auch für Völker gibt es ein Alter, in dem sie mündig werden: wir haben dieses Alter noch nicht erreicht. Und ich bin ein Freund dieser Regierung, weil sie uns in unserer Unmündigkeit nicht im Stich lässt. Ich bin ihr dankbar dafür, wenn Sie es genau wissen wollen.»

Garek entfernte sich zum Bus, Bonzo beobachtete ihn aufmerksam, wartete, bis die schwere Bustür zufiel und wir allein dastanden auf dem trockenen, lehmigen Platz. Wir waren unter uns, und Finke vom Rundfunk wandte sich mit einer schnellen Frage an Bonzo: «Wie ist es wirklich? Rasch, wir sind allein.» Bonzo schluckte, sah Finke mit einem Ausdruck von Verwunderung und Befremden an und sagte langsam: «Ich habe Ihre Frage nicht verstanden.»

«Jetzt können wir offen sprechen», sagte Finke hastig.

«Offen sprechen», wiederholte Bonzo bedächtig und schmunzelte breit, so dass seine Zahnlücken sichtbar wurden.

«Was ich gesagt habe, ist offen genug: wir sind Freunde dieser Regierung, meine Frau und ich; denn alles, was wir sind und erreicht haben, haben wir mit ihrer Hilfe erreicht. Dafür sind wir ihr dankbar. Sie wissen, wie selten es vorkommt, dass man einer Regierung für irgendwas dankbar sein kann – wir sind dankbar. Und auch mein Nachbar ist dankbar, ebenso wie die Kinder dort und jedes Wesen im Dorf. Klopfen Sie an jede Tür, Sie werden überall erfahren, wie dankbar wir der Regierung sind.»

Plötzlich trat Gum, ein junger, blasser Journalist, auf Bonzo zu und flüsterte: «Ich habe zuverlässige Nachricht, dass Ihr Sohn gefangen und in einem Gefängnis der Hauptstadt gefoltert wurde. Was sagen Sie dazu?»

Bonzo schloss die Augen, Kalkstaub lag auf seinen Lidern; schmunzelnd antwortete er: «Ich habe keinen Sohn, und darum kann er nicht gefoltert worden sein. Wir sind Freunde der Regierung, hören Sie? Ich bin ein Freund der Regierung.»

Er zündete sich eine selbstgedrehte, krumme Zigarette an, inhalierte heftig und sah zur Bustür hinüber, die jetzt geöffnet wurde. Garek kam zurück und erkundigte sich nach dem Stand des Gesprächs, Bonzo wippte, indem er die Füsse von den Hacken über die Zehenballen abrollen liess. Er sah aufrichtig erleichtert aus, als Garek wieder zu uns trat, und er beantwortete unsere weiteren Fragen scherzhaft und ausführlich, wobei er die Luft mitunter zischend durch die vorderen Zahnlücken entweichen liess.

Als ein Mann mit einer Sense vorüberging, rief Bonzo ihn an; der Mann kam mit schleppendem Schritt heran, nahm die Sense von der Schulter und hörte aus Bonzos Mund die Fragen, die wir zunächst ihm gestellt hatten. Der Mann schüttelte unwillig den Kopf: er war ein leidenschaftlicher Freund der Regierung, und jedes seiner Bekenntnisse quittierte Bonzo mit stillem Triumph. Schliesslich reichten sich die Männer in unserer Gegenwart die Hand, wie um ihre gemeinsame Verbundenheit mit der Regierung zu besiegeln.

Auch wir verabschiedeten uns, jeder von uns gab Bonzo die Hand – ich zuletzt; doch als ich seine rauhe, aufgesprungene Hand nahm, spürte ich eine Papierkugel zwischen unseren Handflächen. Ich zog sie langsam, mit gekrümmten Fingern ab, ging zurück und schob die Papierkugel in die Tasche. Bela Bonzo stand da und rauchte in schnellen, kurzen Stössen; er rief seine Frau heraus, und sie, Bonzo und der Mann mit der Sense beobachteten den abfahrenden Bus, während die Kinder einen mit Steinen und jenen farblosen kleinen Büschen bedeckten Hügel hinaufstiegen.

Wir fuhren nicht denselben Weg zurück, sondern überquerten die heisse Ebene, bis wir auf einen Eisenbahndamm stiessen, neben dem ein Weg aus Sand und Schotter lief. Während dieser Fahrt hielt ich eine Hand in der Tasche, und in der Hand die kleine Papierkugel, die einen so harten Kern hatte, dass die Fingernägel nicht hineinschneiden konnten, so sehr ich auch drückte. Ich wagte nicht, die Papierkugel herauszunehmen, denn von Zeit zu Zeit erreichte uns Gareks melancholischer Blick aus dem Rückspiegel. Ein schreckhafter Schatten flitzte über uns hinweg und über das tote Land; dann erst hörten wir das Propellergeräusch und sahen das Flugzeug, das niedrig über den Eisenbahndamm flog in Richtung zur Hauptstadt, kehrtmachte am Horizont, wieder über uns hinwegbrauste und uns nicht mehr allein liess.

Ich dachte an Bela Bonzo, hielt die Papierkugel mit dem harten Kern in der Hand, und ich fühlte, wie die Innenfläche meiner Hand feucht wurde. Ein Gegenstand erschien am Ende des Bahndamms und kam näher, und jetzt erkannten wir, dass es ein Schienenauto war, auf dem junge Soldaten sassen. Sie winkten freundlich mit ihren Maschinenpistolen zu uns herüber. Vorsichtig zog ich die Papierkugel heraus, sah sie jedoch nicht an, sondern schob sie schnell in die kleine Uhrtasche, die einzige Tasche, die ich zuknöpfen konnte. Und wieder dachte ich an Bela Bonzo, den Freund der Regierung: noch einmal sah ich seine gelblichen Rohlederstiefel, die träumerische Zufriedenheit seines Gesichts und die schwarzen Zahnlücken, wenn er zu sprechen begann. Niemand von uns zweifelte daran, dass wir in ihm einen aufrichtigen Freund der Regierung getroffen hatten.

Am Meer entlang fuhren wir in die Hauptstadt zurück; der Wind brachte das ziehende Kussgeräusch des Wassers herüber, das gegen die unterspülten Felsen schlug. An der Oper stiegen wir aus, höflich verabschiedet von Garek. Allein ging ich ins Hotel zurück, fuhr mit dem Lift in mein Zimmer hinauf, und auf der Toilette öffnete ich die Papierkugel, die der Freund der Regierung mir heimlich anvertraut hatte: sie war unbeschrieben, kein Zeichen, kein Wort, doch eingewickelt lag im Papier ein von bräunlichen Nikotinspuren bezogener Schneidezahn. Es war ein menschlicher, angesplitterter Zahn, und ich wusste, wem er gehört hatte.

(1) Serpentinen: in Schlangenlinien ansteigender Weg
(2) Kultivierung: Entwicklung von Landwirtschaft und Wohngebieten
(3) Melancholisch: schwermütig, trübsinnig
(4) Resignation: in sein Schicksal ergeben
(5) Saboteur: jemand, der absichtlich etwas zerstört

a) Wie ist Ihr erster Eindruck von der Geschichte? Wie ist es Ihnen beim Lesen ergangen? Notieren Sie Ihre Gedanken in Stichworten.

b) Schreiben Sie eine kurze Inhaltsangabe der Geschichte (50 bis 80 Wörter, ganze Sätze). Schlagen Sie die Hinweise zur Inhaltsangabe Seite 49 nach, falls nötig.

c) Wer erzählt die Geschichte?

d) In welcher Person wird die Geschichte erzählt? Begründen Sie, warum der Autor diese Form wählt.

e) Notieren Sie, wo die Handlung stattfindet.

f) Welche Staatsform herrscht in dem Land, in dem die Geschichte spielt?

g) Welche drei Hauptpersonen kommen in der Geschichte vor? Schreiben Sie deren Namen und Funktionen auf.

h) Schreiben Sie auf, weshalb die Journalisten den Ort besuchen.

i) Die Kurzgeschichte lässt sich inhaltlich in drei Abschnitte gliedern. Welche? Markieren Sie die Abschnitte im Text und geben Sie den Abschnitten je eine passende Überschrift.

1.

2.

3.

AUFGABE 3

Partnerarbeit

Der Regierungsbeamte Garek will den Journalisten eine heile Welt zeigen. Doch die Journalisten sehen auch anderes. Lesen Sie die Geschichte unter diesem Gesichtspunkt noch einmal aufmerksam durch und ergänzen Sie dann die unten stehende Tabelle mit den entsprechenden Stellen aus dem Text und Ihren Beobachtungen.

Fassade (Vorgetäuschte Wirklichkeit)	Realität (Wirklichkeit)
Land: Schöne Hauptstadt, viele Parks, blendende Mustersiedlungen, Kultivierungspläne	Totes Land, mit Kistenholz vernagelte Fenster; löchrige, schäbige Zäune; scheinbar ausgestorbene Dörfer: man sieht niemanden, keine Wäsche hängt, kein Hundegebell; graue Fahne von Kalkstaub – «Fahne der Resignation», steinübersäte Felder
Garek: Beamter, sehr höflich und korrekt, tadellos gekleidet, sanfte Stimme	*Garek:*
Soldat(en):	*Soldaten:*
Bonzo:	*Bonzo:*

Was fällt auf? Halten Sie Ihre Beobachtungen in ein bis zwei Sätzen fest.

_____
_____
_____

Erklären Sie in ein bis zwei Sätzen, weshalb das Bild von Aufgabe 1 zu dieser Kurzgeschichte passt.

_____
_____
_____

AUFGABE 4

Lesen Sie unten die Merkmale der Kurzgeschichte aufmerksam durch und beantworten Sie dann die Fragen.

> **THEORIE**
>
> **Die sechs Merkmale der Kurzgeschichte**
>
> Eine Kurzgeschichte ist zwar – wie der Name sagt – kurz, sie kann aber auch bis zu 30 Seiten umfassen. Nicht jede Kurzgeschichte ist haargenau gleich aufgebaut, aber es gibt einige Merkmale, die auf viele Kurzgeschichten zutreffen.
>
> 1. **Unmittelbarer Beginn:** Eine Kurzgeschichte beginnt ohne lange Einleitung, oft mit einem überraschenden Einstieg. Als Leserin oder Leser werde ich gleich mitten ins Geschehen geworfen und von der Handlung gefesselt.
> 2. **Wenige Hauptpersonen:** Im Mittelpunkt der Geschichte stehen eine bis zwei Hauptpersonen. Meist sind das ganz «gewöhnliche» Menschen, die nur grob charakterisiert werden. Als Leserin oder Leser muss ich die Gestalten in meiner Vorstellung nachschaffen, erschliessen.
> 3. **Ein kurzer Lebensausschnitt:** Die Handlung ist auf den ersten Blick eine alltägliche. Die Kurzgeschichte stellt ein Stück herausgerissenen Lebens vor und ist auf einen kurzen Augenblick fixiert. Dabei handelt es sich um einen entscheidenden Ausschnitt oder gar um einen Schicksalsschlag aus dem Leben der handelnden Person. Nicht selten ergreift die Kurzgeschichte Partei für Aussenseiter. Oft nimmt sie eine überraschende Wendung.
> 4. **Offener Schluss:** Viele Kurzgeschichten enden ohne «richtigen» Schluss. Manchmal ist der Schluss völlig offen oder es gibt nur angedeutete Hinweise auf einen wahrscheinlichen Ausgang – ohne dass dieser erzählt wird. Ich als Leserin oder Leser soll mir selbst Gedanken darüber machen, wie die Geschichte enden könnte. Die Geschichte will mich zum Nachdenken anregen.
> 5. **Aussparungen:** Kurzgeschichten arbeiten mit Aussparungen. Das heisst: Vieles wird gar nicht ausgesprochen, sondern nur angedeutet. Auch das Schweigen redet. Ich muss zwischen den Zeilen lesen können. Folglich muss ich den Text sehr aufmerksam lesen. Aktives, mitdenkendes Lesen ist erforderlich.
> 6. **Schlichte Sprache:** Die Sprache der Kurzgeschichte ist meist knapp und kühl. Adjektive, Vergleiche und Sprachbilder werden gezielt eingesetzt und haben eine besondere Bedeutung.

a) Welche der im Theoriekasten auf Seite 173 erwähnten Merkmale treffen auf die Kurzgeschichte «Ein Freund der Regierung» zu?

b) Wie lang dauert der dargestellte Augenblick in «Ein Freund der Regierung»?

c) Siegfried Lenz' Kurzgeschichte trägt den Titel «Ein Freund der Regierung». Ist Bela Bonzo tatsächlich ein Freund der Regierung? Wie verstehen Sie den Titel?

d) Weshalb beteuert Bela Bonzo immer wieder, dass er ein Freund der Regierung sei?

e) In «Ein Freund der Regierung» ist vieles nur angedeutet. Ihr Spürsinn ist gefragt! Lesen Sie die beiden folgenden Textstellen und notieren Sie daneben, was Ihnen dazu auffällt.

Textstelle 1	**Meine Beobachtungen/ zwischen den Zeilen**
«Bonzo, der gerade bei der Hausarbeit überrascht worden war, war sauber gekämmt, und die verkrusteten Blutspuren an seinem alten, mageren Hals zeugten von einer heftigen und sorgfältigen Rasur. Er trug ein frisches Baumwollhemd, Baumwollhosen, die zu kurz waren und kaum bis zu den Knöcheln reichten; seine Füsse steckten in neuen, gelblichen Rohlederstiefeln, wie Rekruten sie bei der Ausbildung tragen.» *(Zeilen 58 bis 62)*	_____

Textstelle 2

«Neben dem Bus standen jetzt barfüssige Kinder; sie beobachteten Bonzo mit unerträglicher Aufmerksamkeit, und dabei rührten sie sich nicht und sprachen nicht miteinander. Nie trafen ihre Blicke einen von uns. Bonzo schmunzelte in rätselhafter Zufriedenheit.» *(Zeilen 69 bis 72)*

f) Der erzählende Journalist ahnt die ganze Zeit, dass etwas nicht stimmt. Was liefert ihm schliesslich den entscheidenden Beweis für seinen Verdacht?

g) Weshalb gibt wohl Bela Bonzo dem Journalisten seinen abgebrochenen Zahn mit?

AUFGABE 5

Siegfried Lenz bedient sich in seiner Kurzgeschichte einer klaren, einfachen Sprache. Adjektive, Sprachbilder und bestimmte Verben setzt er ganz bewusst ein, um eine bestimmte Wirkung zu erzielen. Lesen Sie die drei folgenden Beispiele und erklären Sie, was der Autor mit seiner Wortwahl beabsichtigen könnte.

1. «Der Alte bot uns faustgrosse, fremde Früchte an, die Früchte hatten saftiges Fleisch, das rötlich schimmerte, so dass ich am Anfang das Gefühl hatte, in eine frische Wunde zu beissen.» *(Zeilen 66–68)*

   _____
   _____
   _____
   _____
   _____

2. «Der Bus fuhr mit unverminderter Geschwindigkeit vorbei, eine graue Fahne von Kalkstaub hinter sich herziehend, grau wie eine Fahne der Resignation.» *(Zeilen 35–37)*

   _____
   _____
   _____
   _____
   _____

3. Bela Bonzo schmunzelt ständig, das erste Mal in Zeile 72: «Bonzo schmunzelte in rätselhafter Zufriedenheit.»
   Streichen Sie im Text die weiteren Stellen an, wo Bonzo schmunzelt, notieren Sie die entsprechenden Textzeilen und eine mögliche Erklärung, welche Wirkung der Autor mit diesen Wiederholungen wahrscheinlich erzielen will.

   _____
   _____
   _____
   _____
   _____

AUFGABE 6

Recherche und Poster (Gruppenarbeit)
Der Autor Siegfried Lenz hat die Geschichte 1959 geschrieben. Mit seinem Text wies er eindringlich darauf hin, dass es auch vierzehn Jahre nach Ende des Naziregimes weiterhin Unterdrückung und Folter gab. Leider hat der Text bis heute nichts an Aktualität eingebüsst. Nach wie vor gibt es Länder, in denen Menschen unterdrückt werden.

a) Recherchieren Sie im Internet in 3er-Gruppen die folgenden Fragen und notieren Sie die wichtigsten Ergebnisse auf einem separaten Blatt:

   1. Welche Merkmale weist eine Diktatur auf?
   2. Erklären Sie die Begriffe «Zensur», «Propaganda» und «Medienmanipulation».
   3. In welchen Ländern herrschen heute noch eine Diktatur oder zumindest diktaturähnliche Zustände? Notieren Sie mindestens drei Länder.
   4. Wie geht die Staatengemeinschaft mit Diktatoren um? Suchen Sie ein Beispiel aus der Gegenwart oder der jüngeren Vergangenheit.
   5. Was sagt die Menschenrechtscharta der Uno zu Folter, Terror und unterdrückter Meinungsäusserung? Suchen Sie die entsprechenden Stellen heraus.
   6. In welchen Ländern ist die Pressefreiheit heute stark eingeschränkt? Suchen Sie aktuelle Beispiele.
   7. Im 1. Irakkrieg (2003) war erstmals von sogenannten «Embedded Journalists» die Rede. Lesen Sie in Wikipedia nach, was man darunter versteht und wozu diese Form von Journalismus eingeführt wurde.

b) Halten Sie die wichtigsten Erkenntnisse Ihrer Recherche sauber und ansprechend gestaltet als Poster oder auf einer Folie fest und stellen Sie Ihre Resultate der Klasse vor.

AUFGABE 7

Schreibauftrag
Der Journalist in Siegfried Lenz' Geschichte hat zwei Möglichkeiten:
A) Er veröffentlicht sein Wissen nicht, weil er Angst hat oder keinen Sinn darin sieht.
B) Er veröffentlicht einen Artikel und prangert die Missstände an.

a) Diskutieren Sie zu zweit, welche Folgen eine Veröffentlichung haben könnte, und notieren Sie Ihre Überlegungen in Stichworten.

_____

_____

_____

b) Führen Sie zu zweit ein Rollengespräch: Zwei Journalisten/Journalistinnen mit unterschiedlicher Ansicht: Eine/r findet das Veröffentlichen wichtig, der/die andere will davon nichts wissen.

c) Versetzen Sie sich in den Journalisten aus «Ein Freund der Regierung» und überlegen Sie sich, was in Ihrem Bericht über den Journalistenausflug zu lesen wäre. Erstellen Sie dazu eine strukturierte Mindmap.

d) Verfassen Sie einen fiktiven Zeitungsartikel von 250 Wörtern Umfang, in welchem Sie in eigenen Worten über Ihre Pressereise in Bela Bonzos Land berichten. Beachten Sie dabei die Merkmale des Berichts (siehe Seite 135).

Ziel erreicht Das kann ich jetzt!

Überprüfen Sie das Gelernte. Beurteilen Sie die folgenden Aussagen, ohne vorne nachzuschlagen.

	trifft zu	trifft nicht zu
1 Die Hauptpersonen in Kurzgeschichten sind oft «Alltagsmenschen».	☐	☐
2 Die Hauptpersonen werden ausführlich beschrieben.	☐	☐
3 Kurzgeschichten geben oft Einblick in einen ganz bestimmten Lebensabschnitt einer Person.	☐	☐
4 Die Lesenden müssen zwischen den Zeilen lesen.	☐	☐
5 Kurzgeschichten enthalten oft einen offenen Schluss.	☐	☐
6 Die Kurzgeschichte bildet eine kurze Zeitspanne ab.	☐	☐
7 In der Einleitung wird die Ausgangslage ausführlich dargelegt.	☐	☐
8 Für die Kurzgeschichte gelten ähnliche Merkmale wie für den Bericht.	☐	☐
9 Die Kurzgeschichte behandelt ein zeitloses Problem.	☐	☐
10 Eine Kurzgeschichte darf höchstens drei Seiten lang sein.	☐	☐
11 Viele Sprachbilder und Vergleiche sind typisch für den Text einer Kurzgeschichte.	☐	☐
12 Oft ergeben sich beim ersten Durchlesen einer Kurzgeschichte viele Fragezeichen.	☐	☐

Schlagen Sie im Lösungsteil nach und vergleichen Sie.

Kommunikation

Lernziele

Ich ...
... kenne die vier Ebenen der Kommunikation und kann Äusserungen diesen vier Ebenen zuordnen
... kenne die Bedeutung der nonverbalen Kommunikation und kann mein Wissen in Alltagssituationen anwenden
... kann in heiklen Gesprächen ein paar wichtige Gesprächsregeln beachten

Aufwärmen Was weiss ich schon?

Überprüfen Sie Ihre Vorkenntnisse zur Kommunikation: Welche der folgenden Aussagen treffen zu, welche nicht?

	trifft zu	trifft nicht zu	weiss nicht
1 Als Kommunikation wird ausschliesslich ein mündliches Gespräch zwischen zwei Menschen bezeichnet.	☐	☐	☐
2 Wir kommunizieren auch, wenn wir gar nicht reden.	☐	☐	☐
3 Wenn ich einen Vortrag halte, ist meine Körpersprache zweitrangig; Hauptsache, der Inhalt stimmt.	☐	☐	☐
4 Gutes Zuhören gehört auch zu einer gelungenen Kommunikation.	☐	☐	☐
5 Ein Gespräch ist immer dann gut, wenn ich meinen Willen durchsetzen kann.	☐	☐	☐
6 Unter «nonverbaler Kommunikation» versteht man schriftliche Nachrichten.	☐	☐	☐

Schlagen Sie im Lösungsteil nach und vergleichen Sie.

Trainingsphase Grundlagen erarbeiten, Aufgaben lösen

AUFGABE 1

Lesen Sie die Szene «Lebendiger Mittagstisch» aus Martin Walsers Roman «Jagd» und lösen Sie anschliessend die Aufträge.
Zur Ausgangslage: Eine Familie – bestehend aus Mutter Anna, Vater Gottlieb und den Töchtern Julia und Regina – sitzt am Mittagstisch.

LEBENDIGER MITTAGSTISCH

Als alle am Tisch sassen, sagte Anna: Wenn alle mit solchen Gesichtern am Tisch sitzen, das halt ich nicht aus. Ohne die geringste Verzögerung antwortete Julia: Ich habe kein anderes. Anna schaute Julia wild an. Also fuhr Julia fort, das finde sie schon toll, die, von denen man das Gesicht hat, machen einem dann noch Vorwürfe, dass man dieses Gesicht hat. – Also wenn das nicht toll ist. Anna schaute Gottlieb an. Der sollte, bitte, jetzt klarstellen, dass Anna es anders gemeint habe und dass Julia, bitte, nicht schon wieder ihre alte Klage- und Vorwurfsplatte abspiele, die hänge einem nämlich längst hier heraus! Gottlieb konnte Anna nicht helfen. Er konnte einfach nicht. Anna hatte zwar Recht, alle sassen am Tisch wie eine Versammlung von Verdammten; jeder war von irgendjemandem an diesem Vormittag beleidigt worden, das trug er jetzt in die Familie, die sollte es ihm abnehmen; aber Anna war offenbar selber so überreizt, dass ihr der vielleicht beabsichtigte allgemeine Entspannungston völlig misslang. Inzwischen war Julia schon dabei, ihre Unzufriedenheit mit sich selbst an einem Makel zu demonstrieren, den sie bis jetzt nicht eingesetzt hatte. Die Ringe unter den Augen. Das Bindegewebe zu schwach. Die Knochen kommen durch. Die Haut um die Augen herum fällt ein, wird also schattig, also Ringe. Die dagegen aufgebotene Creme hilft überhaupt nichts. (...) Was sie empört: ihr wird etwas vererbt, sie kann also nichts dafür, aber ihr wird es vorgeworfen, vorgerechnet, lebenslänglich, von jedem Mann, dem sie begegnen wird. Wenigstens hier, habe sie gedacht, fange man nicht auch noch damit an. Aber bitte, wenn die Frau Mama darauf bestehe, dann sei jetzt Schluss mit dem Verschweigen dessen, woran alle die ganze Zeit denken ... Gottlieb fragte jetzt doch, ob Julia heute Morgen habe eine Klassenarbeit schreiben müssen. Julia sagte, sie werde in dieser Schule keine Klassenarbeiten mehr schreiben, da sie diese Schule ja ohnehin ab Herbst nicht mehr besuche. Und warum? Entweder sei sie im Herbst im Internat oder ... Oder, fragte man, weil sie nicht weitersprach. Oder etwas, was euch so gut wie nichts angeht, sagte sie. Anna sprang auf, rannte hinaus, schlug die schwere Zimmertür zu, dass die Wände bebten. Draussen trommelten ihre Schritte so dicht aufeinander, dass es klang, als wetze man ein Messer. Und schon schmetterte die nächste Tür zu. Die Schritte eilten weiter. Tür Nummer drei flog zu. Und droben eine vierte. Jetzt war Anna im Schlafzimmer. Ein weiteres Türschmettern war nicht mehr zu befürchten. Gottlieb schaute Julia an. Die war purpurrot im Gesicht. Fast violett. Die Farbe der reinen Erbitterung. Gottlieb schaute die blasse Regina an. Die wusste auch nicht weiter. Das Essen war beendet, bevor es angefangen hatte.

a) Zwischen Mutter Anna und Tochter Julia bricht ein Streit aus. Was ist der Auslöser? Diskutieren Sie mit Ihrer Sitznachbarin oder Ihrem Sitznachbarn und unterstreichen Sie die entsprechende Stelle im Text.

Kommunikation

b) Was will Anna mit dem Satz «Wenn alle mit solchen Gesichtern am Tisch sitzen, das halt ich nicht aus» sagen?

c) Wie versteht Julia diesen Satz?

d) Wie erklären Sie sich, dass es wegen dieses Satzes zum Streit kommt?

THEORIE

Die vier Ebenen der Kommunikation

Warum streiten wir? Warum sind wir manchmal beleidigt? Warum kommt es immer wieder zu Missverständnissen?

Jeder Mensch ist einzigartig und äussert oder deutet Nachrichten je nach Stimmung oder Laune unterschiedlich. Oft meint der Sender/die Senderin nicht genau das, was er/sie sagt, und ebenso oft wird das Gesagte vom Empfänger/von der Empfängerin missverstanden.

Der Kommunikationsforscher Friedemann Schulz von Thun hat ein Kommunikationsmodell entworfen: Darin sieht man, dass Sender ihre Botschaften auf vier Ebenen an die Empfänger schicken und diese wiederum mit vier verschiedenen Ohren hören können. Deshalb nennt man sein Modell auch «Vier-Ohren-Modell».

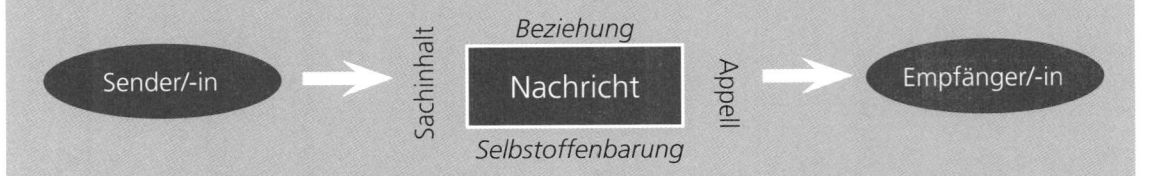

Sender/-in → Nachricht (Sachinhalt, Beziehung, Selbstoffenbarung, Appell) → Empfänger/-in

Da eine Nachricht viele Botschaften enthalten kann, ist die Kommunikation anfällig für Störungen, gleichzeitig aber auch spannend.

Beispiel: Ein Mann und eine Frau sitzen im Auto, die Frau fährt. Da sagt der Mann: «Du, da vorne ist grün!»

1. **Sachebene: Worüber ich informiere**
   Zunächst enthält die Nachricht eine simple Sachinformation. In unserem Beispiel sagt der Mann:
   Die Ampel steht auf Grün.

2. **Selbstoffenbarungsebene: Was ich von mir preisgebe**
   Wer spricht, gibt – gewollt oder ungewollt – nicht nur Sachinformationen, sondern auch Informationen über sich selbst preis. Dem Beispiel können wir entnehmen, dass der Sender offenbar deutschsprachig ist, gut sieht, die Verkehrsregeln kennt und ein bisschen ungeduldig ist.
   Ich habe es eilig.

3. **Beziehungsebene: Was ich von dir halte und wie wir zueinander stehen**
   Aus der Nachricht geht auch hervor, wie der Sender zur Empfängerin steht und was er von ihr hält. Oft zeigt sich dies in der gewählten Formulierung, im Tonfall und anderen nonverbalen Signalen. In unserem Beispiel gibt der Mann der Frau zu verstehen, dass er sich bemüht und mitdenkt, wenn sie fährt, dass er aber auch leichte Zweifel an ihren Fahrkünsten hat.
   Du brauchst meine Hilfe.

4. **Appellebene: Wozu ich dich veranlassen möchte**
   Kaum etwas wird «nur» so gesagt – fast alle Nachrichten haben die Funktion, auf den Empfänger oder die Empfängerin Einfluss zu nehmen. Er/sie soll bestimmte Dinge tun oder lassen.
   Gib Gas, damit wir die Grünphase nicht verpassen!

Auch die Empfängerin – hier die Frau – hört mit vier Ohren. Ihre Reaktion wird sich nach dem Ohr richten, mit dem sie hört:
- Auf der Sachebene versucht sie, den Sachinhalt zu verstehen: *Die Ampel steht auf Grün.*
- Auf der Selbstoffenbarungsebene überlegt sie sich, was ihr Gesprächspartner für einer ist: *Er ist ungeduldig und hat es eilig.*
- Auf der Beziehungsebene stellt sie fest, wie der Sender zu ihr steht: *Er ist mit meinem Fahrstil nicht zufrieden und will mich korrigieren.*
- Auf der Appellebene hört sie, was der Sender von ihr will: *Er will, dass ich schneller fahre.*

AUFGABE 2

Nachrichten den vier Ebenen zuordnen
Moritz sagt zu Ramona: «Bring mir morgen endlich mein Buch mit!»

Ordnen Sie die folgenden Aussagen den vier Ebenen respektive den vier Ohren zu und tragen Sie Ihre Resultate in die Tabelle ein.

1. Bitte nimm das Buch mit. – 2. Er glaubt, dass ich nicht zuverlässig bin und dass er mich dauernd erinnern muss. – 3. Sei verlässlicher und gib ausgeliehene Sachen wieder zurück. – 4. Ich soll das Buch mitnehmen. – 5. Ich will das Buch. – 6. Er möchte, dass ich verlässlicher werde und ausgeliehene Sachen pünktlich zurückgebe. – 7. Ich muss sie erinnern, dass sie mir das Buch zurückgeben soll. Von selbst kommt sie nicht auf die Idee. – 8. Er will sein Buch.

	Was wird gesagt?	Was wird gehört?
Sachinhalt		
Selbstoffenbarung		
Beziehung		
Appell		

> **THEORIE**
>
> **Gestörte Kommunikation**
>
> Oft ist ein Gespräch bereits von vornherein zum Scheitern verurteilt, weil sich die Gesprächspartner nicht zuhören, vorher Streit hatten, eine Abneigung gegeneinander hegen oder schlechte Laune und Vorurteile haben.
> Bei Kommunikationsproblemen (Streit, Missverständnis, Unstimmigkeit) wandert die Nachricht oft auf verschiedenen Ebenen hin und her. Das heisst, der Sender schickt seine Botschaft auf einer anderen Ebene, als die Empfängerin sie hört.
> Auf der Beziehungs- und der Appellebene reagieren wir besonders empfindlich, weil wir uns persönlich angegriffen fühlen. In den meisten Fällen ist es besser, auf der Sach- oder Selbstoffenbarungsebene zu kommunizieren und zuzuhören. So kann sich das Gespräch positiv entwickeln.
>
> *Beispiel:*
> *Die Frau sagt zum Mann: «Du, der Mülleimer quillt schon wieder über!»*
> Stellen wir uns vor, dass die Frau in unserem Beispiel tatsächlich nur ihrem Erstaunen Ausdruck verleiht, dass der Eimer schon wieder voll ist, obwohl sie ihn eben erst geleert hat. Sie spricht auf der Sachebene. Doch der Mann hört den Satz nicht mit dem «Sachohr», sondern mit dem «Beziehungs-» und dem «Appellohr»: «Sie findet, ich sei schlampig und soll den Müll endlich rausbringen!» Es kommt zur Unstimmigkeit.

AUFGABE 3

Rollenspiel
Stellen Sie sich folgende Situation vor:

Ein Paar möchte ins Kino gehen, doch die beiden sind schon ein wenig spät dran. Sie zieht sich gerade den Mantel an, während er noch einmal im Wohnzimmer verschwindet, um sein liegen gebliebenes Handy zu holen. Nun fragt sie: «Weisst du eigentlich, wie spät es ist?»

a) Überlegen Sie sich zu zweit, was der Mann auf ihre Frage antworten wird und welcher Dialog sich daraus entwickeln könnte. Machen Sie sich dazu auf einem separaten Blatt Notizen.

b) Spielen Sie die Szene der Klasse vor.

c) Vergleichen Sie die gespielten Szenen miteinander und diskutieren Sie in der Klasse, weshalb der Wortwechsel allenfalls zu einer schlechten Stimmung oder gar zu einem Streit führen könnte. Führen Sie die möglichen Gründe hier auf:

_____

_____

_____

_____

_____

AUFGABE 4

Lesen Sie die Romanszene «Lebendiger Mittagstisch» nochmals durch und lösen Sie dann die Aufträge.

a) Der Streit zwischen Mutter Anna und Tochter Julia entzündet sich an Annas Aussage «Wenn alle mit solchen Gesichtern am Tisch sitzen, das halt ich nicht aus». Entschlüsseln Sie die vier Ebenen dieses Satzes aus der Sicht der Senderin (Anna) und der Empfängerin (Julia) und tragen Sie Ihre Resultate in die Tabelle ein.

	Mutter Anna sagt …	Tochter Julia hört …
… auf der Sachebene		
… auf der Selbstoffenbarungsebene		
… auf der Beziehungsebene		
… auf der Appellebene		

b) Was ist hier genau passiert? Wenden Sie bei der Beantwortung dieser Frage Ihr neu erworbenes Wissen über die Kommunikationslehre an.

AUFGABE 5

Betrachten Sie die folgenden Bilder und die dazugehörenden Aussagen. Was fällt Ihnen auf?

«Ich bin traurig.»   «Es geht mir gut.»

THEORIE

Nonverbale Kommunikation

- Die Körpersprache spielt in der Kommunikation eine sehr wichtige Rolle. Egal, was ich tue, meine Mimik (Gesichtsausdruck), meine Körperhaltung und meine Gestik (Haltung und Bewegung der Hände) zeigen an, was ich denke und fühle – selbst wenn ich nichts sage. Es gibt eine berühmte Feststellung dazu: «Man kann nicht nicht kommunizieren» (Paul Watzlawick).
- Das gesprochene Wort spielt in der Kommunikation nur eine geringe Rolle. Wenn ich zum Beispiel einen Vortrag halte, lässt sich mein Gegenüber nur zu knapp zehn Prozent durch das Gesprochene (den Inhalt des Vortrags) beeinflussen. Rund 40 Prozent machen meine Stimme (Tonfall, Intonation) aus und rund 50 Prozent meine Körpersprache (Mimik, Gestik, Kleidung, Haltung, Auftreten).
- Verbale und nonverbale Anteile meiner Nachricht sollten übereinstimmen. Wenn ich auf die Frage, wie es mir geht, mit «gut» antworte, dazu aber eine Leidensmiene aufsetze und weinerlich spreche, glaubt mir kein Mensch.

AUFGABE 6

a) Beobachten Sie Ihre Mitschülerinnen und Mitschüler während des Unterrichts. Wie sitzen sie da? Beschreiben Sie in zwei bis vier Sätzen ihre Körperhaltung. Was verrät sie?

b) Erstellen Sie zu zweit auf einem separaten Blatt eine Liste mit typischen Gesten und Körperhaltungen und überlegen Sie, was diese bedeuten könnten.
   Beispiel: Mit verschränkten Armen dasitzen ⟶ abgeklärt, abwehrend, wenig Interesse zeigend

AUFGABE 7

Rollenspiel

Lesen Sie die unten stehenden Gesprächsregeln aufmerksam durch. Spielen Sie anschliessend zu zweit ein Konfliktgespräch und versuchen Sie, dabei die Gesprächsregeln im nächsten Theoriekasten zu beachten.

Mögliche Themen:
- Zwei Kollegen streiten sich darüber, wer wem wie viel Geld schuldet.
- Ein Pärchen diskutiert, was es am Samstagabend unternehmen könnte. Sie haben verschiedene Vorschläge und müssen sich einig werden.
- Ein Pärchen streitet sich darüber, wann der beste Zeitpunkt ist, um in eine gemeinsame Wohnung zu ziehen.

THEORIE

10 Regeln für gelingende Gespräche

1. Ich bin mir bewusst, dass Nachrichten mit verschiedenen Ohren gehört werden können. Deshalb bleibe ich sachlich und sende Ich-Botschaften. Das heisst, ich bilde sachliche «Ich-Sätze», statt zu verallgemeinern.
2. Ich äussere mich klar und deutlich, beharre aber nicht stur auf meiner Meinung, wenn ich gute Argumente höre.
3. Meine Körpersprache unterstreicht meine Aussagen und widerspricht ihnen nicht.
4. Ich behandle meinen Gesprächspartner/meine Gesprächspartnerin mit Respekt und akzeptiere, wenn er oder sie eine andere Meinung und andere Gefühle hat als ich.
5. Ich höre aufmerksam zu und lasse mein Gegenüber ausreden.
6. Wenn ich etwas nicht verstehe, frage ich nach.
7. Ich achte auf die Körpersprache meines Gegenübers. Wenn meine Gesprächspartnerin immer wieder auf die Uhr oder in eine andere Richtung schaut, möchte sie vermutlich das Gespräch beenden oder hat das Interesse verloren.
8. Wenn ich im Unrecht bin, entschuldige ich mich.
9. Auch wenn es zum Streit kommt, versuche ich, gelassen zu bleiben, und vermeide Anschuldigungen.
10. Ich beende ein Gespräch lieber, als weiter zu streiten.

Ziel erreicht Das kann ich jetzt!

Überprüfen Sie das Gelernte. Beurteilen Sie die folgenden Aussagen, ohne vorne nachzuschlagen!

	trifft zu	trifft nicht zu
1 Die vier Ebenen der Kommunikation heissen: Sach-, Selbstoffenbarungs-, Beziehungs- und Appellebene.	☐	☐
2 Nachrichten sendet man am besten auf der Beziehungs- oder der Appellebene.	☐	☐
3 Botschaften auf der Selbstoffenbarungsebene führen oft zu Kommunikationsproblemen.	☐	☐
4 Empfängerinnen und Empfänger hören mit vier Ohren. Deshalb nennt man das Kommunikationsmodell auch das Vier-Ohren-Modell.	☐	☐
5 Kommunikationsprobleme entstehen oft dann, wenn Nachrichten nicht auf der gleichen Ebene gesendet und empfangen werden.	☐	☐
6 Das gesprochene Wort spielt in der Kommunikation eine grössere Rolle als die Körpersprache.	☐	☐
7 Wenn Körpersprache und Inhalt der Nachricht nicht übereinstimmen, kann meine Botschaft missverständlich sein.	☐	☐
8 Mit «Mimik» bezeichnet man die Handbewegungen, mit «Gestik» den Gesichtsausdruck.	☐	☐
9 Ob ein Gespräch gelingt oder nicht, hat überhaupt nichts mit der momentanen Stimmung der Beteiligten zu tun.	☐	☐
10 Auf der Beziehungs- und Appellebene reagieren die meisten Menschen empfindlich, weil sie sich da schnell persönlich angegriffen fühlen.	☐	☐
11 «Ich-Botschaften» können nicht auf der Sachebene vermittelt werden.	☐	☐
12 Auf der Appellebene sage ich, wie ich zu der anderen Person stehe.	☐	☐

Schlagen Sie im Lösungsteil nach und vergleichen Sie.

Verwandtschaft der Wörter: Wortbildung, Rechtschreibung

Lernziele

Ich ...
... kann die Verwandtschaft der Wörter und meine Kenntnis der Wortarten für korrektes Schreiben nutzen
... verfüge über einen ausreichend grossen Wortschatz, um Texte zu den Themen «Familie» und «Zusammenleben» im Detail zu verstehen und mich dazu äussern zu können

Aufwärmen Was weiss ich schon?

Überprüfen Sie Ihre Vorkenntnisse zur Wortbildung und zur Rechtschreibung ähnlich klingender Wörter. Welche der folgenden Aussagen treffen zu, welche nicht?

	trifft zu	trifft nicht zu	weiss nicht
1 Die folgenden Wörter gehören derselben Wortfamilie an: Haus, häuslich, hausen, Haushalt, Gehäuse.			
2 «Gehäuse» und «häuslich» sind vom Stammwort «Haus» abgeleitete Wörter. Darum schreibt man sie mit «äu» und nicht mit «eu».			
3 Wörter, die auf den ersten Blick verwandt aussehen, bedeuten nicht zwingend etwas Ähnliches, zum Beispiel: «heimlich» und «heimisch».			
4 «Das Eltern sich gut verstehen, ist bei der Kindererziehung ganz wichtig.» Hier ist «das» richtig geschrieben.			
5 Ein lang gesprochenes «a», «o» oder «u» wird immer mit «h» geschrieben.			
6 «Du hast seine Behauptung mit guten Argumenten widerlegt.» In diesem Satz ist das Wort «widerlegt» richtig geschrieben.			

Schlagen Sie im Lösungsteil nach und vergleichen Sie.

Trainingsphase — Grundlagen erarbeiten, Aufgaben lösen

Mit Vorsilben und Nachsilben kann man aus dem Wortstamm neue Wörter bilden:

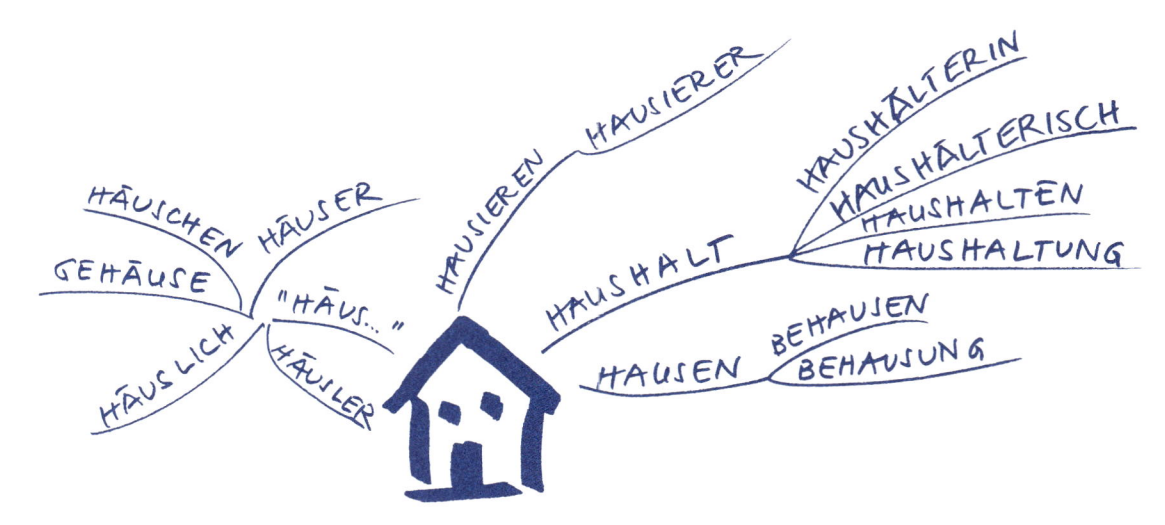

Mindmap zum Stammwort «HAUS...»:
- HÄUSCHEN, HÄUSER
- GEHÄUSE
- HÄUSLICH
- HÄUSLER
- HAUSIEREN, HAUSIERER
- HAUSHALT: HAUSHÄLTERIN, HAUSHÄLTERISCH, HAUSHALTEN, HAUSHALTUNG
- HAUSEN, BEHAUSEN, BEHAUSUNG

(Auch durch Zusammensetzung entstehen neue Wörter, z.B. «Hauskauf» oder «Kaufhaus»; vgl. dazu Seite 213)

AUFGABE 1

Zeichnen Sie in Partnerarbeit Mindmaps zu den folgenden Stammwörtern: Fahrt, Hand, Heim, Leben, Raum. Benutzen Sie dazu separate Blätter.

AUFGABE 2

Beim Lösen der Aufgabe 1 ist Ihnen vielleicht aufgefallen, dass Begriffe, die vom selben Wort abgeleitet sind, ganz unterschiedliche Bedeutungen haben können. Gelegentlich werden ähnliche Wörter auch verwechselt.

Beispiel
herzlich *Wir grüssen euch herzlich.*
    Bedeutung: *von Herzen kommend, mit ganzem Herzen*
herzig *Das Kind trug ein herziges Mützchen.*
    Bedeutung: *hübsch*

Bilden Sie nun mit jedem Wort einen Satz, aus dem die Bedeutung deutlich hervorgeht. Benutzen Sie ein Wörterbuch (Synonymwörterbuch), wenn nötig.

1. kindlich _____
    Bedeutung: _____

2. kindisch _____
    Bedeutung: _____

3. seelisch _____

   Bedeutung: _____

4. selig _____

   Bedeutung: _____

5. goldig _____

   Bedeutung: _____

6. golden _____

   Bedeutung: _____

7. scheinbar _____

   Bedeutung: _____

8. anscheinend _____

   Bedeutung: _____

9. zeitig _____

   Bedeutung: _____

10. zeitlich _____

    Bedeutung: _____

11. launisch _____

    Bedeutung: _____

12. launig _____

    Bedeutung: _____

13. heimisch _____

    Bedeutung: _____

14. heimelig _____

    Bedeutung: _____

15. heimlich _____

    Bedeutung: _____

16. geheim _____

    Bedeutung: _____

THEORIE

Probleme der Rechtschreibung: Ähnliche Vokale und Doppellaute

Wortverwandtschaft

Gleich klingende Laute kann man unterscheiden, wenn man die Stammwörter kennt.

Beispiel
Fälle – Felle   Fälle: Stammwort = der Fall
                      Felle: Stammwort = das Fell

Vokallänge

Ob ein Vokal gedehnt (durch Verdoppelung oder Hinzufügung eines anderen Buchstabens) oder gekürzt wird (durch Verdoppelung des nachfolgenden Konsonanten), kann die Aussprache verraten.

Beispiele für unterschiedliche Schreibung der unterschiedlichen Vokallänge:
Höhle – Hölle   Mut – Mutter   fühlen – füllen

Leider nützt diese Regel nicht immer! Oft muss man sich diese Wörter einzeln einprägen.

Beispiele
malen – mahlen   Saite – Seite   Übername – Übernahme

Für Fremdwörter gelten teilweise andere Regeln, z. B. schreibt man ein langes «i» ohne Dehnungs-e (vgl. auch Seite 212).

Beispiele
Kritik   Maschine   primitiv

AUFGABE 3

Ähnliche Vokale und Doppellaute

a) e oder ä? eu oder äu? Setzen Sie die richtigen Buchstaben ein!

Manche L__ute sind entt__uscht, dass die Kirchenglocken h__utzutage nicht mehr so h__ufig l__uten. Bei Langschl__fern, die in der N__he einer Kirche wohnen, h__lt sich die Begeisterung über das n__chtliche und morgendliche Gel__ute jedoch in Gr__nzen.

N__ulich wurde ins Schmuckgesch__ft im Geb__ude, in dem mein Fr__und und ich wohnen, eingebrochen. Wir hatten G__ste zum Abend__ssen und haben davon rein nichts gem__rkt! Die R__uber haben f__tte B__ute gemacht; zwei verd__chtige Personen sitzen vorl__ufig in Haft. Ob das bed__utet, dass es sich dabei tats__chlich um die T__ter handelt, l__sst sich aber nicht sagen, weil offizi__lle St__llen dies nicht best__tigt haben. W__hrend gewisse Boulevardbl__tter t__glich mit m__chtigen Schlagzeilen zu diesem «Abent__uer» aufwarten, hüllt sich die Polizei n__mlich bis h__ute in Schweigen über den konkr__ten Tath__rgang.

b) Notieren Sie die Wörter, die Sie falsch geschrieben haben, richtig auf einem Blatt oder in einem Heft. Oder richten Sie eine Lernkartei ein: Schreiben Sie auf der Vorderseite der Kärtchen die Wörter mit Lücke, auf der Rückseite die Lösung.

AUFGABE 4

a) Ergänzen Sie die fehlenden Buchstaben in Zusammenhang mit der Dehnung oder Kürzung von Vokalen:

Für nicht eheliche Kinder ist im Gese__z gut gesorgt. Ganz anders si____t es jedoch für die Mu__ter aus. Tre__nt sich das Pa__r, ste__t sie o__ne Abmachungen mit le__ren Händen da, den__ finanziel__e Rechte hat sie kaum.

Auch Sandra F. mu__ste diese bi__tere Erfa__rung machen. Als sie vor si__ben Jahren eine Tochter beka__m, hörte sie auf zu arbeiten und kü__merte sich um das Kind und den Hausha__t. «Wi__r haben wie ein traditione__les Ehep__ar gele__bt, aber o__ne Trauschein.» Als sie sich von ihrem Partner tre__nte, mu__ste er zwa__r für das Kind Unterhal__t za__len, nicht aber für Sandra. Noch schlim__er: Sie war we__der am anse__nlichen Vermö__gen, das ihr Partner wä__rend der gemeinsa__men Zeit aus seinem Einko__men erspa__rt ha__te, noch an seinem Pensionska__senguthaben beteiligt. Auch wen__ der Konkubinatspartner stirbt, ste__t der Partnerin gemä__s ZGB kein Erbe zu. Und ebenso wenig erhä__lt sie von der AHV oder der IV eine Witwenre__nte. Im__erhi__n: Gewis__e Ka__sen gewä__ren Konkubinatspartnern unter besti__mten Bedingungen im Todesfal__ Re__nten oder Kapita__labfindungen.

Bei so vi__len Nachteilen bleibt einzig der altmodische Rat: «Le__dige Mü__ter, heiratet!» Und wen__ das auf gar keinen Fal__ infrage ko__mt, gi__lt: «Sichern Sie sich vertraglich so gut wie mö__glich ab!»

b) Notieren Sie die Wörter, welche Sie falsch geschrieben haben, richtig auf einem Blatt oder in einem Heft. Oder richten Sie eine Lernkartei ein: Schreiben Sie auf der Vorderseite der Kärtchen die Wörter mit Lücke, auf der Rückseite die Lösung.

AUFGABE 5

«Wieder» oder «wider»?

a) Schlagen Sie im Wörterbuch die Bedeutung von «wieder» und «wider» nach und schreiben Sie diese auf die unten stehenden Linien.

wieder _____

_____

wider _____

_____

b) Lösen Sie das folgende Kreuzworträtsel (Umlaute = 2 Buchstaben, Beispiel: ä = ae).

Waagrecht
1. gegen den eigenen Willen tun: es … tun
4. störrisch, unzugänglich
5. nochmals, erneut
6. Gegenrede
7. Rückkehr
12. gegen die Natur
14. Adieu! Auf …
15. Zurücknahme, Rückzug
16. abstossend, abscheulich
17. Gegen den Charme dieser Person kann man sich nicht wehren, sie ist …

Senkrecht
2. Diesen Haken verwendet man beim Angeln.
3. nochmals kauen
5. Recycling
6. Gegner
8. gegen geltendes Recht
9. ins Leben zurückholen
10. antworten
11. repetieren
13. eine Aussage als unwahr darlegen: eine Aussage …

AUFGABE 6

«Das» oder «dass»?

a) Suchen Sie im Text «Lebendiger Mittagstisch» (Seite 180) je ein Beispiel für «das» und «dass» und tragen Sie diese Wortgruppen oder Teilsätze in die Tabelle unter «Beispiele» ein.

	Beispiele	Wortart
das		
dass		

b) Zu welchen Wortarten gehören «das» und «dass»? Vervollständigen Sie die Tabelle.

c) Setzen Sie im folgenden Text die fehlenden «s» ein:

«Werte sind wichtig»

Die Psychologin Eva Zeltner befasst sich mit dem Thema «Kindererziehung». In einem Interview mit der «Berner Zeitung» gibt sie einen Einblick in ihr Buch «Elternlust – Elternfrust».

Frau Zeltner, was können wir aus Ihrem Buch lernen?
Grundsätzlich will ich den Eltern sagen, das__ Lust und Frust in der Erziehung zusammengehören. Kinder sind zwar etwas Schönes, aber das__ sie einem hin und wieder auch auf die Nerven gehen, das__ ist ganz normal und das__ darf man auch zugeben.

Darf man dem Kind auch sagen, das__ es nervt?
Natürlich, das__ Kind soll ja auch offen sagen dürfen, was es fühlt oder denkt. Wenn man dazu steht, das__ Kinder gelegentlich nerven, ist man weder ein schlechter Vater noch eine schlechte Mutter, sondern ehrlich. Kinder lernen so, das__ Eltern auch ihre Grenzen haben. Aber zu sagen «Du bist ein böses Kind», das__ wäre falsch.

Warum ist Kindererziehung heute schwieriger als früher?
Das__ hat mehrere Gründe. Einer liegt sicher in den veränderten Familienstrukturen. Heute gibt es viele Ein-Kind- oder Ein-Eltern-Familien. Das__ Kind steht im Mittelpunkt, man ist darauf fixiert, es erhält materiell alles, was es verlangt.

Ist das__ denn falsch?
Ja, das__ ist unverhältnismässige Verwöhnung. Das__ Kind muss lernen, das__ es zwar ein wichtiger Teil, aber trotzdem nur ein Teil der Familie ist. Dazu gehört, das__ es auch einmal hinten anstehen, warten oder verzichten muss. Dazu gehört im Weiteren auch Konsequenz, sie ist ein ganz zentraler Teil der Erziehung. Wenn das__ Kind dabei merkt, das__ man es liebt und wenn die Erziehung ohne Gewalt geschieht, dann klappt das__ gut. Man muss den Kindern die Chance geben, ihre Grenzen zu erforschen, anzuecken und aufzulaufen. Man darf ihnen diese Möglichkeit nicht nehmen, indem man ihnen früher oder später alles gewährt, was sie fordern.

Welchen Ratschlag können Sie den Eltern geben?
Konsequenz in der Kindererziehung ist ein hartes Stück Arbeit. Aber Eltern sollten sich nicht davor fürchten, das__ sie nicht mehr geliebt werden, wenn sie den Kindern etwas verbieten. Man macht bald die Erfahrung, das__ Kinder vernünftige Regeln ziemlich schnell akzeptieren. Das__ fördert zudem ihr Selbstbewusstsein, weil sie zeigen können, das__ sie sich im Gefüge der Familie zurechtfinden. Wir sind es den Kindern schuldig, das__ wir sie zu gesunden, sozial kompetenten Menschen erziehen.

Ziel erreicht — Das kann ich jetzt!

Überprüfen Sie das Gelernte. Beurteilen Sie die folgenden Aussagen, ohne vorne nachzuschlagen.

	trifft zu	trifft nicht zu
1 «Das ist eine Tatsache: Dass Haustier braucht auch Zeit.» In diesem Satz sind «das» und «dass» richtig geschrieben.		
2 Die Schreibung lang und kurz gesprochener Vokale (Selbstlaute) ist im Deutschen einheitlich geregelt.		
3 Die unterschiedliche Schreibung der folgenden Wörter kann man sich merken, wenn man die Wortart kennt: «Das» ist ein Pronomen, «dass» ist eine Partikel.		
4 In Fremdwörtern gibt es auch bei lang gesprochenen i-Vokalen kein «ie».		
5 Ob man «wider» oder «wieder» schreiben muss, ist nur an der Bedeutung des Wortes zu erkennen.		
6 Die folgenden Wörter sind richtig geschrieben: «erfahren», «spahren» und «Wahrheit».		
7 Ob man ein langes «a» als «aa» (wie in «Haare») oder «ah» (wie in «fahren») schreibt, muss man sich anhand der betreffenden Wörter merken; zuverlässige Regeln gibt es nicht.		
8 «Zeitlich» bedeutet «früh», «zeitig» bedeutet «die Zeit betreffend».		
9 Der Müller mahlt und die Malerin malt. «Mahlen» und «malen» spricht man genau gleich aus, aber die beiden Verben haben unterschiedliche Bedeutung. Die unterschiedliche Schreibweise muss man sich einprägen.		
10 «Wir wissen, das im OR wesentliche Bereiche des Zusammenlebens geregelt sind.» In diesem Satz ist «das» richtig geschrieben.		
11 «Anständig» ist mit «Anstand» verwandt, «zärtlich» mit «zart», darum werden beide Wörter mit «ä» und nicht mit «e» geschrieben.		
12 «Wir dulden keinen Wiederspruch!» In diesem Satz ist das Nomen richtig geschrieben.		

Schlagen Sie im Lösungsteil nach und vergleichen Sie.

Wortschatz: Redewendungen zum Bereich «Familie und Zusammenleben»

Bearbeiten Sie die folgenden Aufträge in Partnerarbeit.

a) Ordnen Sie die 12 Redewendungen in der linken Spalte den richtigen Erklärungen zu, indem Sie die entsprechenden Punkte mit Linien verbinden.

Wenn man sagt …	**… meint man damit:**
Trautes Heim, Glück allein.	Du lebst von meinem Geld.
Blut ist dicker als Wasser.	Zu Hause ist es am schönsten.
Du verfügst über eine gute Kinderstube.	Man soll nicht übertreiben und mit dem Schlechten gleichzeitig das Gute an einer Sache verwerfen.
Man soll das Kind nicht mit dem Bade ausschütten.	Familienmitglieder stehen uns näher als andere Personen.
Du liegst mir auf der Tasche.	Du hast tadellose Manieren.
Der Apfel fällt nicht weit vom Stamm.	Man hat einen Wunsch zur Tatsache erklärt.
Kinder und Narren sagen die Wahrheit.	Das Kind verhält sich wie seine Eltern (seine Mutter/sein Vater).
Der Haussegen hängt schief.	Sie leben im Konkubinat.
Der Wunsch war Vater des Gedankens.	Kinder verstellen sich nicht, sie halten sich noch nicht an die Regeln der Höflichkeit.
Du wirst das Kind schon schaukeln.	Er benimmt sich daneben.
Sie teilen Tisch und Bett.	Es herrscht dicke Luft zu Hause.
Er spielt das Enfant terrible.	Diese Aufgabe wirst du sicher lösen können.

b) Füllen Sie die Lücken mit dem passenden Wort:

Im Urlaub zeigte sich das _____ im Manne: Mark baute mit seinem Sohn den ganzen Tag Sandburgen.

Der Witz war nicht von schlechten _____ !

Liebe macht _____. Liebe geht durch den _____.

Alte Liebe _____ nicht. Was sich liebt, das _____ sich.

Glück im Spiel, Unglück in der _____.

Kann man denn von _____ und Liebe leben?

c) Finden Sie Synonyme für «geboren werden», «heiraten» und «sterben».

GEBURT

das Licht der _____ erblicken; zur _____ kommen; den ersten _____ tun; als neue _____bürgerin oder neuer _____bürger begrüsst werden

HEIRAT

_____zeit feiern; sich das J_____ geben; die Ringe _____; den _____ fürs Leben _____; gemeinsam vor den Trau_____ treten; get_____ werden; sich _____heiraten

gehoben: in den _____ der Ehe treten; eine Ehe _____gehen; sich _____ehelichen oder jemanden _____lichen

umgangssprachlich, salopp: unter die H_____ kommen; in den H_____ der Ehe einlaufen; sich eine Frau oder einen Mann _____geln

TOD

«Sie hat uns für immer _____.»; «Er ist sanft _____.»; «Sie wurde von ihren Leiden _____.»; «Er ist seinen Verletzungen _____.»; «Sie wurde unerwartet aus dem Leben _____.»

gehoben: das Leben voll_____; das Zeitliche _____; den irdischen Lebenskreis _____; den Weg alles I_____ gehen; die Lebensuhr ist _____; in die Ewigkeit ab_____ werden.

(Weitere ähnliche Ausdrücke: _____ _____)

umgangssprachlich, salopp, respektlos: den Löffel _____; den Schirm _____; Flügel _____; ins _____ beissen

Verwandtschaft der Wörter: Wortbildung, Rechtschreibung

Bewerbung

Lernziele

Ich …
… kann einen tabellarischen Lebenslauf zu meinem schulischen und beruflichen Werdegang erstellen
… kann ein Bewerbungsschreiben auf eine ausgeschriebene Stelle verfassen
… kann ein vollständiges und fehlerfreies Bewerbungsdossier zusammenstellen
… kann mich an Bewerbungsgesprächen gut ausdrücken

Aufwärmen Was weiss ich schon?

Überprüfen Sie Ihre Vorkenntnisse zur Bewerbung. Welche der folgenden Aussagen treffen zu, welche nicht?

	trifft zu	trifft nicht zu	weiss nicht
1 Im Bewerbungsschreiben werden die heutige Tätigkeit und die Stellung in der Firma erwähnt.	☐	☐	☐
2 Der Lebenslauf wird üblicherweise in tabellarischer Form geschrieben.	☐	☐	☐
3 Im Lebenslauf werden nur die Personalien und die beruflichen Tätigkeiten aufgeführt. Andere Angaben gehören nicht in einen Lebenslauf.	☐	☐	☐
4 Für den Lebenslauf verwendet man weisses, unliniertes Papier im Format A4.	☐	☐	☐
5 Im Bewerbungsschreiben wird begründet, weshalb die Wahl auf die angeschriebene Firma fällt.	☐	☐	☐
6 In einer Bewerbung sind mindestens drei Referenzen zu nennen.	☐	☐	☐

Schlagen Sie im Lösungsteil nach und vergleichen Sie.

Trainingsphase Grundlagen erarbeiten, Aufgaben lösen

THEORIE

Bewerbungsdossier

Ein Bewerbungsdossier besteht aus dem Lebenslauf, den Kopien von Arbeitszeugnissen und Diplomen (z. B. Fähigkeitszeugnis) und dem Bewerbungsschreiben.

Lebenslauf

Wenn nicht ausdrücklich ein handschriftlicher Lebenslauf (auch: Curriculum Vitae) verlangt wird, erstellt man einen tabellarischen Lebenslauf. Dieser umfasst:
- Angaben zur Person (Name, Geburtsdatum, Heimatort oder Nationalität, Zivilstand, evtl. militärische Einteilung, Adresse)
- schulische Bildung
- berufliche Bildung
- alle Arbeitsstellen
- Aufgaben und Tätigkeiten in den einzelnen beruflichen Etappen
- Aufgaben und Ausbildungen (z. B. J.+S.-Kurse, Vereinstätigkeit), die mit dem Beruf direkt oder indirekt in Zusammenhang stehen
- Weiterbildungen
- spezielle berufliche Auszeichnungen/Erfolge (z. B. an einer Berufsmeisterschaft)
- ein bis zwei – vorher angefragte! – Referenzpersonen
- ein aktuelles Passfoto (kein Ferienschnappschuss)

Kopien von Zeugnissen und Abschlüssen

Die Diplome (Fähigkeitszeugnisse) geben Auskunft über die erreichten Ausbildungsabschlüsse, die Zeugnisse über die Arbeitsleistung in einer Firma. Die Dokumente werden nur als Kopien beigelegt, da es sich bei den Originalen um wichtige (und oftmals unersetzliche) Dokumente handelt.

Bewerbungsschreiben

Das Bewerbungsschreiben geht auf die folgenden Punkte ein:
- Woher man von der ausgeschriebenen Stelle Kenntnis hat (Inserat, Internet, Hinweis eines Kollegen oder einer Kollegin usw.)
- Warum die Wahl auf die ausgeschriebene Stelle und die Firma fällt.
- Weshalb man für die Stelle geeignet ist.
- Angaben über die derzeitige Funktion und Tätigkeit.
- Weshalb man sich beruflich verändern möchte.

E-Mail-Bewerbungen

Für die Bewerbungen per E-Mail gelten die gleichen Regeln wie für briefliche Bewerbungen:
- fehlerfreie Sprache ohne Symbole oder SMS-Kürzel
- Begleitbrief und lückenlosen Lebenslauf als PDF-Dokumente beilegen
- Arbeitszeugnisse und Diplome einscannen und mitsenden

Eine Bewerbung via E-Mail empfiehlt sich nur, wenn dies in der Stellenausschreibung ausdrücklich erwähnt wird. Keine Bewerbungen an anonyme Datenpools schicken, sondern nur an Einzelpersonen mit persönlicher E-Mail-Adresse.

A) Lebenslauf

AUFGABE 1

a) Lesen Sie das folgende Beispiel eines tabellarischen Lebenslaufs. Beantworten Sie anschliessend die Fragen zu Form und Inhalt in Partnerarbeit.

Lebenslauf

- **Personalien**
  - Name: Dütschler
  - Vorname: Reto
  - Adresse: Weinbergstrasse 24
  - PLZ/Ort: 4528 Zuchwil
  - Geburtsdatum: 12. Oktober 1990
  - Heimatort: Bettlach SO
  - Telefon: 032 654 .. ..
  - Handy: 079 473 .. ..
  - E-Mail: reto.duetschler@gmx.ch

- **Besuchte Schulen**
  - 2006–2009: Berufsfachschule Solothurn
  - 2003–2006: Sekundarschule in Zuchwil
  - 1997–2003: Primarschule in Zuchwil

- **Ausbildung / Weiterbildung**
  - 2006–2009: Lehre als Koch im Restaurant Sternen in Grenchen

- **Berufliche Tätigkeit**
  - Seit 01.01.2010: Koch im Gasthof zum Fuchs in Olten

- **Militär**
  - 07.2009–11.2009: Rekrutenschule

- **Sprachen**
  - Deutsch: Muttersprache
  - Französisch: Schulkenntnisse
  - Englisch: Gute mündliche und schriftliche Schulkenntnisse

- **Auszeichnungen**
  - 1. Rang kantonale Kochmeisterschaften 2009

- **PC-Kenntnisse**
  - Textverarbeitung: sehr gute Kenntnisse

- **Referenzen**
  - Herr Theo Surber — Berufsbildner
    Restaurant Sternen
    2540 Grenchen
    Tel. 032 754 .. ..

  - Frau Carmen Schmid — Fachlehrerin Gibs Solothurn
    Hunzigerweg 3
    4500 Solothurn
    Tel. 032 549 .. ..

b) Notieren Sie hier die Untertitel in Reto Dütschlers Lebenslauf und die Art der Angaben, die Sie jeweils dazu finden (ohne Militär). Vervollständigen Sie die Tabelle.

Personalien	Vor- und Nachname Adresse Heimat- und Geburtsort
Besuchte Schulen	

c) Welche Angaben zur Person fehlen in Reto Dütschlers Lebenslauf?

d) Was ist bei den Ausbildungsabschnitten und den beruflichen Tätigkeiten jeweils links, was rechts angegeben?

links: _____

rechts: _____

e) Beachten Sie die Reihenfolge bei den besuchten Schulen: Welche Angaben folgen unmittelbar nach dem Titel, welche danach?

f) Weshalb hat Reto Herrn Surber und Frau Schmid als Referenzen ausgewählt?

g) Wie beurteilen Sie die Wahl dieser Referenzen?

B) Bewerbungsschreiben

AUFGABE 2

Ergänzen Sie die Checkliste zur Briefgestaltung, indem Sie den jeweils richtigen Begriff der Regel in der Tabelle zuordnen:
Abschnitte, Adresse, Anrede, Beilagen, Betreffzeile, Ort und Datum, Grussformel
Achtung: Zwei Begriffe kommen mehrmals vor.

Checkliste zur Briefgestaltung

Regel	Zutreffender Begriff
Nach dem Muster «Ort, XX. Monat 2XXX»	
Enthält keine Satzzeichen oder Unterstreichungen.	
Dafür fette Schrift verwenden.	
Bewusst setzen: Jeder neue Gedanke in neuem Abschnitt.	
«Sehr geehrte Frau X» oder «Sehr geehrter Herr Y» oder «Sehr geehrte Damen und Herren» (nie: «Sehr geehrte Firma»)	
Steht nach der Unterschrift ohne Vermerk «Beilage».	
Kein Komma danach setzen.	
«Freundliche Grüsse»	
Hier steht zuoberst Herr, Frau oder Firma, evtl. nur der Firmenname.	

AUFGABE 3

Studieren Sie zuerst unten stehendes Stelleninserat und lesen Sie dann das Bewerbungsschreiben von Reto Dütschler (auf der nächsten Seite) durch. Kreuzen Sie anschliessend die Aussagen zu Inhalt und Form des Briefs («richtig» oder «falsch») an.

Restaurant Mondschein

Zur Ergänzung unseres Teams suchen wir auf Mitte August oder nach Absprache einen/eine begeisterte/n

Koch/Köchin

Lieben Sie es, selbstständig zu arbeiten? Können Sie mit Stresssituationen umgehen und bringen gerne Ihre Ideen ein? Sind Sie bereit, sich auf dem Gebiet der molekularen Küche weiterzubilden?

Wir bieten Ihnen ein junges Team, faire Entlöhnung und flexible Arbeitszeiten.

Gerne erwarten wir Ihre vollständige schriftliche Bewerbung:

Restaurant Mondschein
Herr Urs Mock
Hauptstrasse 12
5400 Baden
Tel. 056 768 .. ..
www.restaurant-mondschein.ch

Aussagen zum Bewerbungsschreiben von Reto Dütschler

	richtig	falsch
1. Reto Dütschler bezieht sich in der Betreffzeile auf das Inserat in der «Mittelland Zeitung» vom 15. März 20XX.		
2. Er bekundet sein Interesse an der Stelle, da er eine Zusatzausbildung machen will.		
3. Reto Dütschler bekundet sein Interesse an der besonderen Küche, die der Betrieb pflegt.		
4. Reto begründet die Wahl des zukünftigen Arbeitgebers.		
5. Seine persönliche Adresse ist inklusive Telefonnummer angegeben.		
6. In der Anrede spricht er die zuständige Person an.		
7. Reto geht auf das Anforderungsprofil im Stelleninserat ein und legt dar, weshalb er für die ausgeschriebene Stelle besonders geeignet ist.		
8. Den beruflichen Werdegang lässt er einfliessen.		
9. Reto möchte mehr über den Arbeitsplatz erfahren.		
10. Sämtliche Beilagen sind erwähnt.		
11. Reto zeigt Bereitschaft, persönlich vorzusprechen.		
12. Das Datum ist richtig geschrieben.		
13. Die Betreffzeile ist korrekt dargestellt.		

Reto Dütschler
Weinbergstrasse 24
4528 Zuchwil

Einschreiben

Herr U. Mock
Restaurant Mondschein
Hauptstrasse 12
5400 Baden

Zuchwil, 17. März 20XX

Ihr Stelleninserat in der «Mittelland Zeitung»

Sehr geehrter Herr Mock

Im Inserat vom 15. März 20XX suchen Sie einen Koch für Ihr Team. Die Stelle spricht mich sehr an, da ich in meinem Beruf neue Erfahrungen sammeln möchte.

Wie ich Ihrer informativen Website entnehmen kann, ist Ihr Restaurant bekannt für seine molekulare Küche. Ich würde mich auf diesem Gebiet gerne weiterbilden. Es hat mich schon immer fasziniert, wie man mithilfe chemischer und physikalischer Methoden ganz neue Aromen herstellen und so das Essen verfeinern kann.
Da ich ausserdem seit drei Jahren in einem Sportklub im Raum Baden engagiert bin und einige meiner Kollegen in dieser Gegend wohnen und arbeiten, suche ich eine Stelle in dieser Region.

Den Bewerbungsunterlagen können Sie weitere Informationen zu meinem beruflichen Werdegang entnehmen.

Habe ich mit meiner Bewerbung Ihr Interesse geweckt? Ich freue mich auf ein persönliches Gespräch.

Freundliche Grüsse

R. Dütschler
Reto Dütschler

Lebenslauf
Zeugniskopien

AUFGABE 4

Wie könnte Reto Dütschler in seinem Bewerbungsschreiben noch besser auf die Anforderungen eingehen, die das Restaurant Mondschein an den künftigen Mitarbeiter/die künftige Mitarbeiterin stellt? Formulieren Sie zwei bis drei Sätze und bauen Sie diese in den bestehenden Text ein. Verwenden Sie dazu ein separates Blatt.

THEORIE

Merkmale der Bewerbung

Was will ich mit einem Bewerbungsdossier erreichen? Was muss ich beachten?
- Ich reiche vollständige Bewerbungsunterlagen ein: Lebenslauf, Kopien von Schul- und Berufsabschlüssen, Kopien von Zeugnissen und Diplomen, Referenzen, Passbild, Begleitbrief.
- Die Stellenbewerbung ist meine Visitenkarte, darum muss sowohl ihre äussere Form als auch ihr Inhalt überzeugen.
- Mit dem Lebenslauf will ich aufzeigen, was ich gelernt und beruflich geleistet habe.
- Für das Bewerbungsschreiben und den Lebenslauf wähle ich eine leicht lesbare Schrift (z. B. Arial) und eine mittlere Schriftgrösse (z. B. 12).
- Beim Bewerbungsschreiben beachte ich die Merkmale des Geschäftsbriefes, auch in Online-Bewerbungen.

Was erwarte ich von einem Bewerbungsdossier?
- Das Dossier soll mein Interesse wecken. Es soll ansprechend gestaltet sein und sowohl sprachlich als auch inhaltlich überzeugen.
- Ich möchte erfahren, woher die Bewerberin oder der Bewerber von der betreffenden Stelle Kenntnis hat und weshalb die Wahl darauf gefallen ist.
- Im Lebenslauf erwarte ich eine lückenlose, zeitlich geordnete Liste mit den wichtigen schulischen und beruflichen Angaben.
- Ich will mir ein Bild von der Person machen können, deshalb möchte ich auch über besondere berufliche Fähigkeiten informiert werden.

AUFGABE 5

Sie lesen die folgenden oder ähnliche Inserate in einer Tageszeitung oder in einer Fachzeitschrift Ihrer Berufsgruppe. Untersuchen Sie die Anzeigen und beantworten Sie danach die Fragen auf der nächsten Seite. Verwenden Sie dazu ein separates Blatt.

Frostmann – Heizung ❆ Lüftung ❆ Klima ❆ Kälte

Für unser erfolgreiches Unternehmen suchen wir nach Vereinbarung eine initiative, kontaktfreudige und flexible Person als

Kalkulatorin/Kalkulator (50 %)

Das ist Ihre Aufgabe:
❆ Rechnen von Submissionen

Darin sind Sie stark:
❆ Abgeschlossene Lehre als Haustechnikplaner/in
❆ Sehr gute Deutschkenntnisse in Wort und Schrift
❆ Erfahrung im Kalkulationswesen
❆ Gute PC-Kenntnisse
❆ Exaktes und selbstständiges Arbeiten
❆ Flair für Zahlen

Das bieten wir Ihnen:
❆ Flexible Arbeitszeiten
❆ Leistungsgerechte Entlöhnung
❆ Angenehmes Arbeitsklima in kleinem Team

So geht es weiter:
Wir freuen uns auf Ihre schriftliche Bewerbung mit Lebenslauf, Foto und Zeugniskopien.
Herbert Frostmann AG, Im Durchzug 7, 8189 Htzingen

Wir suchen per sofort eine/n
Staudengärtner/in
als Verstärkung unseres dynamischen Teams.

Sie sind kompetent und verfügen über Baumschulkenntnisse. Der Verkauf und das Gespräch mit Kundschaft liegen Ihnen. Sie besitzen den Führerschein Kat. B. Dann sind Sie bei uns an der richtigen Adresse.
Wir bieten Ihnen eine sorgfältige Einarbeitung und vorteilhafte Arbeitsbedingungen.

Interessiert? Dann senden Sie uns Ihre vollständigen handschriftlichen Bewerbungsunterlagen!

Grüeber & Co.
Baumschulen
Staudenstrasse 3
4563 Treibreich

Fragen zu den Stellenanzeigen
a) Wie stellt sich die Firma vor?
b) Was erfahren Sie über die ausgeschriebene Stelle?
c) Welche persönlichen Eigenschaften erwartet das Unternehmen von der Bewerberin/vom Bewerber?
d) Welche weiteren Informationen zur ausgeschriebenen Stelle können Sie ebenfalls aus der Anzeige erschliessen?
e) Aus welchen Gründen haben Sie das Inserat gewählt und warum spricht es Sie an? Begründen Sie Ihre Aussagen.

AUFGABE 6

Erstellen Sie auf dem Computer Ihren tabellarischen Lebenslauf für eine Bewerbung.

AUFGABE 7

Suchen Sie ein Stelleninserat im Internet oder in der Tagespresse, das auf Sie zugeschnitten ist. Verfassen Sie ein Bewerbungsschreiben dazu. Beachten Sie dabei die unten stehenden Formulierungen zur Brieferöffnung und zum Schlusswort.

FORMULIERUNGSHILFEN

Brieferöffnungen
- In Ihrem Inserat vom … suchen Sie …
- Sie beschreiben eine berufliche Tätigkeit, die mich besonders anspricht …
- Ich beziehe mich auf die von Ihnen im «Tagblatt» vom … ausgeschriebene Stelle
- Mit grossem Interesse habe ich Ihre Anzeige vom … gelesen … und bewerbe mich bei Ihnen als …
- Ich stelle mich Ihnen als … vor und habe grosses Interesse an …
- Ich arbeite als … und habe mit grossem Interesse Ihre Anzeige vom … gelesen

Formulierungen für den Briefabschluss
- Wenn ich Ihr Interesse geweckt habe, freue ich mich auf/über …
- Sollte Ihnen mein Bewerbungsdossier zusagen, …
- Ich freue mich, wenn Sie mich nach Prüfung der Unterlagen zu einem Vorstellungsgespräch einladen …
- Sollten Sie nach der Durchsicht meiner Bewerbungsunterlagen weitere Informationen wünschen …
- Für weitere Auskünfte stehe ich Ihnen gerne zur Verfügung

AUFGABE 8

Ein komplettes Bewerbungsdossier erstellen
Sie haben bereits einen tabellarischen Lebenslauf erstellt und ein Bewerbungsschreiben verfasst. Überlegen Sie sich nun, welche Zeugnisse, Diplome, Fähigkeitsausweise usw. Sie einer Bewerbung zum heutigen Zeitpunkt beilegen würden, und halten Sie dies in einem Memo fest. Wählen Sie ein passendes Foto aus und überlegen Sie sich, wen Sie als Referenz angeben könnten.

C) Vorstellungsgespräch

AUFGABE 9

Sie können Ihr Glück nicht fassen: Sie sind zu einem Vorstellungsgespräch eingeladen worden. Die Personalverantwortliche wird Ihnen eine Menge Fragen stellen. Überlegen Sie, wie Sie darauf antworten wollen, und notieren Sie die Antworten.

Fragen der Personalverantwortlichen

1. Weshalb haben Sie sich auf unser Inserat gemeldet?

2. Warum suchen Sie eine neue Stelle?

3. Kennen Sie unser Unternehmen?

4. Warum glauben Sie, dass Sie für diese Stelle geeignet sind?

5. Wie würden Sie sich beschreiben?

6. Welche Erwartungen haben Sie an uns?

7. Welche Gehaltsvorstellungen haben Sie?

_____

_____

8. Haben Sie noch Fragen?

_____

_____

_____

> **THEORIE**
>
> **Das Vorstellungsgespräch**
>
> **Wie bereite ich mich auf das Gespräch vor?**
> - Ich suche Informationen über den Betrieb und lerne einige Dinge auswendig.
> - Ich überlege mir, was ich gefragt werden könnte, und bereite ein paar Antworten vor.
> - Ich erstelle eine Liste mit meinen eigenen Fragen.
> - Ich überlege mir, was ich anziehen will, denn ich will gepflegt erscheinen, mich aber gleichzeitig wohlfühlen.
> - Um pünktlich zum Vorstellungsgespräch zu erscheinen, plane ich genügend Zeit für die Anreise ein.
>
> **Wie verhalte ich mich während des Gesprächs?**
> - Ich begrüsse meinen Gesprächspartner oder meine Gesprächspartnerin mit Namen, festem Händedruck und freundlichem Lächeln. Ich bedanke mich für die Einladung zum Gespräch.
> - Ich sitze ruhig und zapple nicht herum. Ich kreuze meine Arme und Beine nicht, weil das als Zeichen von Verschlossenheit und Widerstand interpretiert werden kann.
> - Ich schaue dem Gegenüber während des Gesprächs in die Augen und höre aufmerksam zu.
> - Ich frage nach, wenn ich eine Frage nicht verstanden habe.
> - Ich stelle Fragen, die mein Interesse am Unternehmen zeigen.
> - Ich verhalte mich weder unterwürfig noch überheblich, weder zu steif noch zu vertraulich.
> - Fragen, die nicht in einem direkten Zusammenhang mit der künftigen Arbeit stehen (z. B. politische Gesinnung, religiöse Einstellung, Familienplanung), muss ich nicht beantworten. Ich weise solche Fragen höflich zurück.
> - Am Ende des Gesprächs erkundige ich mich über den weiteren Verlauf: In welchem Zeitraum werde ich eine Rückmeldung erhalten? Ich bedanke mich für das Gespräch.

AUFGABE 10

Spielen Sie in Partnerarbeit ein Vorstellungsgespräch durch. Nehmen Sie das Bewerbungsschreiben von Aufgabe 7 sowie die Fragen aus Aufgabe 9 als Grundlage. Achten Sie darauf, die Merkmale für ein gutes Bewerbungsgespräch einzuhalten. Lesen Sie vorher im Kapitel «Kommunikation» auf Seite 187 die wichtigsten Merkmale für ein gutes Gespräch nach.

Ziel erreicht — Das kann ich jetzt!

Überprüfen Sie das Gelernte. Beurteilen Sie die folgenden Aussagen, ohne vorne nachzuschlagen.

	trifft zu	trifft nicht zu
1 Der Bewerbungsbrief muss fehlerfrei sein und wahrheitsgemässe Angaben zur Person enthalten.	☐	☐
2 Das Bewerbungsdossier umfasst die folgenden Unterlagen: Zeugniskopien, Foto, Begleitbrief.	☐	☐
3 Im Lebenslauf werden zuerst Angaben zur Ausbildung gemacht, danach werden die Personalien aufgeführt.	☐	☐
4 Für das Bewerbungsschreiben gelten die Normen des Geschäftsbriefes.	☐	☐
5 Das Bewerbungsdossier soll beim angeschriebenen Unternehmen Interesse wecken.	☐	☐
6 Im Bewerbungsschreiben wählt man immer die Anrede «Sehr geehrte Damen und Herren».	☐	☐
7 Der Lebenslauf wird in tabellarischer Form abgefasst, wenn er nicht ausdrücklich in Handschrift verlangt ist.	☐	☐
8 Das Bewerbungsdossier ist wie eine Visitenkarte, d. h., sämtliche Unterlagen erfordern eine saubere und ansprechende Darstellung.	☐	☐
9 Im Bewerbungsschreiben werden die Gründe erwähnt, warum die Wahl auf das angeschriebene Unternehmen fällt.	☐	☐
10 Im Bewerbungsbrief wird begründet, weshalb man die alte Stelle verlassen will.	☐	☐
11 Für Onlinebewerbungen gelten andere Sprachregeln als für traditionelle Bewerbungen.	☐	☐
12 Der Lebenslauf bietet eine Übersicht über den beruflichen Werdegang und enthält alle privaten Interessen.	☐	☐

Schlagen Sie im Lösungsteil nach und vergleichen Sie.

Fremdwörter, Zusammen- und Getrenntschreibung

Lernziele

Ich …
… kann Regeln zur Schreibung von Fremdwörtern anwenden
… kann die wichtigsten Regeln der Zusammen- und Getrenntschreibung beim Schreiben anwenden

Aufwärmen Was weiss ich schon?

Überprüfen Sie Ihre Vorkenntnisse zur Zusammen- und Getrenntschreibung sowie zur Rechtschreibung von Fremdwörtern.

	trifft zu	trifft nicht zu	weiss nicht
1 Substanz, Standart, Ingenieurin: Diese drei Fremdwörter sind richtig geschrieben.			
2 «Haustier» ist ein zusammengesetztes Nomen. Es ist sächlich (das Haustier), weil der erste Teil der Zusammensetzung aus einem sächlichen Nomen («das Haus») besteht.			
3 Fremdwörter schreibt man nicht mit «ck» (sondern mit «k» oder «kk») und nicht mit «tz» (sondern mit «z» oder «zz»).			
4 Im folgenden Satz ist die Zusammen- und Getrenntschreibung korrekt: «Bei der Präsentation müssen Sie vorallem auf den Augenkontakt achten.»			
5 Im Deutschen braucht man den Bindestrich kaum, weil Nomen einfach zusammengeschrieben werden können.			
6 «Die Pro-Kopf-Ausgaben steigen laufend.» Hier ist der Bindestrich richtig verwendet.			

Schlagen Sie im Lösungsteil nach und vergleichen Sie.

Trainingsphase Grundlagen erarbeiten, Aufgaben lösen

A) Fremdwörter

AUFGABE 1

a) Lesen Sie die Hinweise zur Rechtschreibung von Fremdwörtern und führen Sie dann die Aufträge aus.

> **THEORIE**
>
> **Hinweise zur Rechtschreibung von Fremdwörtern**
>
> Im Prinzip muss man sich Fremdwörter einzeln einprägen, weil ihre Schreibung den Regeln ihrer Herkunftssprache folgt.
> *Beispiele*   Budget, Coiffeur, Chianti
>
> **Folgende vier Besonderheiten kann man sich aber gut merken:**
> 1. Gedehnte Vokale stehen ohne Dehnungs-«h».
>   *Beispiele*   Lokal, akut, autonom
> 2. Bei langem «i» steht kein Dehnungs-«e»; dies gilt vor allem für Endungen. (Ausnahme: die Endung «-ieren»)
>   *Beispiele*   Klima, zivil; reservieren
> 3. Auch nach kurzem Vokal wird «k» nicht zu «ck» und «z» nicht zu «tz».
>   *Beispiele*   Prospekt, spazieren, Pizza
> 4. Die Endung «-ation» schreibt sich mit «t», nicht «z».
>   *Beispiele*   Reservation, Nation

b) Korrigieren Sie die falsch geschriebenen Wörter.

Schwierige Fremdwörter

Klima   Standard   Maschiene   strikt   interessiren   primitiv   Respekt   Krise

Pakt   Symphatie   Schokolade   Labtop   Karakter   informatif   Kritik   Rythmus

Perfektion   Apparaturen   Substanz   Ingeneur   aktiv   Kapatzität   Intensivität

subversiv   Routiene   korekt   Debackel   Matemathik   defekt   Situazion

Notitzen   Dedektiv   paralell   atlethisch   Differentz   Siencefiction   Reckord

absolut   Revoluzion   Gardiene   relativ   dividieren   Suporter   direkt   akzebtabel

Lockomotive   privat   Dynamik   Zigarrette   Spatziergang   prinzipiell   Konsekwenz

Tabelle   substantiell   Terasse   Kathastrophe   Lienie   Kallkulation   Trottoir

Benzin   Syntese   Mandarine

c) Notieren Sie alle Wörter, bei denen Sie nicht sicher waren oder sich in der Schreibung geirrt haben, auf Lernkarten. Prägen Sie sich die richtige Schreibung ein!

d) Gibt es Wörter, deren Bedeutung Ihnen nicht geläufig ist? Schlagen Sie diese im Fremdwörterduden nach!

e) Lassen Sie sich die Wörter im Kasten von einer Lernpartnerin oder einem Lernpartner diktieren.

B) Zusammen- und Getrenntschreibung

THEORIE

Zusammengesetzte Wörter

Durch Aneinanderreihen von Wörtern kann man neue Wörter bilden, z. B.:
mit zwei Nomen: Hausboot oder Bootshaus
mit Adjektiv und Nomen: haushoch
mit Verb und Nomen: Wohnhaus

Das zusammengesetzte Nomen «Bootshaus» entsteht aus dem Grundwort «das Haus» und dem Bestimmungswort «das Boot», welches das Haus näher bestimmt, d. h. näher darüber informiert, um welche Art von Haus es sich handelt.

AUFGABE 2

a) Setzen Sie zu den folgenden Zusammensetzungen mit «Haus» den bestimmten Artikel (Begleiter):

_____ Hausboot   _____ Bootshaus   _____ Hausecke   _____ Eckhaus

_____ Kaufhaus   _____ Hauskauf   _____ Hauswirt   _____ Wirtshaus

b) Von welchem Teil erhält das zusammengesetzte Nomen den Artikel, vom Grund- oder vom Bestimmungswort? Leiten Sie aus den obigen Beispielen die Regel für das grammatikalische Geschlecht zusammengesetzter Nomen ab:

Regel: _____

_____

_____

AUFGABE 3

Zusammen- und Getrenntschreibung

a) Die Regeln für die Zusammen- und Getrenntschreibung sind zwar nicht einfach, aber drei grobe Grundregeln decken die häufigsten Fälle ab. Prägen Sie sich die folgenden Regeln gut ein.

> **THEORIE**
>
> **Zusammen- und Getrenntschreibung: Die drei Grundregeln**
>
> 1. **Nomen** reiht man durch Zusammenschreibung aneinander, ebenso Kombinationen anderer Wortarten mit Nomen, wenn dadurch ein neues Nomen entsteht.
>   *Beispiele*
>   das Marktforschungsunternehmen, die Zusammenschreibung, das Fernsehen, das Schönwetterprogramm, die Riesenüberraschung
>
> 2. **Verbzusätze** schreibt man mit dem Verb zusammen.
>   *Beispiele*
>   davonrennen, heimgehen, hinuntersteigen, umherwandern, weiterfahren, zusammenhalten usw.
>
> 3. In den übrigen Fällen schreibt man meistens getrennt.
>   *Beispiele*
>   auf jeden Fall, immer noch, noch einmal, vor allem, zu wenig usw.

b) Markieren Sie im unten stehenden Text
 – die nach Regel 1 zusammengeschriebenen Wörter grün,
 – die nach Regel 2 zusammengeschriebenen Wörter rot.
 (Die Wörter mit Bindestrich werden erst in Aufgabe 4 behandelt.)

Mit 50 Pfund zum Millionär geworden

Die folgende Geschichte von Alex Tew ist eine jener Geschichten, die man unbedingt hören will und über die man sich grundsätzlich freut, die aber zum Schluss doch eine Prise Unzufriedenheit zurücklassen. Denn es handelt sich um eine moderne Variante des Vom-Tellerwäscher-zum-Millionär-Märchens. In knapp fünf Monaten hat es der 21-jährige Blonde aus der südenglischen Grafschaft Wiltshire vom mittellosen Mittelschüler zum Millionär geschafft.

Seinen Anfang nahm der rasante Aufstieg am 26. August 2005. An jenem Tag liess Tew seine Internetseite schalten. Für 50 englische Pfund (umgerechnet 115 Franken) hatte er sich zuvor Speicherplatz auf einem Server und eine Registrierung für den Namen www.milliondollarhomepage.com gekauft. Die Idee des Jungunternehmers war so einfach wie verrückt: Er unterteilte die Bildschirmseite in 10 000 Felder à je 100 Pixel. Jedes Pixel (auf einem 15-Zoll-Bildschirm ein Punkt von etwa einem Drittel Millimeter) verkaufte er als Werbefläche für einen Dollar, bei einer Abnahmemenge von 100 Pixeln im Minimum.

Im Angebot inbegriffen war für die Käuferschaft ein Link zur eigenen Homepage und eine Kurzwerbebotschaft, die jeweils dann erscheint, wenn eine Besucherin oder ein Besucher auf der Millionendollarseite mit dem Mauszeiger über das entsprechende Minifeld fährt.

Rechne: 10 000 Felder à 100 Pixel à 1 Dollar ergeben eine Million Dollar. «Ich lancierte meine Seite, weil ich Geld für mein Universitätsstudium brauchte», schreibt Tew in seinem Onlinetagebuch. Er habe gedacht, wenn er sich das Ziel hoch genug stecke und dann auch nur einen Bruchteil davon erreiche, werde ihm das immer noch weiterhelfen.

Miniwerbefelder auf der Homepage
www.milliondollarhomepage.com

Das Minimalszenario traf nicht ein. Die Pixel verkauften sich noch besser als warme Brötchen, anfänglich durch Mund-zu-Mund-Propaganda und selbst versandte E-Mails, später vor allem durch eine riesige Medienpräsenz. Schon nach einem Monat hatte Tew fast 20 000 Pfund eingenommen – genug, um sich die ersten drei Studienjahre zu finanzieren. Es war ihm gelungen, so prominente Kunden zu gewinnen wie die angesehene Zeitung «The Times», den Internetkonzern Yahoo und den Telekommunikationsriesen Orange.

Tew reagierte schnell auf den Ansturm und investierte nochmals 20 000 Pfund, um die Leistungsfähigkeit seiner Seite auszubauen und in den USA einen PR-Berater anzuheuern. Die Hälfte der Felder wurden darauf an amerikanische Firmen verkauft. Die allerletzten 1000 Pixel gingen mittels Ebay-Auktion für 38 100 Dollar an einen Internetverkäufer.

AUFGABE 4

Bindestrich
Da man im Deutschen Wörter aneinanderreiht, indem man sie zusammenschreibt, benötigt man kaum je einen Bindestrich. Man darf ihn aber setzen, um die Lesbarkeit sehr langer zusammengesetzter Wörter zu erleichtern.

Beispiele
die Million-Dollar-Boy-Geschichte oder die Milliondollarboy-Geschichte
die Dampfschifffahrtsgesellschafts-Präsidentenwahl

In gewissen Fällen ist der Bindestrich jedoch nötig.
a) Lesen Sie zuerst die Regeln für den Bindestrich.

> **THEORIE**
>
> **Verwendung des Bindestrichs**
>
> **Der Bindestrich ist obligatorisch**
> 1. in Kombination mit Zahlen und Abkürzungen: die 31-jährige SBB-Angestellte
> 2. in Kombination mit Eigennamen (z. B. von Firmen): der Kuoni-Katalog, eine Hilfiger-Hose
> 3. in Verbindungen wie: «eine Alles-oder-nichts-Einstellung», «zum Aus-der-Haut-Fahren»

b) Welche der obigen Regeln wurden im Text über den jungen Millionär angewendet? Schreiben Sie die Beispiele auf die Zeilen und notieren Sie die entsprechende Regelnummer daneben.

Beispiel   Regelnummer

_____   _____

_____   _____

_____   _____

_____   _____

_____   _____

_____   _____

AUFGABE 5

Zusammen, getrennt oder mit Bindestrich? Markieren Sie im folgenden Text die jeweils *richtige* Version. Wörter mit Bindestrich sind nur dann zu markieren, wo eine Schreibung ohne Bindestrich falsch ist.

Von Russenmafia erpresst

Der britische Student Alex Tew, der mit dem Verkauf von winzig kleinen **Werbeflächen / Werbe-Flächen** auf seiner **Homepage / Home-Page** zum Millionär wurde, wird erpresst. Russische **Webpiraten / Web-Piraten** forderten nach einem Bericht des britischen **Rundfunksenders / Rundfunk-Senders** BBC **insgesamt / ins gesamt** mehr als 40 000 Euro. Sie drohten, **andernfalls / andern Falls** die **Internetseite / Internet-Seite** mit einer Million verkauften Pixeln durch einen **Hackerangriff / Hacker-Angriff lahmzulegen / lahm zu legen**. Als Tew nicht zahlte, liessen sie der Drohung **Tatenfolgen / Taten folgen**. Die Seite war fast eine **Wochelang / Woche lang** nur noch **zeitweise / Zeit weise aufzurufen / auf zu rufen**. **Inzwischen / In zwischen** haben sich in die Ermittlungen das FBI **sowie / so wie** die **Computerexperten / Computer-Experten** der britischen Behörden **eingeschaltet / ein geschaltet**. Auf **jedenfall / jeden Fall** funktioniert die **Website / Web-Site** nun wieder.

Ziel erreicht — Das kann ich jetzt!

Überprüfen Sie das Gelernte. Beurteilen Sie die folgenden Aussagen, ohne vorne nachzuschlagen.

	trifft zu	trifft nicht zu
1 Bei zusammengesetzten Nomen steht das Grundwort vor dem Bestimmungswort und bestimmt das Geschlecht des zusammengesetzten Nomens.		
2 «Du solltest auf jedenfall früh genug bei Herbert vorbeischauen.» In diesem Satz stimmt die Zusammen- und Getrenntschreibung.		
3 Die folgenden Wörter sind richtig geschrieben: «x-beliebig», «70-jährig», «y-Achse».		
4 Der Bindestrich wird im Deutschen nur selten verwendet.		
5 Zusammengesetzte Nomen schreibt man prinzipiell als ein Wort.		
6 «Schon wenige Tage nach der Operation konnte er wieder die Treppen hinauf und hinunter steigen.» In diesem Satz stimmt die Zusammen- und Getrenntschreibung.		
7 Bei der Schreibung von Fremdwörtern muss man teilweise spezielle Rechtschreibregeln beachten.		
8 Diese Fremdwörter sind richtig geschrieben: Parallele, Synthese, Rhythmus, Routine.		
9 Fremdwörter haben oft ein langes «i», doch schreibt man das meistens nicht mit Dehnungs-«e».		
10 Im folgenden Satz sind die Bindestriche korrekt eingesetzt: «Gestern habe ich Susanne im Migros-Laden an der Bahnhof-Strasse getroffen.»		
11 Nomen, die aus drei oder mehr Einzelwörtern zusammengesetzt sind, muss man mit Bindestrich unterteilen. Beispiele: die Hauswart-Stelle, der Telekommunikations-Riese.		
12 Zusammengesetzte Fremdwörter schreibt man immer mit Bindestrich.		

Schlagen Sie im Lösungsteil nach und vergleichen Sie.

Wortschatz: Begriffe zum Bereich «Arbeit»

Gesetzliche Bestimmungen zum Arbeitsvertrag
Lösen Sie das Kreuzworträtsel (Umlaute = 2 Buchstaben, z. B. ä = ae).

Waagrecht

2. Eine Möglichkeit, wie Überstunden entschädigt werden können.
4. Sie arbeiten seit sechs Monaten im selben Betrieb. Wie viele Wochen lang erhalten Sie im Krankheitsfalle den Lohn?
7. Eine Kündigung während bestimmter Sperrfristen ist …
11. Eine Kündigung während der Schwangerschaft erfolgt zur …
12. Wer bestimmt den Zeitpunkt der Ferien?
13. Eine Kündigung, die mit der Religion der Arbeitnehmerin begründet wird, ist …
14. So viele Monatslöhne beträgt die maximale Entschädigung bei missbräuchlicher Kündigung.
15. An der Stelle eines Arbeitszeugnisses können Sie vom Arbeitgeber eine … verlangen.
16. Sie befinden sich Mitte Monat in einer finanziellen Notlage. Deswegen bitten Sie Ihren Arbeitgeber um einen …
17. In diesem Gesetz sind die Vorschriften über die wöchentlichen Höchstarbeitszeiten festgehalten (Abkürzung).

Senkrecht

1. Welche Vertragsform ist für den Arbeitsvertrag zu empfehlen?
3. So heisst gemäss OR die genaue Bezeichnung für den Arbeitsvertrag: …vertrag
5. So nennt man den finanziellen Zustupf, den manche Firmen den Mitarbeitenden an Weihnachten bezahlen.
6. Für Leiterinnen und Leiter von Pfadilagern gibt es diese besondere Möglichkeit von Urlaub.
8. Ein ausgebildeter Chauffeur versäumt es, regelmässig den Ölstand des Fahrzeugs zu kontrollieren. Dies führt zu einem Schaden am Motor. Der Chauffeur haftet für diesen Schaden, weil er ihn dem Arbeitgeber … zugefügt hat.
9. Eine Kündigung, bei der das Arbeitsverhältnis sofort aufgelöst wird, nennt man …
10. Wie viele Monate dauert die Kündigungsfrist im dritten Dienstjahr?

Erörterung (Pro- und Kontra-Argumentation)

Lernziele

Ich …
… kann Argumente für und gegen einen Sachverhalt aufführen und dazu Stellung nehmen
… kann etwas klar erörtern, indem ich die unterschiedlichen Standpunkte ausführlich darstelle

Aufwärmen Was weiss ich schon?

Überprüfen Sie Ihre Vorkenntnisse zur Erörterung: Welche der folgenden Aussagen treffen zu, welche nicht?

		trifft zu	trifft nicht zu	weiss nicht
1	In einer Erörterung wird ein Thema möglichst neutral behandelt.	☐	☐	☐
2	Eine Erörterung wird in drei Teile (Einleitung, Hauptteil, Schluss) gegliedert.	☐	☐	☐
3	In der Erörterung beleuchtet man eine strittige Frage von der Pro- und von der Kontraseite her.	☐	☐	☐
4	In der Erörterung geht es darum, mit Argumenten zu überzeugen.	☐	☐	☐
5	Bevor man die Erörterung schreibt, erstellt man eine Disposition (gegliederter Plan).	☐	☐	☐
6	Die eigene Meinung ist in einer Erörterung das Wichtigste.	☐	☐	☐

Schlagen Sie im Lösungsteil nach und vergleichen Sie.

Trainingsphase Grundlagen erarbeiten, Aufgaben lösen

AUFGABE 1

a) Lesen Sie das unten stehende Beispiel einer kurzen Erörterung sorgfältig durch. Die Gliederung in Einleitung, Hauptteil und Schluss fehlt noch. Markieren Sie in einem ersten Schritt diese drei Teile mit entsprechenden Klammern am linken Textrand. Vergleichen Sie dann die Lösung mit Ihrem Banknachbarn oder Ihrer Banknachbarin und bearbeiten Sie anschliessend die weiteren Aufträge.

Pro und kontra Risikosport

Immer wieder hört man von schweren, manchmal sogar tödlich verlaufenden Unfällen im Zusammenhang mit Extremsportarten. Manche Leute lieben das Risiko, das mit diesen Sportarten verbunden ist. Aber lohnt es sich denn, für ein bisschen Vergnügen ein lebensbedrohliches Risiko auf sich zu nehmen? Viele betreiben Extremsportarten wie Gleitschirmfliegen, weil sie dadurch einen besonderen Adrenalinkick bekommen. Sie suchen die Herausforderung und wollen so ihre persönlichen körperlichen und geistigen Grenzen besser kennenlernen. Zudem bietet die Ausübung von Extremsportarten eine Abwechslung zum sonst oft monotonen Alltag. Andererseits sind solche Sportarten, zum Beispiel das Freeclimbing, sehr gefährlich. Ein einziger Fehltritt kann den Tod bedeuten. Manchmal gefährdet man auch andere, so kann etwa beim Variantenskifahren abseits der markierten Pisten eine Lawine ausgelöst werden. Auch müssen die Angehörigen dieser Sportlerinnen und Sportler immer mit der Angst leben, dass ein Mensch, der ihnen nahesteht, verunfallen könnte und sie dann auf sich allein gestellt wären. Das Risiko, dem man sich und andere bei Extremsportarten aussetzt, ist in meinen Augen aus den genannten Gründen, verglichen mit dem Gewinn, zu hoch.

Notizen / Stichworte:

b) Lesen Sie den Text nochmals durch. Notieren Sie nun in der rechten Spalte in Stichworten,
   – wie die Einleitung in das Thema einführt,
   – welche Argumente im Hauptteil angeführt werden,
   – was am Schluss festgestellt wird.

> **THEORIE**
>
> **Merkmale der Erörterung**
>
> **Was will ich mit einer Erörterung erreichen? Was muss ich beachten?**
>
> - Ich verschaffe mir Klarheit über eine strittige Frage, indem ich mich mit den Pro- und Kontra-Argumenten auseinandersetze.
> - In der Einleitung beschreibe ich das Problem und formuliere die Frage, die es zu beantworten gilt.
> - Im Hauptteil behandle ich die Gründe, die für und gegen den umstrittenen Sachverhalt sprechen. Dabei begründe ich die Behauptungen und verknüpfe die einzelnen Argumente mit Überleitungen, damit meine Argumentation für andere leicht nachvollziehbar ist.
> - Im Schlussteil beantworte ich die Themenfrage.
> - Ich wähle einen sachlichen Stil.
>
> **Was erwarte ich von einer Erörterung?**
>
> - Als Leserin oder Leser erwarte ich in der Einleitung eine Einführung in die Fragestellung.
> - Die Argumente sollen in einer logischen Reihenfolge stehen, einleuchtend begründet und mit passenden Beispielen untermauert sein.
> - Die Meinung der schreibenden Person bleibt im Hintergrund; sie wird erst im Schlussteil kurz dargelegt.

AUFGABE 2

Einleitung

a) Lesen Sie die folgenden drei Einleitungen zum Thema «Riskanter Umgang mit Geld» und vergleichen Sie sie dann mithilfe der anschliessenden Tabelle. Kreuzen Sie das jeweils Zutreffende an.

> **Text 1**
>
> Geld. Alles dreht sich um Geld. Niemand kann genug davon haben und alle wollen noch mehr. Da boomen natürlich auch die verschiedensten Mittel zur Geldvermehrung. Ist jedoch eine verlockende, aber riskante Geldanlage sinnvoll? Soll man riskieren, sein eigenes Geld zu verlieren?
>
> **Text 2**
>
> *Risikoreicher Umgang mit Geld*
> Einmal im Lotto gewinnen, wer hat sich das noch nie gewünscht? Im Glücksspiel Millionen zu gewinnen, das ist der Traum vieler. Doch das Risiko ist gross. Man kann auch alles verlieren.
>
> **Text 3**
>
> *Traum oder Albtraum?*
> «Euro Millions» ist allen bekannt. Es ist sehr spannend, man kann bis 280 Millionen gewinnen. Und dafür muss man nur fünf Nummern und zwei Sterne wählen! Dann kann man träumen. Einige träumen von Reisen, andere von einem neuen Auto. Aber manchmal kann der Traum zu einem Albtraum werden. Warum?

Aussagen zu den drei Einleitungen	Text 1	Text 2	Text 3
Eine passende Überschrift ist vorhanden.			
Das Problem des riskanten Umgangs mit Geld wird thematisiert.			
Die Einleitung beginnt mit einem persönlichen Erlebnis.			
Die Einleitung beginnt mit einem aktuellen Beispiel.			
Die Themenfrage ist am Schluss der Einleitung formuliert.			

b) Im folgenden Textbeispiel ist die Einleitung zur Erörterung bereits begonnen. Die Fragestellung fehlt noch. Welches Thema soll erörtert werden? Schreiben Sie eine mögliche Themenfrage auf die Zeilen unterhalb des Textausschnittes.

> Mit verlockenden Versprechungen und Zukunftsaussichten fordern Banken junge Menschen zum Sparen auf. Das eigene Haus, das komfortablere Auto oder exklusive Urlaubsbedürfnisse werden als lohnende Sparziele für Berufsanfänger in Aussicht gestellt.

Frage: Lohnt es sich _____

_____ ?

AUFGABE 3

Vom Argumentarium zur Erörterung

a) Lesen Sie im Kapitel «Leserbrief und Kommentar» den Kasten «Überzeugend argumentieren» in Aufgabe 4 (Seite 65) aufmerksam durch.

b) Erarbeiten Sie in Einzelarbeit ein Argumentarium zur unten stehenden Frage, indem Sie auf einem separaten Blatt je vier Argumente pro und kontra notieren. Achten Sie dabei auf eine möglichst stichhaltige Argumentation.

Thema: «Ist es sinnvoll, gleich nach Abschluss der Lehre in eine eigene Wohnung zu ziehen?»

Pro-Argumente	Kontra-Argumente

c) Vergleichen Sie Ihr Argumentarium mit den Argumentarien von zwei Mitschülerinnen oder Mitschülern. Wählen Sie je die drei stichhaltigsten Argumente pro und kontra aus.

d) Formulieren Sie nun in Einzelarbeit Ihre Argumente in zwei gegensätzlichen Blöcken auf einem separaten Blatt aus. Beachten Sie dabei,
  – dass Sie innerhalb eines Blocks die Beweisführung Schritt für Schritt zum gewichtigsten Argument steigern,
  – dass Sie die Argumente gut verknüpfen. Lesen Sie dazu nochmals Aufgabe 7 im Kapitel «Leserbrief und Kommentar» durch (Seite 66).

e) Lesen Sie den unten stehenden Theoriekasten «Aufbau der Erörterung» und schreiben Sie dann eine Einleitung und einen passenden Schluss zu Ihren Argumenten. Beachten Sie bei der Niederschrift, dass die drei Teile Ihrer Erörterung die folgenden Längen umfassen:
Einleitung: 30 bis 50 Wörter
Hauptteil: 80 bis 120 Wörter
Schlussteil: 20 bis 40 Wörter

THEORIE

Aufbau der Erörterung

Die Einleitung
- weckt das Interesse und nennt das Problem, das behandelt wird.
- formuliert die Themenfrage.

Der Hauptteil
- ist in zwei etwa gleich lange Blöcke gegliedert: Ein Block behandelt die Pro-Argumente, der andere die Kontra-Argumente.
- ist so aufgebaut, dass die Argumente innerhalb eines Blocks nach steigender Wichtigkeit geordnet sind.

Der Schluss
- beantwortet die Themenfrage und/oder
- beinhaltet das abschliessende Urteil.

f) Lesen Sie sich in der Gruppe Ihre Texte gegenseitig vor. Wählen Sie den überzeugendsten Text aus und stellen Sie ihn der Klasse vor.

AUFGABE 4

Gemeinsamkeiten und Unterschiede von Erörterung und Kommentar

Kreuzen Sie in der unten stehenden Tabelle an, ob die Aussage jeweils nur auf eine oder auf beide Textsorten zutrifft. Es ist auch möglich, dass eine Aussage gar nicht zutrifft.

	Trifft zu auf …	
	Erörterung	Kommentar
1. Der Text ist in drei Teile gegliedert: Einleitung, Hauptteil und Schluss.		
2. Andere Meinungen werden kommentiert bzw. widerlegt.		
3. Die gegensätzlichen Standpunkte werden in der Einleitung einander gegenübergestellt.		
4. Die eigene Meinung steht im Zentrum des Textes.		
5. Die eigene Meinung muss im Hauptteil zurücktreten. Sie wird höchstens im Schlussteil kurz dargelegt.		
6. Argumente werden mit treffenden Beispielen gestützt.		
7. Argumente werden mit geeigneten Überleitungen verknüpft.		
8. Behauptungen müssen belegt werden.		
9. Die Einleitung stellt das Problem oder die Ausgangslage dar.		
10. Stichhaltige Argumente sind wichtig.		
11. Der Hauptteil besteht aus zwei gegensätzlichen Blöcken.		
12. Eine Disposition ist hilfreich bei der Planung.		

Ziel erreicht — Das kann ich jetzt!

Überprüfen Sie das Gelernte. Beurteilen Sie die folgenden Aussagen, ohne vorne nachzuschlagen.

		trifft zu	trifft nicht zu
1	Die Erörterung ist dasselbe wie ein Kommentar bzw. eine Stellungnahme.	☐	☐
2	In der Einleitung stellt man das strittige Thema vor, danach wird die Fragestellung formuliert.	☐	☐
3	Die Sprache ist sachlich.	☐	☐
4	Im Hauptteil werden Argumente, die für und gegen einen Sachverhalt sprechen, vorgestellt.	☐	☐
5	Die einzelnen Argumente werden sinnvoll verknüpft.	☐	☐
6	Die aufgelisteten Argumente werden logisch geordnet. Die weniger wichtigen stehen am Anfang; am Schluss wird das stichhaltigste Argument erwähnt.	☐	☐
7	Die Erörterung besteht aus vier Teilen: Einleitung, Fragestellung, Hauptteil, Schluss.	☐	☐
8	Argumente können auch mit einleuchtenden Beispielen aus der eigenen Erfahrung gestützt werden.	☐	☐
9	Am Schluss wird die strittige Frage beantwortet bzw. das eigene Urteil kurz dargelegt.	☐	☐
10	Die eigene Meinung geht aus dem Hauptteil hervor.	☐	☐
11	Die Pro- und Kontra-Argumente werden je in einem Block behandelt. Die beiden Blöcke sollten etwa gleich lang sein.	☐	☐
12	Für eine überzeugende Argumentation ist die persönliche Meinung besonders wichtig.	☐	☐

Schlagen Sie im Lösungsteil nach und vergleichen Sie.

Bedingungssätze, Konjunktiv II

Lernziele

Ich ...
... kann über hypothetische (d.h. vorgestellte, vermutete) Situationen sprechen und schreiben
... kann Vermutungen über Ursachen und Konsequenzen anstellen

Aufwärmen Was weiss ich schon?

Überprüfen Sie Ihre Vorkenntnisse zur Möglichkeitsform und zu Bedingungssätzen. Welche der folgenden Aussagen treffen zu, welche nicht?

	trifft zu	trifft nicht zu	weiss nicht
1 «Wenn ich nicht so viel getrunken hätte, wäre ich heute fit.» Dieser Bedingungssatz ist richtig formuliert.			
2 Die Form «hätte» leitet sich von der Form «hatte» ab, also vom Präteritum des Verbs «haben».			
3 «Ich würde wissen» und «ich wüsste» sind zwei unterschiedliche Formen für dieselbe Aussage.			
4 Ein Bedingungssatz besteht in der Regel aus einem Haupt- und einem Nebensatz. Der Nebensatz wird durch die Partikeln «wenn» oder «falls» eingeleitet.			
5 «Ich ginge», «er dänkte», «wir blieben»: So lauten Möglichkeitsformen (Konjunktiv II) der Verben gehen, denken, bleiben.			
6 «Wenn er weniger Alkohol trinken würde, hat er ein wichtiges Ziel erreicht.» Dieser Satz ist sprachlich korrekt formuliert.			

Schlagen Sie im Lösungsteil nach und vergleichen Sie.

Trainingsphase Grundlagen erarbeiten, Aufgaben lösen

THEORIE

Der Konjunktiv II: Anwendung

Bedingungen, Wünsche und Bitten können wir im Indikativ (Wirklichkeitsform) oder im Konjunktiv (Möglichkeitsform) ausdrücken:

Beispiele mit Indikativ
Bedingung: Ich bin glücklich, wenn ich einen möglichst schnellen Wagen fahren kann.
Wunsch: Ich wünsche mir ein schnelleres Auto. Ich will einen Alfa Romeo.
Bitte: Leih mir bitte deinen Ferrari.

Für vermutete oder vorgestellte Situationen und für höflich formulierte Wünsche oder Bitten verwenden wir den Konjunktiv II (Möglichkeitsform).

Beispiele mit Konjunktiv
Bedingung: Ich wäre glücklich, wenn ich ein schnelleres Auto hätte.
Ich wäre glücklich gewesen, wenn ich damals ein schnelles Auto gehabt hätte.
Wunsch: Ich möchte dieses Auto Probe fahren.
Höfliche Bitte: Könnten Sie mir vielleicht Ihren BMW leihen?

AUFGABE 1

a) Verwandeln Sie die realen (möglichen) Bedingungssätze in irreale. Achten Sie beim Schreiben auf die richtigen Formen des Verbs und auf das Komma zwischen den Teilsätzen.

Gemäss den Statistiken der Beratungsstelle für Unfallverhütung (bfu) sind 18- bis 24-jährige männliche Autofahrer durchschnittlich eineinhalbmal so schnell unterwegs wie die weiblichen, und es wird ihnen achtmal so oft der Führerausweis entzogen.

Beispiel
Wenn junge Autofahrer weniger schnell unterwegs sind, gibt es weniger Unfälle.
Wenn junge Autofahrer weniger schnell unterwegs wären, gäbe es weniger Unfälle.

1. Wenn junge Männer weniger schnell fahren, muss man ihnen nicht öfter den Ausweis entziehen als den gleichaltrigen Frauen.

   ___
   ___

2. Wenn nicht das Bedürfnis nach Anerkennung und Imponiergehabe dahintersteckt, ist das riskante Fahren einfacher zu bekämpfen.

   ___
   ___

3. Wenn Jugendliche andere Ideale haben, sieht der Geschwindigkeitsrausch nicht so verlockend aus.

   ___
   ___

4. Wenn sie weniger aggressiv auftreten, stehen junge Männer bei jungen Frauen höher im Kurs.

   _____

   _____

5. Wenn wir jugendliche Lenker vom Rasen abhalten können, haben wir ein wichtiges Ziel erreicht.

   _____

   _____

6. Wenn wir nur wissen, wie wir die Präventionskampagne anpacken sollen!

   _____

b) Wie müsste eine Antiraserkampagne aussehen, um bei den Jugendlichen die erwünschte Wirkung zu erzielen? Diskutieren Sie in Gruppen mögliche Ideen (15 Minuten). Halten Sie die Ergebnisse in Stichworten und Skizzen fest.

c) Formulieren Sie nun Ihren Vorschlag in etwa zehn Sätzen auf einem separaten Blatt. Verwenden Sie dazu den Konjunktiv II und stützen Sie sich bei Bedarf auf die Wendungen im Kasten.

FORMULIERUNGSHILFEN

Die Kampagne müsste … / sollte … / dürfte nicht … / hätte zum Ziel …
Dabei wäre von Vorteil …   Zu beachten / nicht zu vergessen wäre …   Es müsste …
Besondere Wirkung hätte vermutlich … / dürfte … erzielen …
Erfolg brächte wahrscheinlich … / Erfolgreich könnte … sein / Erfolg versprechend wäre …
Wir möchten … / würden …   Vielleicht könnte man … / sollte man …

THEORIE

Der Konjunktiv II: Herleitung

Der Konjunktiv II leitet sich vom Präteritum des Verbs ab.
Beispiele: ich war > ich wäre   ich konnte > ich könnte

Übersicht: Präteritum und Konjunktiv II			
regelmässiges Verb		**unregelmässiges Verb**	
Präteritum	*Konjunktiv II*	*Präteritum*	*Konjunktiv II*
Ich wünschte	Ich wünschte	Ich konnte	Ich könnte
Du wünschtest	Du wünschtest	Du konntest	Du könntest
Er/sie/es wünschte	Er/sie/es wünschte	Er/sie/es konnte	Er/sie/es könnte
Wir/sie wünschten	Wir/sie wünschten	Wir/sie konnten	Wir/sie könnten
Ihr wünschtet	Ihr wünschtet	Ihr konntet	Ihr könntet

Die Konjunktivformen der unregelmässigen Verben (sein, können, haben usw.) unterscheiden sich deutlich vom Indikativ, jene der regelmässigen Verben jedoch nicht (vgl. «ich wünschte»).
In Fällen, wo aus dem Zusammenhang nicht eindeutig hervorgeht, ob der Indikativ oder der Konjunktiv gemeint ist, weicht man bei diesen Verben deshalb auf den zusammengesetzten Konjunktiv mit «würde» aus: ich würde wünschen, ich würde arbeiten usw. Die «würde»-Form verwendet man auch, wenn die Konjunktivform nicht mehr gebräuchlich ist:
Beispiel: Ich würde backen (statt: ich büke)

AUFGABE 2

Ersetzen Sie in den folgenden Sätzen jeweils die «würde»-Form in Klammern durch die einfache Form des Konjunktivs.

Wenn sich die Familienstrukturen in den letzten 40 Jahren nicht so stark verändert (haben würden) _____, (würde geben) _____ es heute nicht so viele verschiedene Arten des Zusammenlebens.

So (würden können) _____ beispielsweise nicht so viele Personen in einem Einpersonenhaushalt leben. Vor allem (würden bleiben) _____ nicht so viele alte Leute alleine in einer Wohnung oder einem Haus wohnen. Mehrere Generationen (würden leben) _____ gemeinsam unter einem Dach und (würden sorgen) _____ füreinander.

Auf der anderen Seite (würden verlassen) _____ junge Menschen früher die elterliche Wohnung, (würden eingehen) _____ früher eine Ehe _____, (würden beziehen)_____ mit dem Partner oder der Partnerin eine eigene Wohnung und (würden bekommen) _____ Kinder.

Auch (würden stehen) _____ jeder Person viel weniger Quadratmeter Wohnraum zur Verfügung.

AUFGABE 3

a) Lesen Sie den unten stehenden Text und bearbeiten Sie dann den Auftrag auf der nächsten Seite.

Auswandern

Jedes Jahr wandern rund 30 000 Schweizerinnen und Schweizer aus, um ihr Glück in einem anderen Land zu finden. Der Grossteil der Auswanderer verlässt die Schweiz aus beruflichen Gründen. Denn der heutige Arbeitsmarkt verlangt von den Arbeitnehmerinnen und Arbeitnehmern eine erhöhte Mobilität.

Das ist nicht neu. Bereits im 19. Jahrhundert suchten viele Schweizerinnen und Schweizer aus wirtschaftlichen Gründen ihr Glück im Ausland. Vor allem die alpinen Regionen – das Tessin, Graubünden, Glarus, das Berner Oberland und das obere Wallis – waren von der Abwanderung stark betroffen. Denn in der Schweiz herrschte eine Hungersnot, sodass viele Bauernfamilien ums Überleben kämpften. Doch in eine Stadt ziehen mochten die meisten auch nicht, weil sie sich nicht vorstellen konnten, sich in einer Fabrik als Lohnarbeiter zu verdingen. Dies wäre einem gesellschaftlichen Abstieg gleichgekommen. Da wählten sie lieber den Wegzug ins Ausland.

Unter den Auswanderern waren zudem viele Gewerbetreibende, die versuchten, ihrem angestammten Beruf nachzugehen. Auf diese Weise wurde mancher Familienbetrieb im Ausland gegründet, der bis heute Schweizer Produkte fabriziert.

b) Vervollständigen Sie die unten stehenden «wenn»-Sätze, indem Sie Vermutungen zum Text übers Auswandern anstellen. Vergessen Sie nicht, zwischen den Teilsätzen ein Komma zu setzen.

1. Wenn die wirtschaftliche Situation im 19. Jahrhundert besser _____ _____ nicht so viele Schweizerinnen und Schweizer ihr Glück im Ausland versucht.

2. Es wären wohl nicht so viele Bauern ausgewandert, wenn keine Hungersnot _____ _____.

3. Wenn die Kleinbauern die Arbeit in einer Stadt nicht als sozialen Abstieg empfunden _____ sie nicht _____.

4. Man darf annehmen, dass viele Bergbauernfamilien gerne in der Schweiz _____ wenn sie genug Arbeit und Essen _____.

5. Vielleicht _____ es heute nicht so viele Firmen im Ausland, die Schweizer Produkte produzieren, wenn nicht so viele Gewerbetreibenden im Ausland einen Betrieb _____ _____.

AUFGABE 4

Kurzreferat

Stellen Sie sich vor, Sie hätten in einem Wettbewerb den ersten Preis gewonnen, bestehend aus entweder
- einer vierwöchigen Weltreise nach Wahl oder
- einem Nachtessen in einem der besten Restaurants mit einer Sportlerpersönlichkeit Ihrer Wahl oder
- einer Million Schweizer Franken. Sie hätten spontan beschlossen, davon die Hälfte zu sparen und die andere Hälfte innerhalb eines Jahres auszugeben.

a) Wählen Sie einen dieser Preise aus und bereiten Sie ein Kurzreferat von drei Minuten vor, in dem Sie darüber sprechen, wie Sie damit umgehen würden. Schreiben Sie Ihren Text auf ein separates Blatt. Verwenden Sie den Konjunktiv II.

b) Halten Sie das Referat.

Ziel erreicht — Das kann ich jetzt!

Überprüfen Sie das Gelernte. Beurteilen Sie die folgenden Aussagen, ohne vorne nachzuschlagen.

	trifft zu	trifft nicht zu
1 Der Konjunktiv II wird immer mit «würde» gebildet.		
2 Die Formen des Konjunktivs II leitet man vom Präteritum des entsprechenden Verbs ab.		
3 Den Konjunktiv II kann man in Bedingungssätzen, für Wünsche und höfliche Bitten verwenden.		
4 «Ich bränge», «du hättest», «wir möchten»: So lauten Formen des Konjunktivs II der Verben bringen, haben, mögen.		
5 «Er wäre glücklich, wenn sie das Rauchen endlich aufgibt.» Dieser Satz ist sprachlich korrekt.		
6 «Sie ginge» ist eine veraltete Form des Konjunktivs, deshalb verwendet man besser die zusammengesetzte Form «sie würde gehen».		
7 Bei unregelmässigen Verben unterscheidet sich der Konjunktiv II immer deutlich vom Präteritum.		
8 «Wenn wir das früher gewusst hätten, wären wir vorsichtiger gewesen.» Dieser Satz ist sprachlich korrekt.		
9 In Bedingungssätzen kann man auch den Indikativ verwenden; dann handelt es sich um Bedingungen, die erfüllbar sind.		
10 Der folgende Bedingungssatz ist korrekt formuliert: «Er lässe das Trinken sein, wenn er genügend Unterstützung hätte.»		
11 Meistens zieht man den einfachen Konjunktiv (z. B. «wir gäben») der mit «würde» zusammengesetzten Form vor.		
12 «Ich sparte Geld, wenn ich weniger rauchte.» In diesem Satz unterscheiden sich die Formen des Konjunktivs nicht vom Indikativ.		

Schlagen Sie im Lösungsteil nach und vergleichen Sie.

Lerntechniken

Lernziele

Ich …
… kann meine Hausaufgaben gezielt angehen
… weiss, wie ich effizient lerne
… kenne hilfreiche Lernstrategien und Lerntechniken

Während meiner Ausbildung muss ich viel Lernstoff verarbeiten. Nicht nur wichtige Prüfungen, sondern auch die wöchentlichen Hausaufgaben lassen sich einfacher bewältigen, wenn ich sinnvolle Lerntechniken anwende. Die folgenden elf Grundsätze helfen mir dabei.

1. Aktiv am Unterricht teilnehmen
– Ich profitiere so viel wie möglich vom Unterricht: Ich höre zu, mache Notizen, denke und rede mit und stelle Fragen.
– Wenn ich den Stoff schon in der Schule beherrsche und aktiv am Unterricht teilnehme, löse ich auch die Hausaufgaben zügiger und lerne einfacher auf Prüfungen.

2. Arbeitsplatz sinnvoll gestalten
– Mein Arbeitsplatz ist ruhig, hell und aufgeräumt.
– Ich richte den Arbeitsplatz so ein, dass ich mich wohlfühle.
– Ich habe alles notwendige Arbeits- und Lernmaterial in Griffnähe.
– Ich vermeide Ablenkung durch störende Musik, TV, Lärm und Personen.

3. Lernstoff strukturieren und mit Bekanntem verknüpfen
– Ich verschaffe mir einen Überblick über den Lernstoff: Was muss gelernt werden?
– Ich stelle Zusammenhänge zum Vorwissen her: Was kenne ich schon? Was ist ganz neu?
– Ich bilde «verdaubare» Lern-Portionen.

4. Lernzeiten einplanen
– Ich baue die Zeit, die ich zum Lernen einer Prüfung oder zum Erledigen der Hausaufgabe brauche, in meine Wochenplanung ein.
– Ich teile die Lernzeiten in maximal einstündige Abschnitte ein, denn so kann ich mir den Inhalt besser merken.
– Ich trage die Lernzeiten in meine Agenda ein.
– Ich beginne frühzeitig mit Lernen; das verhindert Stress und ermöglicht mir, schwierige Dinge zu wiederholen.
– Ich teile meine Lernzeit so ein, dass ich am Vorabend der Prüfung alles Wesentliche schon beherrsche und nur noch wichtige Punkte repetieren muss.

5. Arbeitsstrategie festlegen
- Ich arbeite konzentriert und wähle eine Strategie, die zu mir passt.
  Beispiele:
    - Ich beginne mit dem Leichten, um Erfolgserlebnisse zu haben. Das gibt bessere Laune und steigert mein Selbstbewusstsein.
    - Ich beginne mit etwas, das Spass macht.
    - Ich gehe nach Stoffgebiet vor.

6. Verschiedene Eingangskanäle (Sinne) einsetzen
- Ich lese laut, streiche an, schreibe heraus, schreibe Zusammenfassungen oder erstelle eine Mindmap.
- Ich erzähle den Lernstoff jemandem in eigenen Worten.
- Ich stelle den Inhalt grafisch dar.
- Grundsätzlich gilt: Je mehr Sinne (sehen, hören, schmecken, tasten, riechen) ich beim Lernen benutze, desto besser kann der Lernstoff in meinem Gehirn gespeichert und in der Prüfung wieder abgerufen werden.

7. Nur Verstandenes lernen
- Ich lerne nicht einfach auswendig, sondern lerne nur, was ich verstanden habe. Denn nur so kann ich mein Wissen auch anwenden.

8. Motiviert sein
- Ich finde die richtige Einstellung zum Lernen. Denn man lernt nur, wenn man lernen will.
- Ich versuche mein allfälliges Desinteresse abzubauen. Wenn ich mit einer positiven Einstellung arbeite, geht es mir auch einfacher von der Hand.
- Ich setze mir nahe, erreichbare Ziele. Und vielleicht habe ich ja eine Belohnung verdient, wenn das Ziel erreicht ist?

9. Pausen einlegen
- Wenn ich während einer längeren Zeit lernen muss, lege ich bewusst Pausen ein. So kann ich mich nachher wieder besser konzentrieren.
- Manchmal reicht es schon, wenn ich aufstehe, mich bewege und etwas trinke, am besten einen Schluck Wasser.

10. In der Gruppe oder zu zweit lernen
- Vielleicht lerne ich besonders gut zu zweit. Dann lohnt es sich, eine Lernpartnerin oder einen Lernpartner zu suchen.
- Gerade bei grossen Stoffmengen kann es motivierend sein, zu zweit zu lernen.
- Das gegenseitige Erklären und Abfragen festigt den Lernstoff und dient zugleich als Lernkontrolle.

11. Eine Lernkartei anlegen
- Für das Lernen von Fremdwörtern, Fachbegriffen oder Definitionen lege ich eine Lernkartei an.
- Mit Lernkarteikärtchen kann ich auch gut im Zug oder Bus lernen.

Eine Mindmap erstellen

Lernziele

Ich weiss, …
… was eine Mindmap ist
… wann ich Mindmaps einsetzen kann
… worauf ich beim Erstellen einer Mindmap achten muss

Mit einer Mindmap («Gehirnlandkarte») kann ich Informationen und Gedanken strukturieren und übersichtlich darstellen. Die Arbeitstechnik des Mindmapping verbindet auf einfache Weise sprachliches mit bildlichem Denken. Das heisst: Eine Mindmap nutzt alle Fähigkeiten des Gehirns optimal und hilft mir so, Ideen zu sammeln und zu ordnen.

Mindmapping eignet sich besonders gut, um
– Gedanken zu einem bestimmten Thema zusammenzutragen (Brainstorming)
– ein grosses Stoffgebiet zu ordnen
– Lösungsvorschläge und Ideen zu einem bestimmten Problem festzuhalten
– Vorträge, Präsentationen, Aufsätze zu entwerfen und vorzubereiten
– Texte und Notizen zusammenzufassen

Wie baue ich eine Mindmap auf?

– Ich verwende ein weisses unliniertes A4- oder A3-Blatt im Querformat.
– Das Thema (Kernwort) schreibe ich in Grossbuchstaben in die Mitte und kreise es ein.
– Vom Thema aus ziehe ich mit den Hauptgedanken verschiedene Hauptäste nach aussen.
– Die weiteren Gedanken ordne ich als Zweige und Nebenzweige den Hauptästen zu.
– Je nach Thema und Anwendungsbereich verwende ich verschiedene Farben, Signete oder Zeichnungen.
– Mit Pfeilen kann ich Querverbindungen zwischen den einzelnen Begriffen darstellen.
– Ideen, die ich nicht sofort zuordnen kann, halte ich am Blattrand fest oder notiere sie am Zweig «Sonstiges».

Beispiel[1]

Hausaufgaben-Tipps (Mindmap)

- **EINTEILUNG**
  - Aufgabenheft führen
  - Aufgaben sinnvoll einteilen
  - mit Bekanntem einsteigen
  - Erledigtes abhaken
- **LERNTYPEN**
  - alle Sinne einsetzen: hören, lesen etc.
  - laut lesen
  - Mindmap erstellen
  - anstreichen
  - herausschreiben
  - was interessiert, lernt sich leichter
- **MOTIVATION**
  - Interesse wecken
  - erreichbare Ziele setzen
  - Negatives vermeiden (Schimpfen nörgeln)
- **PAUSEN**
  - regelmäßige Pausen
  - aufstehen + bewegen
  - Kopf lüften
  - Wasser trinken
- **ARBEITSPLATZ**
  - Arbeitsmaterial griffbereit
  - Fester Arbeitsplatz
  - Ruhe
  - gutes Licht
  - Umgebung Ordnung halten
  - Temperatur
- **ARBEITSZEITEN**
  - Gewohnheiten schaffen
  - festgelegte Arbeitszeiten
  - regelmäßig lernen

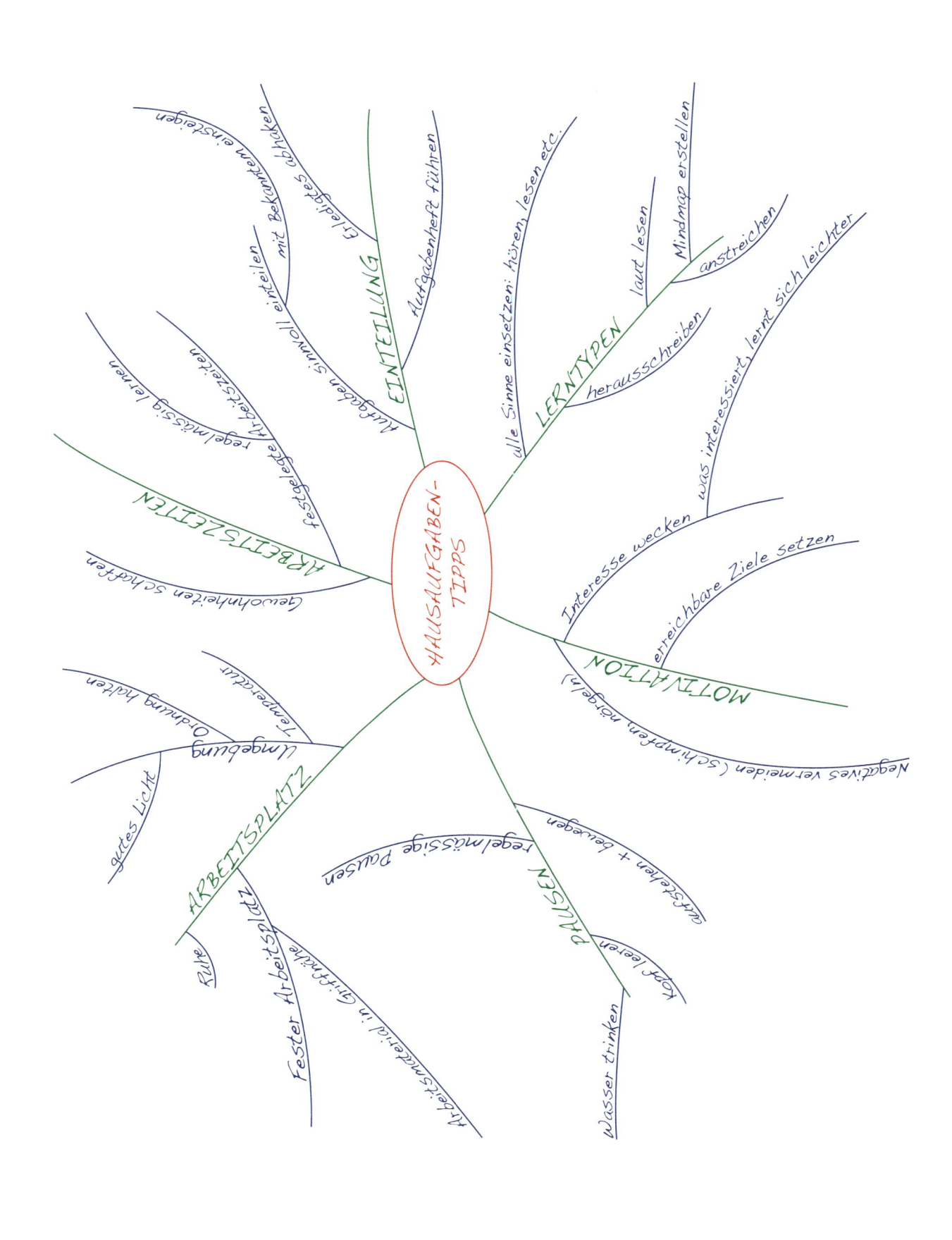

1 Weitere Beispiele für Mindmaps finden Sie auf den Seiten 18 und 190.

Fachtexte verstehen

Lernziele

Ich …
… weiss, wie ich einen schwierigen Text knacken kann
… weiss, wie ich vorgehen muss, wenn ich ein einzelnes Wort oder einen ganzen Satz nicht verstehe
… beherrsche Lesetechniken, die mir bei langen und schwierigen Texten helfen
… verfüge über Strategien, um das Gelesene besser zu behalten

In Beruf und Ausbildung muss ich viele verschiedene Texte lesen. Manchmal sind sie kurz und einfach, oft aber auch lang und kompliziert. Um in nützlicher Frist die Inhalte eines komplexen Textes zu verstehen, gehe ich am besten strategisch vor. Folgende vier Arbeitsschritte können mir helfen.

1. Ich orientiere mich
– Bevor ich mit dem Lesen eines grösseren Textes beginne, verschaffe ich mir einen Überblick: Wie lang ist der Text? Wie ist er aufgebaut? Worum geht es?
– Ich lese Titel, Untertitel und das Inhaltsverzeichnis; ausserdem betrachte ich die Abbildungen und lese die Bildlegenden.

2. Ich verstehe den Text im Grossen und Ganzen
– Ich überfliege den Text. Das heisst, ich lese den Text relativ schnell durch, ohne auf Details zu achten.
– Lange Abschnitte lese ich nur an. Das heisst, ich lese die ersten Sätze und den Schluss.
– Ich konzentriere mich auf das, was ich verstehe. Wörter oder ganze Sätze, die ich nicht verstehe, überspringe ich.
– Ich suche nach Schlüsselwörtern (Wörter, die nahe beim Thema liegen) im Text.
– Bei dieser Art von Lesen erfasse ich bewusst nur bestimmte Informationen. Es ist (noch) nicht wichtig, alles zu verstehen.
– Nach diesem Schritt halte ich kurz inne und überlege: Was habe ich von dem Text bereits verstanden?

3. Ich verstehe den Text genau
– Ich lese den ganzen Text abschnittweise genau durch.
– Ich denke beim Lesen mit und überlege, ob ich wirklich verstehe, was ich lese.
– Ich markiere Textstellen, die besonders wichtig sind.
– Nach jedem fertig gelesenen Abschnitt mache ich mir Notizen und Randbemerkungen.
– Ich notiere mir die Wörter, die ich nicht verstehe, und schlage sie im Wörterbuch nach.

4. Ich fasse das Wichtigste zusammen
– Ich schaue den Text nochmals als Ganzes an: Sind meine Markierungen und Randnotizen sinnvoll und verständlich?
– Was habe ich aus dem Text gelernt? Sind alle meine Fragen geklärt?
– Wenn ich den Text für eine grössere Arbeit (z. B. VA) oder eine Prüfungsvorbereitung brauche, schreibe ich eine kurze Zusammenfassung oder erstelle eine Mindmap.

Beispiel

E-Zigaretten:
Ist rauchfrei wirklich gesünder?

Seit Montag sind künstliche Glimmstängel zu kaufen. Experten warnen vor giftigen chemischen Zusätzen.

Die künstliche Zigarette brennt tatsächlich nicht. Elektronisch gesteuert produziert sie einen Rauch aus Wasserdampf, der inhaliert und wieder ausgepustet wird (siehe Box). Der Wasserdampf riecht – je nach Wahl – nach «Tabak», «Menthol» oder «Energy».

Eine Valora-Sprecherin erklärte auf Anfrage, dass sich Dampf und Geruch innert kürzester Zeit verflüchtigen. Valora schliesst daraus, dass «Raucher jetzt überall, auch in rauchfreien Zonen, ihrer Rauchergewohnheit nachgehen können (vorbehältlich des jeweiligen Hausrechts)».

Die Herstellerfirma behauptet zudem, dass die E-Zigarette gesundheitlich völlig unbedenklich ist. «Die Zigarette beinhaltet keine Schadstoffe, Lungenkrebs bekommt man davon also nicht», sagt die Geschäftsführerin.

Beim Bundesamt für Gesundheit (BAG) ist man anderer Meinung. Im Infoschreiben von Mitte September rät das BAG zum «vorsichtigen Umgang mit E-Zigaretten». Bei einer Umfrage der Universität Genf kritisierten die Benutzer der künstlichen Zigarette die diversen Nebenwirkungen. Sie klagten über einen trockenen Mund und Hals, Schwindel, Kopfweh und Brechreiz.

WHO rät von der E-Zigi ab

Die Weltgesundheitsorganisation WHO riet 2008 von der E-Zigi ab. Grund: Sie enthalte eine Anzahl chemischer Zusätze, die sehr giftig sein können. Auch die Schweizer Krebsliga warnt: Die E-Zigarette könnte eine Einstiegsdroge für Jugendliche sein.

Neben den gesundheitlichen Risiken ist auch noch nicht klar, wie der Umgang mit elektronischen Zigaretten in der Öffentlichkeit geregelt werden soll. «Das Bundesgesetz zum Schutz vor Passivrauchen bezieht sich nicht explizit auf den Konsum von E-Zigaretten, sondern besagt, dass Räume, die öffentlich zugänglich sind oder Personen als Arbeitsplatz dienen, rauchfrei sein müssen», erklärte eine BAG-Sprecherin.

Batteriebetrieben

Die E-Zigaretten bestehen aus einem batteriebetriebenen Gerät sowie austauschbaren oder nachfüllbaren Kartuschen, welche Nikotin und Aromastoffe enthalten. Durch einfaches Ziehen wird die Steuerungselektronik aktiviert. Die Inhaltsstoffe aus den Kartuschen werden zerstäubt oder erhitzt und können anschliessend inhaliert werden.

Randnotizen:

- E-Zigaretten
- Experten warnen
- elektronisch, Wasserdampf
- verschiedene Geschmacksrichtungen
- überall rauchen
- Herstellerfirma sagt: unbedenklich
- BAG → Vorsicht
- Uni Genf → Nebenwirkungen Hals-, Kopfweh, Brechreiz
- WHO rät ab: chemische Zusätze = giftig!
- Krebsliga: Einstiegsdroge
- Unklar: Darf man in der Öffentlichkeit rauchen oder nicht?
- mit Batterien
- ? → <u>nachschlagen!</u>

Recherchieren

Lernziele

Ich ...
... kann bei Recherchen gezielt vorgehen und weiss, wo ich am besten recherchiere
... finde mich in der Unendlichkeit des WWW zurecht
... kann die recherchierten Informationen auf ihre Zuverlässigkeit überprüfen
... weiss, was ich bei einem Erkundungsauftrag beachten muss

Recherchieren ist eine wichtige Methodenkompetenz. Nicht nur für die Vertiefungsarbeit, auch für den Beruf ist es von zentraler Bedeutung, dass ich mir schnell und gezielt Informationen beschaffen kann. Damit das Recherchieren nicht zu einem frustrierenden Wühlen im Dunkeln wird, ist es nötig, strategisch vorzugehen.

A) Ablauf einer Recherche

1. Wonach suche ich?
– Bevor ich mich in den Datendschungel stürze, grenze ich möglichst klar ein, was ich recherchieren will: Thema, Unterthema, Teilgebiet.
– Welche Recherchen mache ich zuerst? Welches sind die wichtigsten Informationen, die ich benötige?

2. Wo suche ich?
– Ich überlege mir, wo ich am besten zu der gewünschten Information komme.
  - Andere Personen fragen (Arbeitskollegin, Freunde, Lehrperson, Fachperson)?
  - Bibliothek oder Mediothek?
  - Behörden, Ämter?
  - Beratungsstellen?
  - Internet?
  - Erkundungsausflug?
  - Andere Möglichkeiten? Welche?

3. Wie suche ich?
– Ich starte die Recherche und suche zielstrebig, bis ich die gewünschte Information gefunden habe.
– Wenn ich bei der gewählten Auskunftsstelle nicht weiterkomme, lasse ich mich nicht entmutigen. Ich überlege mir nochmals, ob ich anderswo eher zur gewünschten Information kommen könnte, und beginne meine Suche erneut.
– Ich lasse mich während meiner Suche nicht ablenken.

4. Wie schätze ich die Informationen ein?
- Wenn ich die gewünschte Information erhalten habe, versuche ich, sie einzuschätzen: Ist die Quelle zuverlässig (z. B. wenn ich eine Fachperson befragt habe) oder nicht (handelt es sich zum Beispiel um eine zweifelhafte Webseite)?
- Wenn ich nicht sicher bin, ob die Quelle zuverlässig ist, suche ich an einer anderen Stelle Informationen zur selben Frage.

5. Wie verarbeite ich die Informationen?
- Wenn ich den recherchierten Informationen traue, baue ich das neu erworbene Wissen in meine Arbeit ein.
- Ich notiere mir laufend die Quellen, denen ich Informationen entnehme, damit ich sie später im Quellenverzeichnis (siehe «Dokumentation erstellen» Seite 247) vermerken kann.
- Falls neue Fragen auftauchen, die nach weiteren Recherchen verlangen, beginne ich wieder bei Punkt 1.

B) Recherchieren im Internet

Das Internet bietet eine enorme Fülle an Informationen. Damit ich mich in der Unendlichkeit des WWW nicht verirre, ist es besonders wichtig, gezielt vorzugehen.

1. Den richtigen Suchdienst wählen
- Ich wähle einen geeigneten Suchdienst für meine Recherche aus.

Internet-Suchdienste

Suchdienst	Allgemeine Suchdienste	Spezielle Suchdienste	Metasuchdienste	Katalogdienste
Eigenschaften	... versuchen, das Internet möglichst breit abzudecken und nehmen möglichst viele Seiten in ihr Verzeichnis auf.	... sind auf einen klar umrissenen, meistens thematisch ausgerichteten Teilbereich des Internets spezialisiert.	... sind übergeordnete Suchdienste, die gleichzeitig mehrere Suchdienste durchforsten.	... bieten die Möglichkeit, in speziellen Rubriken oder Branchen zu suchen.
Beispiele	www.google.ch www.altavista.ch	www.admin.ch www.wissen.de	www.metacrawler.com www.webcrawler.com	www.yahoo.de

2. Die richtigen Suchbegriffe verwenden
- Selbst die beste Suchmaschine spuckt mir die gewünschte Information nur dann aus, wenn ich sie korrekt benutze:
  - Nomen verwenden
  - 2 bis 4 Begriffe nahe am Suchthema eingeben
  - keine Füllwörter wie z. B. «das», «zu», «ein»
  - Synonyme oder verwandte Begriffe eingeben
  - nach einer genauen Wortfolge – in Anführungszeichen gesetzt – suchen, z. B. «Personen- und Güterverkehr»

3. Informationen einschätzen und beurteilen
– Bevor ich die Informationen weiterverarbeite, beurteile ich sie kritisch. Folgende Fragen können mir bei der Einschätzung von Webseiten helfen:
  - Stehen hinter der Webseite vertrauenswürdige Quellen oder bekannte Fachpersonen?
  - Ist die Seite professionell und übersichtlich aufgebaut?
  - Wann wurde die Seite letztmals aktualisiert?
  - Lassen sich die Informationen anderweitig belegen?

C) Recherchieren vor Ort

Trotz Internet und Telefon ist es manchmal notwendig, dass ich vor Ort Erkundigungen einhole. Dies ermöglicht mir Direktgespräche mit Fachpersonen und Betroffenen; ich kann Stimmungen einfangen und besser ins Geschehen eintauchen. Gut organisierte Erkundungen steigern ausserdem die Motivation und lassen eine schriftliche Arbeit lebendiger werden. Doch Erkundungen brauchen verhältnismässig viel Zeit und müssen gut vorbereitet werden.

1. Vorbereiten
– Ich stelle erste Recherchen über den Ort oder den Anlass an, den ich besuchen will.
– Ich nehme telefonisch Kontakt mit den Verantwortlichen auf, stelle mich vor, erkläre den Zweck des Besuches, bringe meine Besichtigungswünsche an und vereinbare alle Termine vorgängig.
– Bei Interviews halte ich mich an die Regeln für gute Interviews (siehe «Interview» Seite 154).
– Ich erstelle eine strukturierte Liste der Fragen, die ich mithilfe meines Erkundungsausfluges beantworten möchte.
– Ich organisiere alle nötigen technischen Hilfsmittel (Audio, Video, Fotoapparat, Handy), Notizblock, allfällige Pläne oder Karten.
– Ich erstelle einen Zeitplan für die Durchführung (Anfahrtszeit berücksichtigen).

2. Durchführen
– Ich verschaffe mir vor Ort einen ersten Überblick über die Örtlichkeiten.
– Ich setze Prioritäten und gehe das Wichtigste zuerst an. Vielleicht merke ich, dass ich die Reihenfolge meiner Tätigkeiten leicht ändern muss.
– Ich stelle mich bei Personen, die mir ein Gespräch oder eine Führung gewähren, höflich vor und erkläre den Zweck der Erkundung.
– Ich halte die Informationen schriftlich, in Foto und/oder mittels Tonaufnahme fest und sammle möglichst viele Unterlagen (Prospekte, Gratismuster, Bildmaterial usw.).
– Ich bitte meine Gesprächspartnerinnen und -partner um ihre Koordinaten (Telefon, E-Mail) für allfällige Rückfragen.
– Bevor ich wieder abreise, gehe ich meinen Fragekatalog sorgfältig durch: Habe ich alles erledigt? Sind meine Fragen geklärt?
– Ich verabschiede mich höflich von meinen Gesprächspartnern und danke für die Zeit, die sie sich für mich genommen haben.

3. Verarbeiten
– Ich ordne und strukturiere meine gesammelten Informationen möglichst bald, solange die Eindrücke noch frisch sind. Wenn ich eine Reportage (siehe Seite 141) schreiben will, lohnt es sich sehr, den Schwung des Erkundungstages mitzunehmen und mich zügig ans Schreiben zu machen.
– Ich schreibe den Betroffenen einen Dankesbrief oder eine E-Mail.

Lange Texte/Arbeiten schreiben

Lernziele

Ich …
… kann einen langen Text planen und strukturieren
… kenne Möglichkeiten, damit mir der Übergang von der Recherche in die Schreibphase gelingt
… weiss, worauf ich beim Schreiben achten muss und wie ich Schreibblockaden überwinden kann

Im Laufe meiner Ausbildung muss ich immer wieder längere Texte verfassen, sei es im Rahmen einer Facharbeit oder für die Vertiefungsarbeit. Das stellt eine besondere Herausforderung dar. Schreiben ist zwar ein kreativer und individueller Prozess – aber Schreiben lässt sich auch lernen.

> Grundsätzlich gilt: Es gibt keinen falschen Zeitpunkt, um mit dem Schreiben zu beginnen. Zwar muss ich mich vor dem Schreiben ins Thema einlesen, aber man kann fast jedes Thema auch endlos recherchieren. Irgendwann muss ich einfach loslegen, denn manche Gedankengänge werden erst klar fassbar, wenn ich sie schriftlich festhalte. Zudem besteht die Möglichkeit, Recherchen zu einem bestimmten Punkt während des Schreibprozesses wieder aufzunehmen, falls dies nötig ist.

Folgende Regeln können mir helfen, ein grösseres Schreibprojekt in Angriff zu nehmen – unabhängig von der Textsorte.

1. Gedanken bündeln
– Statt blind drauflozuschreiben, mache ich eine Auslegeordnung. Mithilfe einer Mindmap ordne ich meine gesammelten Informationen und strukturiere sie. Ich bündle meine Gedanken auf mein Ziel hin: Was muss alles in den Text? Was soll der Text unter dem Strich aussagen? Welches ist die Stossrichtung?
– Ich löse mich von den vielen Details und halte mir das Gesamte vor Augen.
  Dabei kann mir die 5-Finger-Technik helfen: Ich zähle meinen Text an den Fingern einer Hand ab: Eine Handvoll Hauptaussagen, logisch verbunden und auf eine Hauptaussage hin angelegt, tragen einen Text.
– Ich kann meine Gedankengänge auch strukturieren, indem ich jemandem den Sachverhalt mündlich erkläre.

2. Textaufbau planen
– Jetzt plane ich den Textaufbau: Wie gliedere ich den Text? Unter welchen Arbeitszwischentiteln stehen die einzelnen Teile? Ich mache mir dazu stichwortartige Notizen.
– Ich achte auf einen logischen Aufbau:
  • In der *Einleitung* führe ich die Leserinnen und Leser ans Thema heran.
  • Im *Hauptteil* gehe ich vertieft auf die in der Einleitung aufgeworfenen Fragen und Gedanken ein.
  • Im *Schlussteil* fasse ich die Schwerpunkte nochmals zusammen und runde den Text ab.

3. Rohfassung schreiben

– Ich formuliere eine erste Fassung meines Textes. Ich schreibe vorwärts: Ein Gedanke führt zum nächsten bis zum Etappenziel, möglichst in einem Zug. Noch muss nicht jeder Satz sitzen. Ich schreibe den Text einfach spontan nieder.
– Die E-Mail-Technik kann mir dabei helfen: Ich schreibe meinen Text fiktiv (oder auch echt!) einem Freund oder einer Freundin. In Mails an Freunde darf ich Fehler machen, denn solche Mails schreibt man schnell. Ich muss nicht druckreif schreiben. Erst wenn die Mail fertig ist, schreibe ich sie in meinen endgültigen Text um. So vermeide ich umständliche Umschreibungen und komplizierten Unsinn.

4. Text überprüfen und Endfassung schreiben

– Nach dem ersten Durchlauf überprüfe und überdenke ich den Text:
  - Beantwortet der Text die gestellten Fragen?
  - Ist ein roter Faden ersichtlich?
  - Gibt es Überflüssiges?
  - Passen die Überleitungen?
  - Sind meine Argumente logisch?
  - Enthält mein Text keine Widersprüche?
  - Habe ich einen guten Stil gewählt und ansprechend geschrieben?
  - Habe ich meinen Text in Abschnitte gegliedert und Zwischentitel gesetzt?
  - Habe ich wichtige Fachbegriffe korrekt eingesetzt?
  - Habe ich meiner Arbeit einen treffenden Titel gegeben?
– Ich mache den «Stolpertest»: Dazu setze ich meinen Text in eine andere Schriftart und Grösse. So nehme ich besser wahr, was ich geschrieben habe. Ich lese mir den Text laut vor.
– Ich lasse meinen Text von einer aussenstehenden Person lesen. Sie hat mehr Distanz und merkt sofort, wenn ein Text nicht funktioniert.
– Ich bringe die notwendigen Änderungen in meinem Text an und schreibe die Endfassung.

5. Den Text korrigieren

– Ich überprüfe meinen Text auf Grammatik und Rechtschreibung und bringe letzte Korrekturen an.
– Ich mache erneut den «Stolpertest» und lasse meinen Text durch eine dritte Person Korrektur lesen.
– Ich überprüfe die Darstellungsform: Klar gegliedert? Abschnitte? Titel? Zwischentitel?

Wenn der Schreibprozess blockiert ist

Manchmal will es mit dem Schreiben trotz aller guten Ratschläge einfach nicht klappen. Ich sitze vor dem weissen Blatt oder der leeren Bildschirmseite und bin völlig blockiert. Das gehört auch zum Schreiben und ist ganz normal. Die folgenden Tipps können mir in solchen Situationen helfen:

– Ich muss einen Satz nicht im ersten Durchgang perfekt schreiben. Es reicht, wenn ich meine Gedanken niederschreibe und dann überarbeite.

– Textstellen, an denen ich kaue, überspringe ich und versuche es am nächsten Tag nochmals.

– Wenn gar nichts mehr geht, arbeite ich an einem anderen Kapitel oder Abschnitt weiter oder lege eine Pause ein.

– Manchmal lohnt es sich, den Arbeitsplatz zu wechseln.

– Ich «tanke» Sprache, indem ich eine Seite mitreissender Literatur geniesse.

Ein Journal schreiben

Lernziele

Ich …
… kenne die Inhalte eines Journals (Arbeitsjournal, Lernjournal)
… kenne den Unterschied zwischen einem Arbeitsprotokoll und einem Arbeitsjournal
… weiss, worauf ich beim Schreiben eines Lern- oder Arbeitsjournals achten muss

Lern- und/oder Arbeitsjournal (meine Erkenntnisse)

– Im Lern- oder Arbeitsjournal denke über ich mein eigenes Lern- und Arbeitsverhalten nach (Reflexion).
– Ich setze mich kritisch mit den gesammelten Erfahrungen auseinander.
– Indem ich meine Erfahrungen nach jedem Arbeitsschritt festhalte, rufe ich mir allfällige Schwierigkeiten, Probleme, aber auch Erfolge bewusst in Erinnerung. Daraus wiederum kann ich Lehren und Erkenntnisse für die Zukunft gewinnen und meine weiteren Arbeitsschritte planen.

Folgende Fragen helfen mir, über meine Arbeit nachzudenken:

Leitfragen zur Reflexion

- Was habe ich gelernt?
- Wie ist es mir ergangen? Welche positiven oder negativen Erfahrungen habe ich gemacht?
- Was hat mir Spass gemacht, was weniger?
- Was ist mir besonders gelungen? Warum?
- Wo hatte ich Schwierigkeiten? Warum?
- Welche Lehren und Erkenntnisse ziehe ich daraus?
- Wer oder was kann mir bei der Bewältigung dieser Probleme behilflich sein?
- Wie gut bin ich mit meiner Arbeit vorangekommen? Stimmt der Zeitplan oder muss ich meine Planung anpassen?
- Wie war die Stimmung im Team?
- Gab es Konfliktsituationen, Missstimmungen oder Unmut in der Gruppe? Warum? Wie sind wir damit umgegangen?
- Wer hat welche Rolle innerhalb der Gruppe? Was sind unsere Stärken/Schwächen?
- Was habe ich zum Gelingen der Gruppenarbeit beigetragen?
- Welche Erkenntnisse und Vorsätze nehme ich mir für den nächsten Arbeitsschritt/das nächste Projekt?

Jeder Journaleintrag endet mit der **Planung** der nächsten Arbeitsschritte (siehe auch das Kapitel «Eine grosse Arbeit planen und durchführen», Seite 244):
– Welche Arbeitsschritte/Aufgaben stehen als nächste an?
– Welche Vorbereitungen muss ich treffen?

Das Arbeitsprotokoll (meine Tätigkeiten)

Im Gegensatz zum Lernjournal halte ich im Arbeitsprotokoll fest, was ich wann und wie gemacht habe. Dabei gehe ich systematisch der Reihe nach vor.

Kernfragen Arbeitsprotokoll

- Wer hat was gemacht?
- Wann und wo wurde wie lange gearbeitet?
- Welche Themen habe ich bearbeitet?
- Welche Arbeitsschritte wurden erledigt?
- Wie ging ich vor?
- Welche Techniken und Mittel habe ich verwendet?
- Habe ich die Ziele erreicht?

Beispiel Arbeits- und Lernjournal

Thema: Die Globalisierung des Kleidermarktes		Team: Semire, Tobias, Julia	
Datum	Tätigkeiten: Wer? Was? Wo? Wie? Womit?	Reflexion: Nachdenken über die eigene Tätigkeit	Nächste Arbeitsschritte
20.8.2011 3 Lektionen	Heute hat uns der Lehrer in die Problematik des globalisierten Kleidermarktes eingeführt. Wir haben einen kurzen Film über Textilarbeiterinnen in Bangladesch geschaut und anschliessend in der Klasse ziemlich lange darüber diskutiert. Danach hat uns der Lehrer einen Auftrag erteilt: Wir müssen verschiedene Aspekte des globalisierten Kleidermarktes herausarbeiten und eine Dokumentation für die ganze Klasse erstellen. Wir haben Gruppen gebildet und nach einem Brainstorming mögliche Informationsquellen aufgezählt. Anschliessend haben wir im Internet nach ersten Informationen gesucht.	Anfangs haben mich die vielen Informationen des Lehrers etwas verwirrt und ich habe nicht recht verstanden, worum es überhaupt geht. Aber der Film über die Textilarbeiterinnen hat mich sehr beeindruckt, sodass ich jetzt doch eine Ahnung habe, wohin uns unsere Gruppenarbeit führen könnte. *Erkenntnis:* Zu Beginn einer grösseren Arbeit muss man den Auftrag gut studieren, den Erklärungen der Lehrperson aufmerksam folgen und Fragen stellen. In unserer Gruppe sind wir nicht so gut gestartet. Wir wussten gar nicht recht, wonach wir im Internet überhaupt suchen sollten. *Erkenntnis:* Wir müssen gezielter suchen und unsere Arbeit aufteilen.	Auf das nächste Mal sammelt jeder von uns Informationen zum Thema. Wir überlegen uns, wie wir bei der weiteren Recherche vorgehen wollen
27.8.2011 2 Lektionen	Wir haben in unserer Gruppe die vielen Informationen sortiert und ein erstes Konzept entworfen. Wir haben eine Mindmap erstellt und ein definitives Gruppenthema für unsere Arbeit gesucht. Wir haben erste Zielideen und Fragen formuliert.	Es sind jede Menge Ideen und Gedanken zusammengekommen. Das Schwierige ist, das Wesentliche vom Unwichtigen zu trennen und sich auf einen Teil zu konzentrieren. *Erkenntnis:* Zuerst eine gute Ausgeordnung machen, die Ideen sortieren, diskutieren und dann entscheiden, was man will. Den Rest muss man einfach weglassen.	Auf das nächste Mal schreibe ich die Mindmap ins Reine, Tobias formuliert mögliche Ziele und Semire bestellt Unterlagen bei der «Erklärung von Bern».

Eine grosse Arbeit planen und durchführen

Lernziele

Ich kann …
… eine grosse Arbeit, wie zum Beispiel die VA, planen und realisieren
… die Ziele, die ich erreichen will, formulieren
… die Termine im Auge behalten
… gemeinsam mit anderen eine Teamarbeit organisieren

Wenn ich eine grössere Arbeit – zum Beispiel die Vertiefungsarbeit – durchführen muss, nehme ich mir genügend Zeit für eine sorgfältige Planung. Denn nur wenn ich systematisch und zielorientiert plane, kann ich das Projekt erfolgreich zu Ende bringen. Ausserdem vermeide ich so Stress und schaffe Freiraum für die nötige Kreativität. Die Planung ist Teil des Projektes. Die folgenden fünf Punkte helfen mir dabei.

1. Informationen sammeln und strukturieren
– Zuerst muss ich die Aufgabenstellung verstehen und erfassen. Dazu trage ich in einem Brainstorming alle möglichen Informationen zum Thema zusammen. Diese Ideensammlung hilft mir, das Thema zu analysieren, und zeigt mir erste Möglichkeiten auf.
– Ich ordne und strukturiere meine gesammelten Ideen in einer Mindmap. Indem ich meine Gedanken in eine Ordnung bringe, kann ich besser sehen, wohin mich meine Arbeit führen könnte.
– Ich formuliere zentrale und relevante Fragen, die mir helfen, das Thema besser zu ergründen. W-Fragen helfen mir dabei: Wer? Wie? Was? Wann? Wo? Warum? Wie viel? Welche?

2. Ziele formulieren
– Ich formuliere die Ziele, die ich mit der Arbeit erreichen will. Die Ziele sind sozusagen das Herzstück der Arbeit, an denen ich gemessen werde. Gute Zielformulierungen sind klar, konkret, realistisch und präzise formuliert.
– Die Zielformulierung gibt Auskunft über folgende Fragen:

> – **Was** will ich tun? (Inhalte)
> – **Wie** will ich es tun? (Vorgehensweise, Methode)
> – **Welches Resultat** (Endprodukt) soll entstehen?
> – **Welche Qualität** soll das Produkt haben? Das heisst: Wie intensiv soll das Thema bearbeitet werden?

Folgende Verben können mir bei der Formulierung meiner Ziele helfen:

FORMULIERUNGSHILFEN

beschreiben, erklären, erläutern, darstellen, aufzeigen, vergleichen, unterscheiden, ableiten, kombinieren, übertragen, bestimmen, überprüfen, beurteilen, entwickeln, ermitteln, analysieren, erörtern, entwerfen, bewerten, interpretieren, kreieren, untersuchen, produzieren

Beispiele für die Zielformulierung:

- Ich will die Lohnunterschiede im Gastgewerbe in unserer Region zwischen Mann und Frau, zwischen Alt und Jung und zwischen verschiedenen Betriebsarten ermitteln. Dazu analysiere ich bestehende Statistiken und mache eine breit angelegte Umfrage unter Köchinnen und Köchen. Die Resultate halte ich in geeigneten Grafiken fest. Ich interpretiere die Ergebnisse aus persönlicher Sicht.

- Ich untersuche im Rahmen einer Gruppenarbeit zum Thema «Wirtschaftlichkeit verschiedener Autos» die Wirtschaftlichkeit einer Automarke aus dem Mittelklassesegment, stelle aussagekräftige Kennzahlen zusammen, vergleiche sie mit den Ergebnissen der anderen Gruppenmitglieder und verfasse einen ausführlichen Kommentar.

- Ich zeige auf, welche Auswirkungen die Stromproduktion auf die Umwelt hat. Dazu stelle ich eine Liste mit zehn Kriterien auf, anhand derer ich unterschiedliche Stromproduktionsarten vergleiche und bewerte. Ich stelle die Resultate grafisch dar und formuliere drei begründete Empfehlungen für die künftige Stromproduktion.

3. Grobplanung erstellen
- Sobald klar ist, welche Ziele ich erreichen will, kann ich die anstehenden Arbeiten planen.
- In einem Planungsformular (siehe Beispiel auf Seite 246) halte ich die Tätigkeiten und Termine fest. Dabei ist es wichtig, dass ich den Zeitbedarf abschätze und bei Gruppenarbeiten die Zuständigkeiten festlege.
- Ich achte darauf, dass ich nötiges Arbeitsmaterial frühzeitig beschaffe und möglichst rasch Termine für Interviews oder Erkundungsausflüge vereinbare.
- Ich überlege mir, welche Stolpersteine bei der Arbeit auftreten könnten und wie ich damit umgehen kann.

4. Arbeit realisieren
- Ich beginne mit der Arbeit und halte mich dabei möglichst an den Zeitplan.
- Ich arbeite sorgfältig, aber speditiv.
- Meine Tätigkeiten protokolliere und reflektiere ich regelmässig in einem Arbeitsjournal (siehe Seite 242).
- Bei länger dauernden Arbeiten lege ich regelmässige «Boxenstopps» ein und ziehe eine Zwischenbilanz: Liege ich im Zeitplan? Erreiche ich auf diese Weise meine Ziele? Was muss ich in meiner Vorgehensweise ändern und welche Auswirkungen hat das auf meinen Zeitplan?

5. Arbeit auswerten
- Wenn ich meine Arbeit beendet habe, halte ich Rückschau und halte meine Überlegungen im Arbeitsjournal fest.
- Ich vergleiche die ausgeführten Aufgaben mit meinen Zielvorgaben: Habe ich meine Ziele erreicht? Muss ich noch zusätzliche Teilaufgaben realisieren? Welche Schlussfolgerung ziehe ich für das nächste Projekt? Bin ich zufrieden mit meiner Arbeit?

Worauf achte ich bei einer Teamarbeit?

Die meisten grösseren Arbeiten für die Berufsfachschule erarbeite ich gemeinsam mit anderen im Team, denn in der Gruppe ist es möglich, Leistungen zu erbringen, die eine Person alleine nicht bewältigen kann. Damit eine Teamarbeit gut funktioniert und nicht für alle im Frust endet, beachte ich ein paar wichtige Regeln:

- Wir streben ein gemeinsames Ziel an und tragen die Verantwortung für das Gelingen des Projektes gemeinsam. Wir arbeiten miteinander – nicht nebeneinander und schon gar nicht gegeneinander.
- Jedes Gruppenmitglied leistet seinen Beitrag und ist bereit, produktiv und zielorientiert mitzuarbeiten. «Toll, ein anderer macht's» liegt nicht drin.
- Wir teilen die Arbeiten im Team sinnvoll und gerecht auf und legen fest, wer von uns die Fäden in der Hand hält.
- Wir pflegen den Teamgeist und besprechen mögliche Konflikte offen.

Beispiel einer Grobplanung				
Thema:	Unterschiedliche Arbeitsbedingungen			
Ziel:	Wir wollen die Lohnunterschiede im Gastgewerbe in unserer Region zwischen Mann und Frau, zwischen Alt und Jung und zwischen verschiedenen Betriebsarten ermitteln. Dazu analysieren wir bestehende Statistiken und machen eine breit angelegte Umfrage unter Köchinnen und Köchen. Die Resultate halten wir in geeigneten Grafiken fest und interpretieren die Resultate aus persönlicher Sicht.			
Team:	Christian, Bianca, Manuela			

Wann:	**Was:**	**Wer:**	**Wo:**	**Zeitbedarf:**
20. Februar	Einarbeitung ins Thema	Gruppe	Klassenzimmer	3 Lektionen
	Gruppenbildung, Brainstorming, erste Mindmap	Christian Bianca Manuela		
27. Februar	Informationsbeschaffung im Internet	Gruppe	Arbeitsecke	3 Lektionen
	Wahl des Gruppenthemas		Computerraum	
	Mögliche Zielformulierungen finden			
6. März	Definitive Zielformulierung finden	Gruppe	Arbeitsecke	1 Lektion
	Bestehende Statistiken im Internet suchen	Bianca	Computerraum	2 Lektionen
	Zahlenmaterial bei GastroSuisse anfordern	Manuela		
	Betriebe anfragen, ob wir Umfrage machen dürfen	Christian Manuela		
13. März	...	...	...	...

Eine Dokumentation erstellen

Lernziele

Ich …
… kenne die Teile, die zu einer vollständigen Dokumentation (Facharbeit, Vertiefungsarbeit u. a.) gehören
… weiss, worauf ich beim Schreiben und Gestalten der einzelnen Teile achten muss

Im Laufe meiner Ausbildung muss ich verschiedene Dokumentationen für den Fach- oder den allgemeinbildenden Unterricht erstellen. Die Regeln für das Erstellen einer vollständigen, ansprechenden Dokumentation sind immer die gleichen.

Eine Dokumentation besteht in der Regel aus den folgenden sieben Teilen:
1. Titelblatt
2. Inhaltsverzeichnis
3. Vorwort
4. Hauptteil
5. Schlusswort
6. Quellenverzeichnis
7. Anhang

1. Das Titelblatt
Das Titelblatt soll ansprechen und die Neugier wecken. Es enthält folgende Informationen:
- Titel/Thema und Problemstellung
- Art der Arbeit (Fach-/Vertiefungsarbeit)
- Vollständige Namen der Autor/innen, Klasse
- Datum Abgabetermin, Schule, Lehrperson
- Evtl. Gestaltungselemente

2. Das Inhaltsverzeichnis
- Das Inhaltsverzeichnis gibt eine Übersicht über meine Kapitel.
- Es zeigt, welche Teile meiner Arbeit auf welchen Seiten beginnen.
- Ich nummeriere die Kapitel und Unterkapitel: Kapitelangaben ganz links und die Seitenzahl rechtsbündig.

3. Das Vorwort
- Im Vorwort begründe ich meine Themenwahl.
- Ich nenne die Problemstellung und schreibe, welche Ziele unter welchen Aspekten ich mit meiner Arbeit erreichen will (siehe Seite 250).
- Ich gehe darauf ein, wie ich das Thema anpacke und welche Schwierigkeiten zu erwarten sind.
- Ich danke allen Personen, die mir bei der Arbeit geholfen haben (Alternative: Dank erst im Schlusswort anfügen).
- Unter das Vorwort setze ich meinen vollständigen Namen, Ort und Datum.

4. Der Hauptteil
- Im Hauptteil beschreibe ich meine Untersuchung. Hier behandle ich die zu Beginn formulierten Zielsetzungen.
- Ich baue den Hauptteil logisch auf in Einleitung, Hauptteil, Schluss (siehe «Lange Texte/Arbeiten schreiben» Seite 240).
- Ich gliedere den Text in sinnvolle Kapitel, Unterkapitel, Abschnitte und Absätze.

5. Das Schlusswort
- Mit dem Schlusswort runde ich die Arbeit ab, es gibt gewissermassen eine Zusammenfassung der Dokumentation:
  - Ich nehme Bezug zur Problemstellung.
  - Dann fasse ich die wichtigsten Ergebnisse prägnant zusammen.
  - Ich kommentiere diese Ergebnisse und ziehe Schlussfolgerungen.
  - Ich zeige ungelöste Probleme auf und verweise auf weiterführende Fragen, die sich aus meiner Arbeit ergeben haben.
  - In einem letzten, grösseren Abschnitt halte ich eine persönliche Rückschau auf den gesamten Arbeitsprozess und ziehe eine abschliessende Schlussfolgerung (Fazit) (siehe «Ein Journal schreiben» Seite 242).
  - Ich danke allen Personen, die mir bei der Arbeit geholfen haben (sofern ich das nicht schon im Vorwort getan habe).

6. Das Quellenverzeichnis
- Im Quellenverzeichnis führe ich alle benutzten Quellen auf: Internetseiten, Bücher, Zeitungsartikel, Broschüren, übernommene Statistiken und Illustrationen, Auskunftsstellen usw.
- Bei Internetseiten nenne ich den genauen Pfad und das Datum des Downloads. Bei veröffentlichten Texten nenne ich Autorin/Autor, Titel, Erscheinungsort und -jahr, evtl. Verlag.
- Auch Quellen, die ich zusammenfasse, nenne ich.
- Zusätzlich versehe ich im Hauptteil an der jeweiligen Stelle die Zitate, zusammengefassten Quellen, Statistiken, Bilder usw. mit einem kurzen Vermerk zur Quelle (in Klammern oder am Seitenende).

7. Der Anhang
- Im Anhang füge ich sämtliche Arbeitspapiere und Planungsinstrumente an, die für die Arbeit von Bedeutung sind: Planungsformular, Arbeits- und Lernjournal, Mindmap usw.

Wie gestalte ich die Dokumentation?

Eine Dokumentation wird nicht nur inhaltlich, sondern auch optisch wahrgenommen und bewertet. Deshalb ist es wichtig, dass ich meine Arbeit formal ansprechend gestalte. Ich beachte dabei folgende Punkte:

- Ich wähle eine (höchstens zwei) gängige Schrift(en), nicht zu klein (Schriftgrösse: 10 bis 12 Punkte).
- Der Zeilenabstand ist nicht zu eng (Zeilenschaltung: 1,25).
- Der Titel und die Untertitel sind fett, aber nicht unterstrichen.
- Ich verwende Auszeichnungen (fett, kursiv, unterstrichen, gesperrt) zurückhaltend.
- Wörtliche Zitate setze ich in Anführungszeichen.
- Illustrationen verwende ich nicht zur blossen Dekoration, sondern um einen Sachinhalt zu verdeutlichen; sie sind immer mit Bildlegende und Quellennachweis versehen.
- Ich lasse links und rechts, oben und unten einen grosszügigen Rand und nummeriere die Seiten.
- Kapitel und Unterkapitel nummeriere ich gemäss Inhaltsverzeichnis.
- Die Seiten bedrucke ich nur einseitig.
- Ich binde das Endprodukt (Spiralbindung) oder lege meine Arbeit in ein geheftetes Mäppchen; ich gebe keine losen Blätter ab.
- Bevor ich die Arbeit abgebe, kontrolliere ich gründlich:
  - Sind die Seiten vollständig (auch im Anhang)?
  - Stimmen Titel und Seitenangaben in Text und Inhaltsverzeichnis überein?

Beispiel Titelblatt

Gewerblich-Industrielle Berufsfachschule Sonnenwil

Wie biologisch ist der Biolandbau?

Vertiefungsarbeit von
Patrick Hunziker und Lisa Koller
Landschaftsgärtner/-in Gae 3a

Zuständige Lehrperson: Martina Müller
Abgabetermin: Dienstag, 30. November 20XX

Beispiel Inhaltsverzeichnis

Vorwort

1. Einführung ins Thema	2
2. Die unterschiedlichen Landbauarten	3
2.1 Konventionelle Landwirtschaft	4
2.2 Integrierte Produktion	5
2.3 Biologischer Landbau	6
2.4 Landbau nach Rudolf Steiner (Demeter)	7
2.5 Zusammenstellung der wichtigsten Unterschiede	8
3. Ein Biobetrieb unter der Lupe	9
3.1 Bericht zum Biohof «Auf den Matten» in Habichtswil	9
3.2 Interview mit Biobauer Werner Herzog	10
4. Gesetzliche Rahmenbedingungen	12
4.1 Übersicht zu den wichtigsten Gesetzesbestimmungen	12
4.2 Das Label «bio suisse»	13
4.3 Wie glaubwürdig ist die Knospe? Umfrage und Auswertung	14
5. Fazit/Stellungnahme zur Problemstellung	16
6. Schlusswort	17
Quellenverzeichnis	19
Anhang Arbeitspapiere und Planungsinstrumente	

Beispiel Quellenverzeichnis

Quellenverzeichnis

Internet
1. www.biolandbau.ch (31.8.XX)
2. www.bio-suisse.ch (31.8.XX)
3. www.demeter.ch (7.9.XX)
4. www.bioaktuell.ch (7.9.XX)
5. www.bioinfo.de/landbau_bio_natur.htm (14.9.XX)
6. www.bio-kritik.com/vor_und_nachteile.html (21.9.XX)

Literatur
7. Sanders, Karl: Mit Biolandbau ins neue Jahrtausend, Hamburg, 1999 Victus-Verlag, S. 45–67, 99–113

Zeitschriften
8. Broschüre «Biolandbau – Zahlen und Fakten», BioBio-Verlag, Bern
9. Martini Silas, Agronom FH: Biolandbau auf dem Prüfstand, Schweizerische Zeitschrift für Biolandbau, 2010, Nr. 3

Interview/Umfrage
10. Interview mit Biobauer Werner Herzog, Habichtswil, Tel. 032 546 88 .. (10.10.XX)
11. Strassenumfrage in Solothurn: «Wie glaubwürdig ist die Knospe?» (15.10.XX)

Abbildungsverzeichnis
Abb. 1 Foto: Werner Herzog (5.4.XX)
Abb. 2 7 Fotos: Patrick Hunziker (10.10.XX)
Abb. 8 www.demeter.ch/schwein (20.10.XX)

Die acht Aspekte der Allgemeinbildung

Lernziele

Ich kenne die Bedeutung der einzelnen Aspekte der Allgemeinbildung.

Im Lernbereich «Gesellschaft» nähern wir uns jedem Unterrichtsthema von verschiedenen Seiten. So können wir den Dingen gezielt auf den Grund gehen. Jedes Thema wird unter dem Blickwinkel von zwei bis drei sogenannten Aspekten bearbeitet. Die verschiedenen Aspekte lassen sich wie Links im Internet miteinander vernetzen.

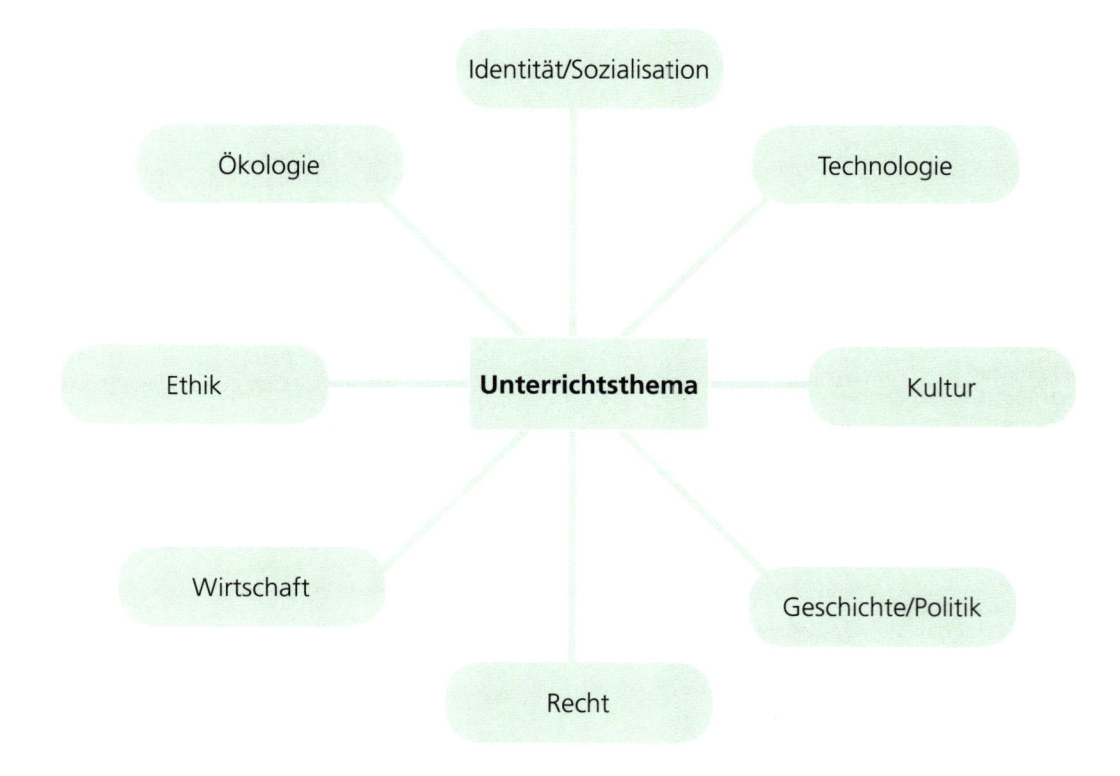

Die acht Aspekte um das **Unterrichtsthema**:
- Identität/Sozialisation
- Technologie
- Kultur
- Geschichte/Politik
- Recht
- Wirtschaft
- Ethik
- Ökologie

Ethik

Unser Verhalten in Privatleben und Beruf sollte von moralischen Grundsätzen geprägt sein. Wir sollten verantwortungsvoll handeln und leben. Die Ethik gibt uns dazu Orientierungshilfen. In unserer Gesellschaft gelten viele Normen und Werte, die ihren Ursprung in verschiedenen Religionen und Weltbildern haben. Doch die Frage, was es zu einem «guten» Leben braucht, müssen wir immer wieder neu beantworten.

Geschichte/Politik

Die Geschichte setzt sich vor allem mit der Vergangenheit auseinander. Die Wissenschaft der Politik (Politologie) befasst sich hingegen mit dem Handeln von Regierungen, Parlamenten und Parteien. Wie kommt man zu politischer Macht? Wie ist die Macht verteilt und wie wird sie eingesetzt? Es ist wichtig, dass ich mir eine eigene politische Meinung bilde und die Möglichkeiten kenne, mich selbst aktiv an der Politik zu beteiligen.

Identität/Sozialisation

Jeder Mensch ist ein Individuum mit seinem besonderen Charakter und seinen ganz persönlichen Bedürfnissen – eben mit seiner Identität. Wir leben aber auch in einer Gesellschaft, die im Interesse der Allgemeinheit Regeln aufstellt und durchsetzt. Um diese beiden Bedürfnisse – jene der einzelnen Person und jene der Gesellschaft – unter einen Hut zu bringen, braucht es Sozialisation. Sozialisation ist ein lebenslanger Prozess.

Kultur

Fasst man den Begriff «Kultur» weit, versteht man darunter den gesamten Lebensraum, der von Menschen geschaffen ist. Im engeren Sinne geht es um geistige, künstlerische und gestalterische Leistungen wie Literatur, Musik, Architektur, bildende Kunst und Film. Mich aktiv und kritisch mit Kunst auseinanderzusetzen, unterstützt meine persönliche Entwicklung auf verschiedenen Ebenen.

Ökologie

Ökologie bedeutet wörtlich «die Lehre vom Haushalt». Diese Lehre untersucht die gegenseitige Abhängigkeit zwischen den Lebewesen und ihrer natürlichen Umwelt (Luft, Wasser, Tiere, Menschen, Pflanzen). Aus unserer Sicht ist besonders die gegenseitige Abhängigkeit von Mensch und Umwelt von Interesse. Diese Abhängigkeit ist ein vielfältiges System von Ursache und Wirkung, Rückwirkungen und Wechselbeziehungen.

Recht

Sobald Menschen zusammenleben, braucht es gewisse Regeln und eine bestimmte Ordnung. Wenn zum Beispiel der Staat oder supranationale Organisationen wie etwa die Uno solche Regeln und Normen aufstellen, sprechen wir von Recht. Recht ist erzwingbar und in der Rechtsordnung des Staates geregelt. Es ist wichtig, dass ich meine Rechte und Pflichten kenne und lerne, wie ich mithilfe der Gesetze Konflikte lösen kann und zu meinem Recht komme.

Technologie

Unter «Technik» verstehen wir alle geschaffenen Werkzeuge, Einrichtungen und Mittel, die dazu dienen, eine gewonnene Erkenntnis nutzbar zu machen. Technologien sind die verschiedenen Methoden und Verfahren, um diese Mittel anzuwenden. Noch nie in der Menschheitsgeschichte ist die Entwicklung neuer Techniken und Technologien so rasch vorangeschritten wie heute – denken wir nur an die vielfältigen Informations- und Kommunikationstechnologien.

Wirtschaft

Die Wirtschaftswissenschaften bieten Erklärungen für die Grundvorgänge in der Wirtschaft (Ökonomie), d.h.. für die Herstellung, die Verteilung und den Konsum von Gütern. Alle Beteiligten versuchen, die Grundvorgänge zu ihren Gunsten zu beeinflussen, indem sie beispielsweise Werbekampagnen durchführen, niedrige Preise fordern oder Beiträge vom Staat verlangen.

Lösungen

Beschreibung
Aufwärmen: Diese Aussagen treffen *nicht* zu:
- 3: Die Beschreibung soll ein umfassendes Bild eines Gegenstandes sachlich vermitteln. Es geht nicht darum, jemanden von dessen Vorzüglichkeit zu überzeugen.
- 4: Die typischen Merkmale sind in der Regel wichtiger als die Details. Zuerst werden bedeutende Merkmale des Gegenstandes erwähnt, danach Einzelheiten.
- 6: Ein Bild oder eine Skizze kann, muss aber nicht beigefügt werden. Oft ist eine Beschreibung gerade deshalb nötig, weil kein Bild vorhanden ist.

Ziel erreicht: Diese Aussagen treffen *nicht* zu:
- 2: Auch Details sind zu beschreiben. Oft kann man den beschriebenen Gegenstand nur aufgrund solcher Einzelheiten von einem ähnlichen Gegenstand unterscheiden.
- 4: Eine Beschreibung hält keine Ergebnisse fest, sondern Beobachtungen.
- 6: Die Gegenwart wird generell verwendet.
- 8: Der Schluss fasst den Gesamteindruck zusammen.
- 12: Im Zentrum steht der Gegenstand, der beschrieben wird, nicht aber Persönliches.

Wortarten, Gross- und Kleinschreibung
Aufwärmen: Diese Aussagen treffen *nicht* zu:
- 1: Die fünf Wortarten sind: Nomen, Pronomen, Adjektiv, Verb, Partikel. Die Konjunktion ist eine Unterart der Partikeln.
- 4: Diese Definition trifft auf das Pronomen zu. Die Partikel kann nicht Stellvertreter und nur in ganz seltenen Fällen Begleiter des Nomens sein.
- 6: Folgende drei Wörter werden grossgeschrieben: Leuten, Schreiben, Mühe.

Ziel erreicht: Diese Aussagen treffen *nicht* zu:
- 2: Partikeln lassen sich nicht steigern (Ausnahmen: oft, öfter; sehr, mehr, am meisten).
- 6: Wenn «ein Paar» für zwei zusammengehörende Dinge oder Personen steht, wird es grossgeschrieben.
- 7: «Gute» wird grossgeschrieben, weil das Adjektiv hier nominalisiert ist.
- 9: Den Superlativ schreibt man normalerweise (d. h. mit «am») klein.
- 10: Man schreibt es gross, wenn ein kleiner Biss gemeint ist.
- 11: Die Höflichkeitsform wird immer grossgeschrieben.

Geschäftsbrief
Aufwärmen: Diese Aussagen treffen *nicht* zu:
- 2: Es wird Papier ohne Linien verwendet.
- 6: Die übliche Grussformel heisst «Freundliche Grüsse».

Ziel erreicht: Diese Aussagen treffen *nicht* zu:
- 3: Wir verwenden einen sachlichen Sprachstil.
- 4: Auch der Sprachstil ist unterschiedlich.
- 8: Die Beilage wird erst nach der Unterschrift erwähnt.
- 9: Die Betreffzeile wird heute nicht mehr unterstrichen.
- 12: Die Sachlage soll kurz und prägnant dargestellt werden.

Formeller und informeller Stil; Nomen
Aufwärmen: Diese Aussagen treffen *nicht* zu:
- (2: richtig! Neben «Pizzen» kann auch die Pluralform «Pizzas» verwendet werden.)
- 5: Bei Nomen, die auch eine weibliche Form kennen (hier: Freundinnen), gilt die männliche Form nicht für Männer und Frauen.
- 6: Die Höflichkeitsform wird in allen Fällen grossgeschrieben.

Ziel erreicht: Diese Aussagen treffen *nicht* zu:
- 1: Die höfliche Anrede (Höflichkeitsform) schreibt man immer gross.
- 2: Der Plural von «Hemd» heisst «Hemden».
- 8: «sich» muss kleingeschrieben werden.
- 10: Das Komma nach der Ortsangabe fehlt.
- 12: Vor «19. November» muss ein Komma stehen.

Zusammenfassung, Inhaltsangabe
Aufwärmen: Diese Aussagen treffen *nicht* zu:
- 2: Der Inhalt wird aus neutraler Sicht zusammengefasst. Persönliche Urteile dürfen nicht einfliessen.
- 5: Die logische Reihenfolge muss befolgt werden, Spannung ist kein Merkmal der Zusammenfassung.

Ziel erreicht: Diese Aussagen treffen *nicht* zu:
- 1: Die Anzahl Wörter ist abhängig vom Zweck der Zusammenfassung und evtl. vom Platz, der zur Verfügung steht. Im Prinzip ist eine Zusammenfassung nicht auf eine minimale Anzahl Wörter begrenzbar.
- 2: Die Zusammenfassung wird aus neutraler Sicht verfasst.
- 4: Die Zusammenfassung muss alle wesentlichen Informationen enthalten, die für das Verständnis wichtig sind. Nur Unwichtiges darf weggelassen werden.
- 5: Die Inhaltsangabe gibt nur die wichtigsten Elemente wieder und muss die Chronologie nicht berücksichtigen.
- 10: Für die Zusammenfassung ist es wichtig, dass die eigene Sprache verwendet wird und nicht einfach Sätze aus dem Original übernommen werden.
- 11: Vgl. Nr. 5.

Textverknüpfung
Aufwärmen: Diese Aussagen treffen *nicht* zu:
- 2: Ein Synonym ist ein Wort mit gleicher Bedeutung.
- 4: Das Verb steht an zweiter Stelle.

Ziel erreicht: Diese Aussagen treffen *nicht* zu:
- 2: Nebensätze haben normalerweise ein Subjekt und ein Verb (wie Hauptsätze auch) und sind somit vollständige Sätze (Ausnahmen: Infinitiv- und Partizipsätze).
- 3: Die Konjunktionen «weil» und «dass» leiten Nebensätze ein; sie können nicht zwei Hauptsätze miteinander verknüpfen.
- 6: Damit ein Text angenehm zu lesen ist, sollte man in der Wahl der Satzarten abwechseln (vgl. Nr. 8).
- 9: Umgekehrt: Nebensätze hängen von den Hauptsätzen ab.
- 11: Umgekehrt: «Er hat nie Geld» ist der Hauptsatz und «er lebt auf allzu grossem Fusse» ist der Nebensatz.

Leserbrief und Kommentar (Stellungnahme)
Aufwärmen: Diese Aussagen treffen *nicht* zu:
1: Die persönliche Meinung soll im Kommentar zum Ausdruck gebracht werden.
4: Andere Bezeichnungen für den Kommentar sind Stellungnahme oder Leserbrief.

Ziel erreicht: Diese Aussagen treffen *nicht* zu:
4: Die persönliche Meinung wird aus all den dargelegten Argumenten entwickelt.
8: Zu Beginn erwähnt man weniger wichtige Gründe, danach folgen die gewichtigsten Argumente und daran schliesst die Schlussfolgerung an.
9: Am Schluss kann auch eine Forderung, ein Wunsch u. Ä. stehen.
12: Ein Leserbrief muss kurz und prägnant sein.

Bildhafte Sprache
Aufwärmen: Diese Aussagen treffen *nicht* zu:
1: Von «bildhafter Sprache» spricht man, wenn man in einem Text sprachliche Bilder verwendet.
4: Auch in unserer Alltagssprache verwenden wir bildliche Redewendungen, sie verdeutlichen das Gemeinte.
6: Redewendungen bereichern einen Text.

Ziel erreicht: Diese Aussagen treffen *nicht* zu:
1: Bildhafte Wendungen bereichern auch die Alltagssprache.
3: Bildhafte Redeweisen versteht man oft nicht, wenn man sie nicht bereits kennt, weil man sie nicht 1:1 in die geläufige Sprache (oder in eine Fremdsprache) übersetzen kann.
6: «Auf grossem Fusse leben» bedeutet einen aufwendigen Lebensstil haben.
8: Damit ist gemeint, dass sie mit wenig Geld auskommen muss.
9: Eine Krämerseele ist eine Person, die alles in Geldwert umrechnet.
10: Es heisst ein zweischneidiges Schwert.

Präsentation (Vortrag, Referat)
Aufwärmen: Diese Aussagen treffen *nicht* zu:
1: Bei einer Präsentation geht es in erster Linie um Information.
3: Der Augenkontakt zum Publikum ist wichtig.
5: Fachwörter, die dem Publikum nicht geläufig sind, sollen erklärt und sparsam verwendet werden.

Ziel erreicht: Diese Aussagen treffen *nicht* zu:
4: Folien unterstützen und ergänzen das Referat. Sie enthalten keine Sätze, sondern Stichworte.
10: Visuelle Hilfsmittel werden gezielt eingesetzt. Ein zu häufiger Einsatz ist zu vermeiden.
12: Fachwörter müssen erklärt werden und dürfen meistens bei der Zuhörerschaft nicht als bekannt vorausgesetzt werden.

Kommasetzung
Aufwärmen: In diesen Sätzen ist die Kommasetzung *nicht* korrekt:
1: Nach «teurer» steht kein Komma.
3: Nach «abdeckt» ist ein Komma nötig (Trennung von Teilsätzen).
5: Nach «Unfall» und «Invalidität» steht kein Komma (es steht ein «und»).

Ziel erreicht: In diesen Sätzen ist die Kommasetzung *nicht* korrekt:
2: «Frau Heeb» muss zwischen Kommas gesetzt werden (Einschub).
3: Nach «Sachbearbeiter» ist ein Komma zu setzen («unser zuständiger Sachbearbeiter» ist ein Einschub, der zwischen Kommas stehen muss).
5 und 6: In diesen Sätzen steht kein Komma.
7: Nach «gehört» muss ein Komma stehen (Trennung von Teilsätzen).
10: Nach «kam» ist ein Komma nötig, weil kein «und» steht.
11: In diesem Satz steht kein Komma.
12: Nach «nicht» ist ein Komma nötig (Trennung von Teilsätzen).

Grafik (Schaubild, Diagramm)
Aufwärmen: Diese Aussagen treffen *nicht* zu:
3: Grafiken sind oft nicht eindeutig und benötigen Erläuterungen, z. B. in Form einer Legende oder eines Kommentars.
4: Bei Kreisdiagrammen und Organigrammen befinden sich die Bezugsgrössen nicht auf zwei Achsen.

Ziel erreicht: Diese Aussagen treffen *nicht* zu:
1: Das Kreisdiagramm und das Organigramm werden ohne x-und y-Achse dargestellt.
3: Nur das Balkendiagramm stellt die Werte in waagrechter Lage dar.
6: Es werden verschiedene Werte nebeneinander dargestellt, damit man vergleichen kann. Dabei müssen die Teilwerte zusammen kein Ganzes ergeben.
9: Legenden enthalten zusätzliche Informationen zu den Bezugsgrössen und sollen so das Deuten der Grafik erleichtern.

Steigerung des Adjektivs, Vergleiche
Aufwärmen: Diese Aussagen treffen *nicht* zu:
1: Pronomen kann man nicht steigern.
2: Die Vergleichsformen heissen: Positiv (Grundstufe), Komparativ (Vergleichsstufe), Superlativ (Höchststufe).
4: Die korrekten Formen heissen: flacher, kränker, schlauer.
5: Es muss heissen «bestmögliche».
6: Es muss heissen «als du».

Ziel erreicht: Diese Aussagen treffen *nicht* zu:
1: Aus inhaltlichen Gründen kann man gewisse Adjektive (z. B. tot) nicht steigern.
5: Es muss heissen: erstklassigen.
6: Das Adjektiv «rund» nimmt bei der Steigerung keinen Umlaut an.
(8: Es muss heissen «älter als ich».)
10: «brav» und «schlau» nehmen keinen Umlaut an.
11: Es muss heissen «länger krank als du».

Umfrage (Befragung)
Aufwärmen: Diese Aussagen treffen *nicht* zu:
3: Um ein Thema auszuschöpfen, müssen möglichst gezielte Fragen gestellt werden, nicht aber möglichst viele.
4: Umfragen können sowohl mündlich als auch schriftlich durchgeführt werden.
5: Aussagekräftige Resultate entstehen dann, wenn genügend Auskünfte vorhanden sind. Dabei kommt es sehr auf die Art der Umfrage an, wie viele Personen zu befragen sind. Eine auf alle Fälle zutreffende Regel gibt es nicht.

Ziel erreicht: Diese Aussagen treffen *nicht* zu:
- 2: Die Fragen sind so zu formulieren, dass die befragten Personen nicht beeinflusst werden.
- 4: Entscheidungsfragen sind einfacher auszuwerten als W-Fragen mit offener Antwortmöglichkeit.
- 6: Man beginnt mit einfachen Fragen; die schwierigsten Fragen werden erst am Schluss gestellt.
- 11: Nicht alle Fragen können oder müssen in einer Grafik ausgewertet werden.
- 12: Diese Angaben sind zwar oft erwünscht, aber nicht immer nötig und je nach Thema der Umfrage von den Befragten nicht einfach zu erhalten.

Gesprochene und geschriebene Sprache
Aufwärmen: Diese Aussagen treffen *nicht* zu:
- 1: Die korrekte Wortfolge lautet: …, dass das Klima weniger belastet wird, wenn ich einheimische Produkte kaufe.
- 4: In der Standardsprache fällt das «dass» im Nebensatz weg.
- 5: In geschriebener Standardsprache sollte die Personalform des Verbs im Nebensatz an letzter Stelle stehen, also «… weil sie in dem Laden kein einheimisches Gemüse gefunden hat».
- 6: (Statt «für was» sollte «wofür» stehen.)

Ziel erreicht: Diese Aussagen treffen *nicht* zu:
- 3: Besser: «Ich bin überzeugt, dass Kinder mehr Früchte essen sollten.»
- 4: Das «dass» ist zu streichen.
- 6: Es sollte heissen: «Eine Kundin Ihrer Firma hat darauf …»
- 7: Die Nebensätze sollten lauten: «… weil ich nun darauf achte, wenn ich einkaufe». Es sollten nicht zwei Konjunktionen, die einen Nebensatz einleiten, nacheinander stehen.
- 10: Statt «an was» sollte «woran» stehen.
- 12: Statt «für sie» müsste «dafür» stehen.

Bericht, Reportage
Aufwärmen: Diese Aussagen treffen *nicht* zu:
- 3: Im Bericht wird das Geschehen sachlich dargelegt.
- 4: In einem Bericht werden die verschiedensten Tatsachen und Ereignisse beleuchtet. Es muss sich nicht zwingend um einen ausserordentlichen Vorfall handeln.

Ziel erreicht: Diese Aussagen treffen *nicht* zu:
- 1: Argumente stehen im Zentrum eines Kommentars oder einer Erörterung, nicht des Berichts.
- 4: Das Lead steht am Anfang eines Berichts.
- 6: Der Augenzeugenbericht ist ein persönlich gefärbter Bericht, die Autorin oder der Autor hat das betreffende Ereignis miterlebt.
- 8: Der Hintergrundbericht ist sachlich, aber es werden unterschiedliche Sichtweisen von Fachleuten usw. herangezogen.
- 10: Ein Bericht enthält keinen Aufruf.
- 11: Ein Bericht soll allgemein verständlich sein, deshalb müssen Fachausdrücke immer erklärt werden.

Stammformen des Verbs, Zeiten der Vergangenheit
Aufwärmen: Diese Aussagen treffen *nicht* zu:
- 1: Die erste Stammform heisst: gehen.
- (4: Es muss heissen «geschrien».)
- 5: Das Verb kennt sechs Zeiten: zu den hier genannten noch das Perfekt, das Plusquamperfekt (Vorvergangenheit) und das Futur II (Vorzukunft).
- 6: Es muss heissen: «studiert hatte» (Vorzeitigkeit).

Ziel erreicht: Diese Aussagen treffen *nicht* zu:
- 2: Die dritte Stammform heisst «überzeugt». Das Partizip «überzogen» gehört zum Verb «überziehen».
- 4: Die drei Formen heissen: begehen, beging, begangen. Die Form «begannen» ist das Präteritum des Verbs «beginnen».
- 6: Die Erzählform der Vergangenheit ist das Präteritum, nicht das Perfekt.
- 7: Es gibt Verben, die kein «ge-»-Partizip kennen. Beispiele: übersetzen, übersetzte, übersetzt; beginnen, begann, begonnen (Verben mit Vorsilbe).
- 9: Es muss heissen «abgeschickt worden war», weil der Vorgang vorzeitig ist.
- 11: Das Verb müsste im Präteritum stehen («einkauften»), weil von zwei gleichzeitigen Vorgängen die Rede ist.

Interview
Aufwärmen: Diese Aussagen treffen *nicht* zu:
- 1: Das Interview ist ein gut vorbereitetes Gespräch.
- 3: Es werden Zeitformen der Gegenwart, Vergangenheit und Zukunft verwendet.
- 6: Die Reihenfolge ist wichtig und muss gut geplant werden.

Ziel erreicht: Diese Aussagen treffen *nicht* zu:
- 3: Aus den vorbereiteten Fragen werden gezielt jene ausgewählt, auf welche ergiebige Antworten zu erwarten sind. Es ist nicht sinnvoll, möglichst viele Fragen zu stellen.
- 7: Diese Fragetypen eignen sich nicht für das Interview.
- 10: Rhetorische Fragen sind ungeeignet, da keine echten Fragen.

Direkte und indirekte Rede
Aufwärmen: Diese Aussagen treffen *nicht* zu:
- 1: Es verhält sich umgekehrt.
- 3: «… heisst auch Möglichkeitsform» ist richtig.
- 6: Nach «sagte er» muss ein Komma stehen (Ankündigungssatz in der Mitte).

Ziel erreicht: Diese Aussagen treffen *nicht* zu:
- 1: Man muss zusätzlich auch die Pronomen und die Zeitangaben beachten, denn diese müssen je nach Fall angepasst werden.
- 2: Die Form «haben» kann sowohl Indikativ als auch Konjunktiv sein, daher benützt man die Ausweichform (Konjunktiv II) «hätten».
- 5: Der Doppelpunkt wird nur gesetzt, wenn die Ankündigung zu Beginn des Redesatzes steht. Befindet sie sich in der Mitte, so steht ein Komma vor und nach der Ankündigung.
- 6: Man verwendet normalerweise den Konjunktiv I. Der Konjunktiv II wird dann herangezogen, wenn man eine Ausweichform benötigt.
- (8: Es muss heissen: «… was er tun solle.»)
- 9: Man muss die Pronomen anpassen (Perspektivenwechsel).
- 10: Es muss heissen «… die Jugendlichen seien zu wenig an Politik interessiert».

Kurzgeschichte
Aufwärmen: Diese Aussagen treffen *nicht* zu:
- 2: Kurzgeschichten beginnen meist unmittelbar, ohne lange Einleitung.
- 4: Kurzgeschichten bilden meist einen kurzen Zeitabschnitt dar.

Ziel erreicht: Diese Aussagen treffen *nicht* zu:
- 2: Die Hauptpersonen werden nur grob charakterisiert. Die Lesenden müssen die Gestalten in ihrer Vorstellung nachschaffen.
- 7: Kurzgeschichten beginnen unmittelbar, die Ausgangslage erschliesst sich erst beim Lesen.
- 8: Kurzgeschichten beantworten nicht alle W-Fragen. Die Lesenden müssen vieles selber erschliessen.
- 10: Eine Kurzgeschichte kann auch einmal 30 Seiten umfassen.
- 11: Die Sprache der Kurzgeschichte ist meist knapp und kühl. Vergleiche und Sprachbilder werden nur spärlich eingesetzt, haben dann aber eine besondere Bedeutung.

Kommunikation
Aufwärmen: Diese Aussagen treffen *nicht* zu:
- 1: Auch schriftlicher oder nonverbaler Austausch zwischen Menschen ist Kommunikation.
- 3: Die Körperhaltung ist sogar sehr wichtig bei einem Vortrag
- 5: In einem guten Gespräch geht es nicht darum, seinen Willen durchzuboxen, sondern sich gegenseitig zu respektieren und zu verstehen.
- 6: Mit nonverbaler Kommunikation bezeichnet man die Körpersprache (Mimik, Gestik).

Ziel erreicht: Diese Aussagen treffen *nicht* zu:
- 2: Nachrichten sendet man am besten auf der Sach- und/oder Selbstoffenbarungsebene.
- 3: Botschaften auf der Beziehungs- und Appellebene führen oft zu Kommunikationsproblemen.
- 6: Umgekehrt! Die Körpersprache spielt eine grössere Rolle als das gesprochene Wort.
- 8: Mit Mimik bezeichnet man den Gesichtsausdruck, mit Gestik die Handbewegungen.
- 9: Die momentane Stimmung der Gesprächspartner hat einen grossen Einfluss darauf, ob ein Gespräch gelingt oder nicht.
- 11: Ich-Botschaften werden auf der Sach- und Selbstoffenbarungsebene geschickt.
- 12: Auf der Appellebene lasse ich erkennen, was ich von der anderen Person erwarte.

Verwandtschaft der Wörter: Wortbildung, Rechtschreibung
Aufwärmen: Diese Aussagen treffen *nicht* zu:
- 4: Es muss «dass» heissen.
- 5: Leider ist das nicht immer so, vgl. Nase, verloren, Spur.

Ziel erreicht: Diese Aussagen treffen *nicht* zu:
- 1: Es handelt sich beide Male um den Artikel, also muss es zwei Mal «Das» heissen.
- 2: Leider ist dem nicht so.
- 6: «sparen» schreibt man ohne Dehnungs-h.
- 8: Es ist umgekehrt.
- 10: Es muss heissen: «Wir wissen, dass …».
- 12: «Widerspruch» schreibt man ohne «e».

Bewerbung
Aufwärmen: Diese Aussagen treffen *nicht* zu:
- 3: Weitere Angaben sind: besuchte Schulen, Aus- und Weiterbildung, Sprachen, Militär, spezielle Kenntnisse sowie besondere Fähigkeiten.
- 6: In der Regel werden eine bis zwei Referenzen angegeben.

Ziel erreicht: Diese Aussagen treffen *nicht* zu:
- 2: Auch der Lebenslauf gehört zum Dossier.
- 3: Als Erstes werden die Personalien aufgeführt.
- 6: Wenn die zuständige Person bekannt ist, wird sie in der Anrede mit dem Namen angesprochen.
- 11: Für Onlinebewerbungen gelten dieselben Sprachregeln.
- 12: Es ist nicht nötig, die privaten Interessen aufzuführen, die mit der beruflichen Tätigkeit in keinerlei Zusammenhang stehen.

Fremdwörter, Zusammen- und Getrenntschreibung
Aufwärmen: Diese Aussagen treffen *nicht* zu:
- 1: Das Wort «Standard» schreibt sich mit «d» am Schluss.
- 2: Das Nomen ist sächlich, weil der zweite Teil der Zusammensetzung, das Grundwort «das Tier», sächlich ist.
- 4: «vor allem» ist getrennt zu schreiben.

Ziel erreicht: Diese Aussagen treffen *nicht* zu:
- 1: Das Grundwort bestimmt zwar das Geschlecht, aber es steht nach dem Bestimmungswort.
- 2: «auf jeden Fall» ist korrekt.
- 6: Richtig ist «hinauf- und hinuntersteigen».
- 10: «Bahnhofstrasse» schreibt man ohne Bindestrich.
- 11: Nur wenn Nomen aus mindestens *vier* Einzelwörtern bestehen oder wenn sie schwer verständlich sind, setzt man mit Vorteil einen Bindestrich.
- 12: Auch Fremdwörter, die aus mehr als einem Nomen bestehen, schreibt man in der Regel zusammen.

Erörterung (Pro- und Kontra-Argumentation)
Aufwärmen: Diese Aussagen treffen *nicht* zu:
- 6: Die persönliche Meinung steht im Hintergrund und wird höchstens am Schluss in knapper Form dargelegt.

Ziel erreicht: Diese Aussagen treffen *nicht* zu:
- 1: Während im Kommentar die eigene Meinung dargelegt und mit Argumenten gestützt wird, argumentiert man in der Erörterung möglichst ausgewogen.
- 7: Der Aufbau besteht aus den drei Teilen Einleitung, Hauptteil und Schluss. Die Fragestellung gehört zur Einleitung.
- 10: Die eigene Meinung gehört in den Schlussteil.
- 12: Für eine überzeugende Argumentation sind stichhaltige Beweise und passende Beispiele wichtig.

Bedingungssätze, Konjunktiv II
Aufwärmen: Diese Aussagen treffen *nicht* zu:
- 5: Die zweite Form muss heissen «er dächte».
- 6: «hat» muss durch «hätte» ersetzt werden.

Ziel erreicht: Diese Aussagen treffen *nicht* zu:
- 1: In der Regel verwendet man die zusammengesetzte Form mit «würde» nur, wenn die einfache Form des Konjunktivs nicht eindeutig oder gänzlich veraltet ist.
- 4: Die erste Form sollte heissen «ich brächte».
- 5: Hier ist ein realer mit einem irrealen Bedingungssatz vermischt. Wenn es eher unwahrscheinlich ist, dass sie das Rauchen aufgibt, wäre er glücklich, wenn sie das Rauchen endlich aufgäbe. Wenn sie entschlossen ist, das Rauchen aufzugeben, so kann man formulieren: «Er ist glücklich, wenn sie das Rauchen endlich aufgibt.»
- 6: Die Form ist nicht veraltet.
- 10: Der Konjunktiv II von «lassen» heisst «liesse».

Verweisregister

A
Adjektiv 105 ff.
Arbeit planen und durchführen 244 ff.
Argumentieren 65 ff.
Augenzeugenbericht 135, 140

B
Bedingungssätze 225 ff.
Befragung 113 ff., 117
Begriffe rund ums Geld 76
Begriffe zu gesetzlichen Grundlagen 26
Begriffe zum Bereich «Arbeit» 218
Bericht 133 ff., 135, 140, 141
Beschreibung 9 ff., 12, 13
Bewerbung 199 ff., 200, 206
Bildbeschreibung 13
Bildhafte Sprache 69 ff.
Bindestrich 215
Brief 28 ff.
Briefdarstellung 31

C
Cluster 76
Curriculum Vitae 200 f.

D
Datum 41
Dehnung 192 ff.
Diagramm 95 ff.
Direkte Rede 157 ff.
Disposition 66
Dokumentation erstellen 247 ff.
Doppellaute 192

E
Einzahl des Nomens 41
E-Mail 34 ff., 200
Erörterung 219 ff.

F
Fachtexte verstehen 235
Formeller Stil 37 ff.
Fragearten 152
Fragebogen 114 ff.
Fragetechnik 120
Fremdwörter 211 ff.

G
Gegenstandsbeschreibung 12
Geschäftsbrief 27 ff., 30
Gesprochene und geschriebene Sprache 125 ff.
Grafik 95 ff., 98, 101
Gross- und Kleinschreibung 17 ff., 21

H
Hauptsatz 52 f.
Hintergrundbericht 138 ff.
Höflichkeitsform 40

I
Indirekte Rede 157 ff.
Informeller Stil 37 ff.
Inhaltsangabe 45 ff., 49
Interview 151 ff. 154, 155

J
Journal schreiben 242

K
Kommasetzung 87 ff.
Kommentar 59 ff., 64
Kommunikation 179 ff., 182, 184, 186, 187
Kommunikationsmodell 182
Konjunktionen 126, 129
Konjunktiv 225 ff.
Kurzgeschichte 165 ff., 173
Kurzvortrag 82

L
Lange Texte schreiben 240
Lebenslauf 200 f.
Lerntechniken 231
Leserbrief 59 ff., 61

M
Mehrzahl des Nomens 37 ff., 42
Mindmap 233 ff.
Moderationskarten 84

N
Nebensatz 52
Nomen 19 ff., 41 f.
Nominalisierung 21

P
Partikeln 19, 21, 54, 110
Personenbeschreibung 13, 14, 15
Porträt 13 ff.
Präsentation 79 ff., 82
Pronomen 19, 21, 40

R
Recherchieren 237 ff.
Rechtschreibung 189 ff.
Redensarten 70 ff.
Redewendungen 70 ff., 197 f.
Referat 79 ff., 82

S
Schaubild 95 ff.
Sprachebene 38
Sprichwörter 72
Stammformen des Verbs 143 ff.
Steckbrief 13
Steigerung des Adjektivs 105 ff.
Stellenbewerbung 199 ff., 200, 206
Stellungnahme 59 ff.
Stil 37 ff.

T
Tatsachenbericht 139 ff.
Teilsätze 52, 88
Textverknüpfung 51 ff., 54

U
Umfrage 113 ff., 117

V
Verb 143 ff.
Vergangenheit 143 ff., 147, 148
Vergleich 105 ff.
Vergleichspartikeln 110
Verknüpfungsmittel 54
Vier-Ohren-Modell 182
Visualisierung 84
Vokallänge 192
Vorgangsbeschreibung 13, 15
Vortrag 79 ff., 82

W
Wegbeschreibung 13
W-Fragen 135
Wortarten 17 ff.
Wortbildung 189 ff.

Z
Zeichensetzung 87, 163
Zeitformen 143 ff.
Zusammenfassung 45 ff., 47
Zusammen- und Getrenntschreibung 211 ff., 214